Biesterfeldt

DIE KRONE DES LEBENS

DIE KRONE DES LEBENS

DIE YOGALEHREN

UND DER WEG DER MEISTER-HEILIGEN

von

SANT KIRPAL SINGH

JI MAHARAJ

HANS E. GÜNTHER VERLAG

STUTTGART

Herausgegeben vom
RUHANI SATSANG FÜR MITTELEUROPA
Bonn

Printed in Germany
1. Auflage / März 1974
ISBN 3-7746-0103-8

Alle Rechte an der deutschsprachigen Ausgabe Hans E. Günther Verlag, Stuttgart
Satz und Druck: Oelschlägersche Buchdruckerei in Calw
Bindearbeit: Buchbinderei Fritz Wochner in Horb

Dem Allmächtigen Gott gewidmet,
der durch alle Meister wirkt, die gekommen sind,
und Baba Sawan Singh Ji Maharaj,
zu dessen Lotosfüßen der Autor
das Heilige Naam — das Wort —
aufnahm.

Vorwort

Diese vorliegende Studie, ein Vergleich der verschiedenen Yoga-Systeme, ist ursprünglich durch die vielen Fragen angeregt worden, die Sucher und Schüler aus dem Westen immer wieder zu diesem Thema gestellt haben. In dem Bemühen jedoch, diese Fragen auf systematische und umfassende Weise zu beantworten, hat die Untersuchung einen viel größeren Umfang angenommen, als ursprünglich beabsichtigt war. Wie sie nun vorliegt, wird sie aber, so hoffe ich, nicht nur für jene von Nutzen sein, deren Fragen für die Abfassung den ersten Anstoß gaben, sondern für alle Sucher, die wissen wollen, was Yoga ist, welche verschiedenen Systeme es gibt, welche Praktiken diese umfassen und welche spirituelle Wirksamkeit sie haben.
In dieser Zeit der Veröffentlichungen gibt es keinen Mangel an Büchern über Yoga. Aber wenn man sie sorgfältig prüft, findet man, daß die meisten von ihnen in der einen oder anderen Hinsicht unzureichend sind. Entweder behandeln sie den Yoga als ein System von *asanas* und körperlichen Übungen oder als ein abstraktes und höchst monistisches Gedankensystem, welches die Einheit alles Bestehenden und die schließliche Einswerdung der individuellen Seele mit der Überseele postuliert. In jedem Fall ist die Vorstellung von Yoga, die wir so erhalten, unvollständig. Von einem praktischen Weg spiritueller Transzendenz und Vereinigung mit dem Absoluten wird er auf ein System der Körperschulung oder auf eine (oder mehrere) Schulen der Philosophie eingeschränkt.
Um der Möglichkeit eines solchen Irrtums auszuweichen, wird das letzte Ziel aller Yogas — die Einswerdung mit dem höchsten Herrn — als Brennpunkt für alle Erörterungen, die sich bei diesem Studium ergeben, im Auge behalten. Alle bedeutenden alten und neuen Formen werden wieder aufgegriffen, ihre Praktiken erklärt und diskutiert und ebenso das Ausmaß, bis zu wel-

chem uns jeder von ihnen dem letzten Ziel entgegenführen kann. Dieser letzte Aspekt einer vergleichenden Yoga-Studie führt wohl am leichtesten zu Mißverständnissen und Verwirrungen. Für die mystische Erfahrung ist es bezeichnend, daß die Seele, wenn sie sich auf eine höhere als die gewohnte Ebene erhebt, dazu neigt, diese in Ermangelung höherer Führung irrtümlich als die allerhöchste Ebene anzusehen, als den Bereich des Absoluten. Und so finden wir, daß die meisten Yogas, indem sie uns bis zu einem gewissen Punkt auf der inneren Reise bringen, diesen irrigerweise für das Ziel halten und sie für etwas, das relative Gültigkeit hat, eine absolute beanspruchen.

Der einzige Weg, durch den wir den spirituellen Wert einer jeden Yoga-Art abschätzen und so dem gegenwärtig verworrenen Zustand entkommen können, ist der, daß wir die allerhöchste ›Form‹ des Yoga, dessen Wirksamkeit absolut und nicht nur relativ ist, zu unserem Maßstab nehmen. Dieser Maßstab ist durch den Surat Shabd Yoga gegeben, der auch als *Sant Mat* bekannt ist (oder der Pfad der Sants oder Meister dieser mystischen Schule), der wahrhaft die Krone des Lebens ist. Indem die Adepten dieses Pfades seine Praktiken unter genauer Führung übten, sind sie zu Bereichen gelangt, die anderen Schulen der Mystik garnicht bekannt sind, und haben sich zuletzt mit dem höchsten Herrn in Seinem Absoluten und Namenlosen Zustand vereint. Sie haben in ihren Schriften wiederholt die unvergleichliche Überlegenheit dieses Yoga des Tonstromes bestätigt und sind, indem sie durch innere Wahrnehmung die variierende spirituelle Reichweite anderer Yogas beschreiben, selbst weitergegangen und haben den absoluten Charakter ihres eigenen Yoga dargelegt.

Wenn ein Sucher einmal die Perspektiven des vergleichenden Mystizismus, die *Sant Mat* aufzeigt, verstehen kann, wird er, so glaube ich, finden, daß ihm diese äußerst verwickelte Sache nach und nach immer klarer wird. Er wird sehen, daß die Widersprüche, die so viele verwirren, wenn sie sich anfangs dem vergleichenden Studium des Mystizismus zuwenden, für die mystischen Erfahrungen als solche gar nicht von Bedeutung sind, sondern die Folge der Verwechslung einer relativen Wahrheit mit der absoluten — ein Irrtum, der für diejenigen nicht existiert, die, indem sie den höchsten Pfad gehen, alle inneren Stufen aus erster Hand kennengelernt haben und um die Ziele wissen, zu denen jeder Yoga führen kann. Er versucht dann nicht weiter, der Frage nach der Spiritualität auszuweichen, indem er sie lediglich als alten Aberglauben und schwarze Magie abtut. Er wird sie als eine zeitlose innere Wissenschaft sehen, die ihre eigenen unveränderlichen Gesetze und variierenden Wirkungsformen hat, aber eine Wissenschaft, deren Erkenntnisse nicht statisch sind, sondern sich entfaltet haben, so wie sich die Menschen von den niedrigeren zu den höheren Formen des Yoga entwickelt haben. Und vor allem wird er erkennen, so hoffe ich, daß die Einswerdung mit dem höchsten Herrn kein bloßer Tagtraum oder das hypothetische Postulat einer monistischen Philosophenschule ist, vielmehr eine lebendige Möglichkeit, deren Verwirklichung das Ziel der menschlichen Existenz ist und die zu erreichen durch die richtige Führung, die richtige Methode und die rechte Anstrengung in Reichweite aller liegt, ungeachtet des Alters, des Geschlechts, der Rasse oder des Glaubens.

Sawan Ashram, Delhi *Kirpal Singh*

Erster Teil
DIE YOGA-LEHREN

1. Kapitel

Einführung

Die großen Menschheitslehrer aller Zeiten und Länder — die Rishes der Veden, Zoroaster, Mahavira, Buddha, Christus, Mohammed, Nanak, Kabir, Baba Farid, Hazrat Bahu, Shamas Tabrez, Maulana Rumi, Tulsi Sahib, Soamiji und viele andere, haben der Welt nur e i n e n Sadhan oder eine spirituelle Übung gegeben. Wie es nur e i n e n Gott gibt, kann es auch nur e i n e n Gottespfad geben. Die wahre Religion, der Weg zurück zu Gott ist von Gott selbst geschaffen worden. Er ist daher sowohl der älteste wie auch der natürlichste Weg — frei von irgendwelchen Machenschaften und ohne etwas Gekünsteltes. Für die praktische Ausübung dieses Systems ist die Führung durch einen Adepten oder einen Lehrer erforderlich, der in Theorie und Praxis des Para Vidya oder der Wissenschaft vom Jenseits, wie sie genannt wird, wohlerfahren ist; denn er liegt außerhalb der Reichweite des Verstandes und der Fähigkeit der Sinne. Dort, wo alle Philosophien der Welt enden, beginnt die wahre Religion. Die heiligen Schriften geben uns bestenfalls einen Bericht über den Pfad, insoweit dies in unvollkommenen Worten zum Ausdruck gebracht werden kann, aber sie können uns nicht zum Pfad bringen noch uns auf dem Pfad leiten.

Der spirituelle Pfad ist seiner Natur nach ein Pfad der Praxis. Nur der Geist — befreit und entpersönlicht — kann die spirituelle Reise unternehmen. Der innere Mensch, die Seele im Menschen muß sich über das Körperbewußtsein erheben, ehe sie zu höherem Bewußtsein gelangen kann, dem Bewußtsein des Kosmos und des Jenseits. All das und noch mehr wird möglich, wenn man sich durch die Gnade einer Meisterseele dem ›Surat Shabd Yoga‹ zuwendet, der Vereinigung des *Selbst* im Menschen (*surat* oder Bewußtsein) mit dem ›Tonprinzip‹ (*Shabd*).

Um von den Lehren der Meister, wie sie seit der ältesten Vergangenheit bis in die Gegenwart wirksam sind, eine klare Vorstellung zu erhalten, ist es der Mühe wert, daß wir das Wesen und die Reichweite der Lehren des Surat Shabd Yoga studieren, und zwar im Vergleich mit den verschiedenen Yoga-Systemen, wie sie durch die Alten gelehrt wurden, und mit den Prinzipien des ›Advaitismus‹, wie sie Shankaracharya vorgelegt hat.

Das Wort ›Yoga‹ ist von der Sanskritwurzel ›juj‹ abgeleitet und bedeutet: Begegnung, Vereinigung, Verbindung, Ziel, Abstraktion, Verwirklichung, Versenkung oder metaphysisches Philosophieren der höchsten Form, was eine unmittelbare Annäherung zwischen der Seele und der Überseele (Jiva-atma und Para-atma oder Brahman) verspricht. *Patanjali*, der berühmte Vater des Yoga-Systems, definierte den Yoga nach Art seines Vorgängers *Gaudapada* als ein Ausschalten der ›vritis‹ oder Modulationen, die beständig den Gemütsstoff oder ›chit‹ in Form von kleinen Wellen in Bewegung halten. Er nennt es ›chit vriti nirodha‹ oder Unterdrückung der ›vritis‹, das heißt Befreiung des Gemüts von den mentalen Schwankungen. Nach Maharishi Yagyavalkya bedeutet Yoga, die Einheit der individuellen Seele mit Ishwar oder Brahman zustandezubringen. Die Yogis definieren ihn allgemein als eine Befreiung des Geistes von den zahlreichen ihn umgebenden Hüllen, in die er während seiner irdischen Existenz gekleidet ist. *Sant Mat* oder der Pfad der Meister akzeptiert und bestätigt alles, was oben gesagt ist, völlig und stimmt auch bis zu einem gewissen Grad den genannten Bestrebungen und Zielen zu, betrachtet sie aber bestenfalls als bloße Mittel, die zum Ziel weisen. *Sant Mat* hört dort nicht auf, sondern geht weiter und berichtet von dem ›Weg hinaus‹ aus dem gewaltigen Irrgarten des Universums und dem ›Weg hinein‹ ins himmlische Reich des Vaters; über die spirituelle Reise, die der Geist vom Tod zum unsterblichen Leben (von Fana zu Baqa) unternehmen muß, indem er sich mit Hilfe eines regelrechten Systems der Selbstanalyse durch Zurückziehung der Geistesströme vom Körper und durch Sammlung derselben am Sitz der Seele (Tisra Til) über das Körperbewußtsein erhebt, wie er dann allmählich die sich da-

zwischen befindlichen Zentren, die jenseits von ›Bunk-Naal‹, dem umgekehrten tunnelartigen Durchgang liegen, durchquert, bis er die letzte Stufe der Vollendung erreicht und Einssein mit seinem Ursprung erlangt.
Hier mag man fragen, ob die Vereinigung der Seele mit der Überseele notwendig ist, wenn beide gleichen Wesens und bereits ineinander eingebettet sind. Vom theoretischen Standpunkt aus ist das richtig, aber wieviele von uns sind sich dessen bewußt und sind auf praktische Weise am Werk im Licht und Leben dieser Erkenntnis und Bewußtheit? Und andererseits läßt sich die Seele stets vom Gemüt leiten, das Gemüt wiederum von den Sinnen und die Sinne von den Sinnesgegenständen. Das Ergebnis ist, daß die Seele seit undenkbaren Zeiten durch die ständige Gemeinschaft mit dem Gemüt und den Sinnen ihre eigene individuelle (ungeteilte) Identität gänzlich verloren und sich für alle praktischen Zwecke mit dem Gemüt gleichgesetzt hat. Diesen Schleier der Unwissenheit, der sich zwischen die Seele und die Überseele geschoben hat, gilt es zu entfernen, damit die Seele zu sich kommen kann, um die ihr innewohnende Natur zu erkennen und dann ihre wahre Heimat zu finden, wodurch sie ewiges Leben erlangt. Ursprünglich waren alle Religionen von den Menschen einzig zu diesem Zweck geschaffen worden, aber bedauerlicherweise entfernt sich der Mensch im Laufe der Zeit von der Wirklichkeit und wird zum Sklaven seines eigenen Werkes und der Religionen; sinken diese doch ab zu institutionellen Kirchen und Tempeln und starren Gesetzbüchern moralischer und sozialer Verhaltensweisen, welche die lebendige Berührung und den vibrierenden Lebensimpuls der Gründer vermissen lassen.
»Ich kenne keine Krankheit der Seele außer der Unwissenheit«, sagt Ben Jonson. Das größte Problem ist, wie man den Schleier der Unwissenheit entfernen kann. Denn wir haben zugelassen, daß er zu einem mächtigen Felsblock geworden ist, zu hart, als daß er gesprengt werden könnte. Aber die Weisen haben uns verschiedene Mittel gegeben, mit denen die sonst undurchdringliche Scheidewand gespalten werden kann, nämlich den Jnana Yoga, Bhakti Yoga, Karma Yoga und andere Praktiken. Das Licht

wahrer Erkenntnis, wie es durch Jnana Yoga vor Augen geführt wird, kann das Dunkel der Unwissenheit zerstreuen, gleichwie eine brennende Kerze die Dunkelheit eines unbeleuchteten Raumes entfernt. Durch Bhakti Yoga kann man fähig werden, Gefühle des Hasses, der Spaltung und Trennung in solche der Liebe für alle umzuwandeln, in solche der Versöhnung und Einigkeit mit allen lebenden Geschöpfen, und wird dadurch in der allumfassenden Liebe für alle Wesen begründet sein. Zuletzt kann man mittels Karma Yoga die Fähigkeit erlangen, Gefühle des Egoismus und der Selbstgefälligkeit, der Selbsterhöhung und der Eigenliebe auszumerzen und stattdessen menschenfreundliche Mildtätigkeit und Mitgefühl zu üben, was der ganzen Menschheit allgemein zum Nutzen gereicht. Man kann Liebe für alle erwerben, die Widerspiegelung des Universums in sich selbst sehen und die des eigenen Selbst in jedem anderen, um schließlich das Prinzip der Vaterschaft Gottes und der Bruderschaft der Menschen zu verwirklichen. Dies sind in der Hauptsache die drei Wege, oder besser, die drei Aspekte eines einheitlichen Pfades des Kopfes, des Herzens und der Hand, wodurch man das erwünschte Ziel erreicht, die Vereinigung der Seele mit der Überseele. Man kann das kurz einen Prozeß der Selbstbemeisterung, der Selbstveredlung und Selbstaufopferung nennen, ein Prozeß, der letzten Endes zum Kosmischen Bewußtsein oder dem Gewahrwerden der alles durchdringenden Wirklichkeit führt, welche die Grundlage von allem ist, das existiert.
Das Ziel ist in jedem Falle dasselbe, und jeder strebt dem nämlichen zu, wenn auch alle von ihnen auf den Anfangsstufen von dualistischen Überlegungen ausgehen. Man beginnt im Dualismus und endet im Nicht-Dualismus (Advaitismus), und darum kann man sich dem Pfad des göttlichen Wissens zuwenden, der universalen Liebe und Hingabe oder dem selbstlosen Dienst an der Menschheit.

Das Ziel bleibt immer dasselbe, obschon der Bogenschützen, die es treffen wollen, viele sind.

Rajab

Im Jnana Yoga zum Beispiel, muß man die Fähigkeit des Unterscheidens entwickeln, um imstande zu sein, ›Agyan‹ und ›Gyan‹ auseinanderzuhalten, das heißt, Unwissenheit und wahres Wissen, den illusorischen Charakter von Maya und die Wirklichkeit von Brahman. Und wenn einer von dem letzteren überzeugt ist, sieht er nur noch Brahman, das in seinem grenzenlosen Wesen alles durchdringt und allen Formen und Farben innewohnt, die ihre Muster und ihre Tönung allein von ihm nehmen. Dies ist das Aufdämmern wahren Wissens und göttlicher Weisheit.

Auf ähnliche Weise beginnen wir im Bhakti Yoga mit den doppelten Prinzipien von ›Bhagat‹ und ›Bhagwant‹ oder dem Ergebenen und der Gottheit; der Ergebene verliert nach und nach sein kleines Selbst und sieht, daß seine Gottheit alles durchdringt, und sein eigenes kleines Selbst weitet sich aus, um das Gesamte zu umfangen, wie es sein ›Isht Dev‹ tut. Wer immer ein Salzbergwerk betritt, wird salzig. Wie du denkst, so wirst du.

Beim Karma Yoga begibt man sich in den ›Karma Kshetra‹ oder das Gebiet der Handlungen, am Anfang von einer zwingenden Kraft getrieben; doch im Verlaufe der Zeit lernt man den Wert des selbstlosen Karma kennen. Wenn Karmas um ihrer selbst willen verrichtet werden und ohne, daß man den Früchten, die sie tragen, verhaftet ist, binden sie nicht, und allmählich wird man ›Neh Karma‹ (unbewegt im Handeln) oder ein Ruhepunkt in dem sich ständig drehenden Lebensrad. Wenn einer so von der Peripherie seines Wesens aus zu seinem Zentrum gelangt, erwirbt er Untätigkeit in der Tätigkeit und ist von der bindenden Wirkung der Karmas befreit.

Was sind Vritis?

Wenn ein Strom, der vom Geist ausgeht, irgendetwas berührt — sei es etwas Körperliches, ein inneres Empfinden, eine Vorstellung oder eine Sinneswahrnehmung — und zu seiner Quelle zurückkehrt, wird das ›vriti‹ genannt. Vritis verursachen eine Veränderung im Gemütsstoff. All unser äußeres und inneres Wissen von der Welt rührt von den Vritis oder den Gedankenstrahlen her. Ein Lichtstrahl, der von einem Gegenstand ausgeht oder reflektiert wird, dringt über die Augen ins Gehirn und wird dort in gedankliche Eindrücke umgesetzt, so daß wir uns des Gegenstandes bewußt werden.

Es gibt fünf Arten von Vritis:

1) ›Parman‹: Die Beziehung zwischen der ›freien Seele‹ oder der Natur wird ›Parman‹ genannt. Im Kern aller geschaffenen Dinge findet die reine Seele ihr eigenes Wesen wieder, und nichts ist davon getrennt und verschieden.

2) ›Vipreh‹: Die Beziehung zwischen der ›erkennenden Seele‹ und ›Prakriti‹ oder dem Gegenstand der Natur wird ›Vipreh‹ genannt. Die geoffenbarte Form wird angenommen und akzeptiert wie sie ist, bleibt aber gegenüber dem einen und aktiven Lebensprinzip, das ihr zugrunde liegt, skeptisch.

3) ›Vikalp‹: Es ist die Beziehung, welche die vom Gemüt beherrschte Seele mit den Gegenständen hat und die Zweifel und Täuschung hervorruft hinsichtlich der Gegenstände selbst, ihrer Existenz, ihrer wesentlichen Natur und der Lebens-Essenz, die ihnen innewohnt.

4) ›Nidra‹: Es ist die Beziehung, welche die von ›Prana‹ bedeckte Seele mit den Gegenständen hat. Hier wird der Zustand des Träumens und des Tiefschlafs einbezogen und dies ungeachtet der existierenden Umwelt.

5) ›Smritis‹: Dies ist die Beziehung der ›verkörperten Seele‹ mit den Dingen der Welt auf der physischen Ebene.

Alle diese Vritis bilden die vielen Hürden auf dem Weg der Seele, ihre wahre und wesenhafte Natur zu verstehen, die in Wirklichkeit keine andere als die von Gott ist.

Deswegen sagt *Kabir*:

»*Die Seele ist vom selben Wesen wie Gott.*«

Denselben Gedanken bringen auf ähnliche Weise die Moslem-Heiligen zum Ausdruck, wenn sie von der Seele als ›Amar-i-Rabbi‹ oder dem Licht Gottes sprechen.

Wenn man nur ›Chit‹ von den ›Vritis‹ (genannt: chit vriti nirodha) freihalten könnte, dann würde nichts zurückbleiben als das reine Wesen der Gottheit. Darum haben wir, wie schon gesagt, die oft wiederholten, bekannten Aussprüche über Yoga:

1. *Chit-vriti nirodha (Reinigung des Gemüts von den mentalen Schwingungen) ist das Wesen des Yoga.*

   Patanjali

2. *Einssein der Seele mit der Überseele ist Yoga.*

   Yagyavalkya

3. *Loslösung der Seele von den materiellen Bindungen des Lebens, ihre Befreiung von den sie umgebenden Hüllen, ist Yoga.*

   Machhandra Nath
   und Gorakh Nath

Der leichteste, der älteste und der natürlichste Weg, um die Früchte des Yoga zu erwerben, ist, wie Kabir, Nanak und andere vor und nach ihnen gelehrt haben, der von *Shabd Yoga* oder *Sahaj Yoga*, der von allen Meister-Heiligen seit undenkbaren Zeiten vermittelt wurde. Wenn der Geist in der Lage ist, durch spirituelle Übung oder *Sadhan* eine Umhüllung nach der anderen abzuwerfen, wird er reiner Geist und vollkommen in sich selbst, eine bewußte Wesenheit, selbstexistent und selbstleuchtend, immer derselbe und auf ewig frei. Nach den Heiligen ist Yoga eine Verbindung der Seele mit dem heiligen Wort[1] (dem sich zum Ausdruck bringenden Gott), der Kraft Gottes und dem Geist

---

1 Für eine eingehendere Erklärung wird auf das Buch ›Naam oder das Wort‹ vom selben Autor verwiesen.

Gottes: ›Sruti, Sarosha, Zikr, Naam oder dem heiligen Geist‹, wie es durch die verschiedenen Weisen zu ihrer jeweiligen Zeit beschrieben wurde.

Die Seele und die Überseele

1. Die Seele ist die Wirklichkeit und der Geist. Sie ist das Eine wie auch das Ganze. Im Einen ist immer die Täuschung des Vielen enthalten und das Ganze schließt in sich das Vorhandensein von vielen Teilen ein. Die Vorstellungen sowohl vom Teil als auch vom Ganzen laufen dicht nebeneinander und beide, der Teil wie auch das Ganze sind durch die Gleichartigkeit der ihnen innewohnenden Wesensnatur gekennzeichnet.

2. Das Wesen eines Dinges besitzt die ihm eigene Natur, und die beiden können nicht voneinander getrennt werden. Genau wie das Wesen zugleich eines und vieles ist, so ist es auch der Fall mit der ihm beigegebenen Natur.

3. Das Wesen eines Dinges ist sein *Johar*, sein Lebensodem. Es ist das einzige ursprüngliche Prinzip, das alles durchdringt und die Wirklichkeit hinter allen Formen und Farben ist. Dieses aktive Lebensprinzip ist die Quelle der Schöpfung und verschiedentlich bekannt unter dem Namen ›Prakriti‹ in der feinstofflichen, ›Pradhan‹ in der kausalen und ›Maya‹ in der physischen Welt.

4. Die einem Ding eigene Natur ist sein wesentlicher, von ihm untrennbarer Bestandteil, da sie ihm innewohnt. Nehmen wir den Fall des Lichts. Kann Licht als etwas von der Sonne Getrenntes angesehen werden oder die strahlende Vitalität losgelöst von einem Menschen, der vor Gesundheit strotzt? Das eine kann nicht ohne das andere bestehen, da die beiden untrennbar miteinander verbunden sind und ineinander ruhen.

5. Versuche, die Natur und ihr Wesen als zwei gänzlich voneinander getrennte Dinge zu betrachten, und sei es nur in der Vorstellung, sind dazu angetan, Gedanken einer Dualität Raum zu geben. Nur in Begriffen dieser Dualität kann sich einer die Schöpfung als etwas vom schöpferischen Prinzip Abgesondertes denken, was die Folge des äußeren Spieles der beiden Geisteskräfte, genannt Materie und Seele, ist. Die wissenschaftlichen Forschungen sind nun auch zu dem unvermeidlichen Schluß gekommen, daß alles Leben eine fortlaufende Existenz auf verschiedenen Ebenen ist und daß das, was wir träge Materie nennen, nichts anderes als Energie auf ihrer niedrigsten Stufe ist.
In der Natur selbst, in den feinstofflichen und kausalen Ebenen, sind diese beiden Prinzipien ständig am Werk: Gott und ›Prakriti‹ im feinstofflichen, Gott und ›Pradhan‹ im kausalen und Seele und Materie im physischen Universum. Die Schöpfung überall ist nur eine Folge der Einwirkung des einen auf das andere.

6. So ist denn die Seele das Lebensprinzip und die Ursache im Innersten von allem, denn ohne sie kann nichts ins Dasein treten. Sie hat eine belebende Wirkung und überträgt ihren Lebensimpuls auf die anscheinend träge Materie durch die Berührung mit ihr. Es liegt im Leben und Licht dieses belebenden Impulses der Seele, daß die Materie so viele Formen und Tönungen annimmt mit ihrer Vielfalt an Mustern und Gestaltungen, die wir im Universum sehen.

7. Dieser Lebensstrom oder die Seele ist äußerst subtil, ein selbstleuchtender Funke des göttlichen Lichts, ein Tropfen vom Meer allen Bewußtseins, ohne Anfang und Ende und auf ewig derselbe, eine unveränderliche Permanenz, grenzenlos, vollkommen in sich selbst, immer seiend, eine alles empfindende Wesenheit, die jeder Form innewohnt, sichtbar wie auch unsichtbar, denn alle Dinge offenbaren sich um ihretwillen. Es gibt nichts, das nicht durch diesen Lebensstrom entstanden wäre.

Das Eine bleibt, das Viele wandelt sich und schwindet.
Das Leben ist gleich einem Dom aus vielfarbigem Glas,
das die weiße Strahlung der Ewigkeit verfärbt.

Shelley

8. Genau wie die Sonne ihre Strahlen in die Welt aussendet, das Meer auf seiner Oberfläche die Wogen und Wellengekräusel, die Gezeiten und die Strömungen trägt, und ein Wald eine Ansammlung von unzähligen Bäumen ist, so scheint sich die Überseele oder Gott, wenn man durch Seine Schöpfung hindurchschaut, in viele Formen aufgeteilt zu haben und das Licht und Leben Gottes in einem großen Panorama von bunten Färbungen zu zeigen; doch Gottes Geist durchdringt alles gleich einer Schnur, auf der die Perlen aufgereiht sind. Und dennoch bleibt ›Er‹ davon unberührt und getrennt von allem in Seiner eigenen Fülle.

9. Die erste nach unten gerichtete Projektion des von Gott ausgehenden spirituellen Stromes brachte den Äther (akash) in Erscheinung, der das feinstofflichste der Elemente ist und sich überall im Raum ausbreitet. Er hat zwei Aspekte. Der eine ist der des Geistes oder der Seele, der im Äther ungeoffenbart bleibt. Der andere ist der offenbarte Äther, der durch eine weitere Verbindung der positiven und der negativen Kraft, die ihm innewohnen, die Luft (vayu) hervorbrachte. Auf genau dieselbe Weise brachte die Luft das Feuer (agni) hervor und dieses wiederum erzeugte das Wasser (jal), und das geoffenbarte Wasser führte zur Formation der Erde (prithvi), indes der Geist eines jeden Elements, der im Wesen derselbe ist, gänzlich ungeoffenbart blieb.

Genau so wie oben erklärt, hat das, was wir Gott nennen, dem Wesen nach eine Göttlichkeit, die absolut und erscheinungslos ist, das Leben und der Geist des Universums und doch zugleich das Universum selbst mit seinen vielfältigen Schöpfungen, die so viele Formen und Farben in Fülle offenbaren und die erscheinen und wieder vergehen wie die Welten im Meer des Lebens. Der ungeoffenbarte und unpersönliche Gott ist von allen Attributen frei. Seine individualisierten Strahlen hingegen, wie sie in den unzähligen Formen und Farben offenbart sind, halten sich durch die ständige Berührung mit ›Maya‹, ›Prakriti‹ und ›Pradhan‹ (das Physische, das Feinstoffliche und das Kausale) und infolge Unkenntnis ihrer wahren Natur begrenzt und getrennt voneinander. Dadurch geraten sie in den Umkreis des unerbittlichen karmischen Gesetzes oder des Gesetzes von Ursache und Wirkung, welches für jede Tat, jedes Wort und jeden Gedanken eine entsprechende Folge nach sich zieht. Was in dem einen Leben unerfüllt blieb, wird in einem anderen erfüllt, und so dreht sich das gewaltige Rad des Lebens und des Todes beständig weiter. Hierin liegt der Unterschied zwischen einer individualisierten Seele auf der einen Seite und der großen Seele des Universums (genannt Gott) auf der anderen. Die eine ist gebunden und begrenzt, während die andere ohne alle Beschränkungen und Begrenzungen ist.

Prakriti oder Materie

›Prakriti‹ ist ein zusammengesetztes Wort, abgeleitet von der Sanskritwurzel ›pra‹, was ›erst‹ bedeutet, und ›kar‹, was ›tun‹ besagt. Und so heißt ›prakriti‹ »ursprüngliche Materie« (latente Energie), die, wenn die positive Geisteskraft auf sie einwirkt, viele Formen und Muster in der gewaltigen Schöpfung des Großen Urhebers hervorbringt. Dies wird ›Maya‹ genannt, und alles, was durch einen der Sinne wahrgenommen und empfunden werden kann, fällt in diese Kategorie der Materie oder ›Prakriti‹. Materie ist, wie oben gesagt, eine verborgene Energie auf der niedrigsten Stufe, die zur Wirksamkeit gebracht (aktiviert) wird, indem sie viele verschiedene Formen annimmt, die deutlich zutage treten und wahrgenommen werden können. Dieser Prozeß von der Passivität zur Aktivität der Energie führt zur Schöpfung oder Offenbarung der bis dahin ungeoffenbarten Geisteskraft.
Brahman oder die Geisteskraft tritt nur durch eine grobstoffliche Umhüllung (kaya) ins Sein.

So wie die Gesamtheit der anscheinend individualisierten Seelen die Überseele (Gott) ausmacht, wird der gewaltige Zauber der erschaffenen Wesen und Dinge, mit ihren vielfältigen Formen und Farbtönungen, in ihrer Gesamtheit ›Prakriti‹ genannt.
Prakriti kann weder aus sich selbst heraus bestehen, noch kann es für sich mit den Sinnen wahrgenommen werden. Es kommt nur zur Offenbarung, wenn die Geisteskraft darauf einwirkt. Genauso wie die Sonnenstrahlen nicht ohne die Sonne existieren können und nur in Erscheinung treten, wenn diese sich am Horizont erhebt, so nimmt Prakriti in Verbindung mit dem Lebensimpuls unzählige Formen und Gestaltungen an, die über den menschlichen Gesichtskreis hinausreichen. Und die eine unsichtbare Seele scheint in viele individualisierte Teile mit unterschiedlichen Benennungen und in mannigfaltigen Arten vervielfacht zu werden, die jede Beschreibung und Lösung vereiteln. Aber die Yogis haben die fünf ›Koshas‹ oder die den Geistesstrom umgebende Hüllen in Rechnung gezogen, die sich im Verlaufe seines Abstiegs auf ihn legen, und haben Mittel und Wege ersonnen und formuliert, um diese wieder zu entfernen. Diese ›Koshas‹ oder Hüllen können kurz beschrieben werden als:

1) *Vigyan-mai-kosh:* Die Hülle des mentalen Werkzeugs oder des Intellekts mit seinen zwei Erscheinungen. Die eine hat mit dem Wissen (Gyan) auf der physischen Ebene zu tun und die andere mit der Erleuchtung (Vigyan) auf der spirituellen. Dies ist die erste Hülle, von der der Geist bedeckt wird, wenn er mit der feinstofflichen Materie, genannt Prakriti, in Verbindung kommt. Das Licht der Seele, wie es im intellektuellen Zentrum reflektiert wird, erhellt das, was gewöhnlich als Intellekt bekannt ist, der aus der inneren spirituellen Wahrnehmung und der äußeren Erkenntnis besteht. Mit dieser reflektierten intellektuellen Fähigkeit wird die Seele erkennend und wahrnehmend.

2) *Man-o-mai kosh:* Dies ist die zweite Bedeckung oder Hülle, welche die intellektualisierte oder erkennende Seele durch die

weitere intensive Verbindung mit Prakriti umgibt und die nunmehr auch den Gemütsstoff zu reflektieren beginnt; und durch diese hinzukommende Kraft strebt die Seele dem Gemüt zu und wird nach und nach von ihm beherrscht.

3) *Pran-mai-kosh:* Die Bedeckung der Pranas (Lebensenergien) bildet die dritte Hülle um die Seele. Indem die denkende (erkennende) und aufmerksame Seele noch mehr in Prakriti (Materie) eindringt, beginnt sie durch die Pranas (die gemäß ihrer verschiedenen Funktionen aus zehn Arten bestehen) zu vibrieren. Dies macht die erkennende und aufmerksame Seele zu Pran-mai und treibt sie durch die belebende Wirkung an.

4) *Anmai-kosh:* Wenn die erkennende und mit Gemüt behaftete, angetriebene Seele in Prakriti eindringt, bildet sie dadurch noch eine andere Art der Umhüllung, die von ›Anmai‹. Es ist die letzte der fünf Bedeckungen, zu deren Erhaltung sie einen ständigen Bedarf an ›Ana‹ oder Nährstoff hat sowie an anderen Sinnesgegenständen.

Diese Hülle gleicht einem Futter des physischen Körpers (grobe Materie), der in der Tat nur die äußere Erscheinung davon ist. Sie umgibt die Seele auch dann noch, wenn die äußere Form, das heißt der Körper leidet, verfällt und sich zersetzt.

Die Existenz dieses groben physischen Körpers hängt von der Gesundheit der ›Anmai kosh‹, der Innenseite, ab.

Manche Seelen verlangen zufolge der ›Anmai kosh‹ selbst dann noch nach Nährstoff, wenn sie den groben äußeren Körper bereits abgelegt haben; sie jagen nach den Freuden der Welt und suchen in ihren Wanderungen weiterhin menschliche Behausungen heim, um Befriedigung ihrer inneren Begierden zu erlangen. Damit dieses Verlangen der entkörperten Seele erfüllt werde, verrichten die Hindus ›Pind Dan Saradhs‹ und bringen für die Manen der abgeschiedenen Seelen Sühneopfer dar, damit sie Ruhe und Frieden finden können.

5) Dieses ist *Anand-mai kosh* (Glückseligkeit) die allererste dieser koshas oder Umhüllungen. Sie ist beinahe ein Teil der Seele selbst. Es ist die feinstofflichste Hülle, die der eines dünnen Stoffes gleicht, der über einen beleuchteten Kandelaber gezogen wird. Wenn man aus tiefem und traumlosen Schlaf (sushupti) erwacht, kann man eine kleine Erfahrung von ihr haben und eine verschwommene Vorstellung von Anand oder der Wonne, die zurückgeblieben ist und die einer in diesem völlig ungestörten Ruhezustand erfahren hat.

Dies sind die fünf *koshas* oder *hijabs* (Schleier oder umgebende Hüllen), wie sie die Moslems nennen, und die, eine um die andere, die Seele bedecken. Ziel und Zweck aller Yoga-Arten ist es, die Seele nach und nach von diesen Hüllen zu befreien, bis sie zuletzt aus allen gelöst ist und ihre ursprüngliche vormalige Glorie, in der sie aus sich selbst erstrahlt (Sayam Jyoti), wiedererlangt hat, die nicht geringer ist als die von mehreren Sonnen zusammengenommen. Das ist die Stufe des ›Aham Brahm Asmi‹ oder ›Ich bin Brahman‹, und wenn sie erreicht ist, fühlt man sich nicht nur eins mit Gott, sondern ruft Ihn mit den Worten an — ›Ayam Athma Brahma‹ — ›o Gott, ich bin vom selben Wesen wie Du!‹ Die meisten Yoga-Systeme halten dies für das Ein und Alles sämtlicher spiritueller Bestrebungen. Es ist in der Tat die höchste und letzte Stufe der Selbstverwirklichung und dennoch nur eine Zwischenstation auf der spirituellen Reise — eine Stufe von keiner geringen Bedeutung, denn von hier aus beginnt eine vortreffliche Seele dem sehr begehrten Ziel vollkommener Gottverwirklichung entgegenzustreben. Es ist ›Khud Shanasi‹ (Selbsterkenntnis), die nach und nach zu ›Khuda Shanasi‹ (Gotterkenntnis) führt.

Selbsterkenntnis und tatsächliche Selbstverwirklichung sind der Höhepunkt im Prozeß der Selbstanalyse, ohne die man nicht zu Gott gelangen und das Reich Gottes betreten kann. Bei diesem Prozeß der Umkehrung und des Zurückziehens des Geistes im Innern, erhebt man sich über das Körperbewußtsein und befreit den Geist von den Fangarmen des Körpers und des Gemüts. Der einfachste, schnellste und sicherste Weg ist der der Verbindung mit *Shabd* oder dem Tonstrom (dem heiligen Wort), und er ist das einzige Mittel, das zur Gottverwirklichung führt. Es ist der älteste Weg, den die Welt je gekannt hat und der seit dem Aufdämmern der Schöpfung selbst besteht. Er ist gleichaltrig mit dem Menschen seit dem Tag, an dem dieser sich von seinem himmlischen Vater losgesagt hat. Alle großen Meister, die sich der Menschheit annehmen, haben dies ihren Aposteln verkündet[1]. Es ist die Taufe mit dem heiligen Geist, wie *Christus* gesagt hat.

Die Beziehung zwischen den drei Körpern und den fünf Koshas

Der menschliche Körper besteht aus drei Gewändern: dem physischen, dem astralen oder feinstofflichen und dem kausalen oder Ursachenkörper.

Im physischen Körper finden sich alle fünf Koshas, und das ist der Grund dafür, daß wir in unserem Wachzustand Wissen und Erfahrung von allen fünf Dingen erlangen: Glückseligkeit, innere und äußere Erkenntnis, Aufmerksamkeit (chit und die vritis oder mentalen Veränderungen), pranische Vibrationen und das physische System.

Wenn man sich in den Astral- oder feinstofflichen Körper erhebt, verliert man die Bewußtheit der physischen Existenz, während die Seele auf mentalem Weg die übrigen vier Stadien erfährt, nämlich: Glückseligkeit, Erkenntnis, Aufmerksamkeit und die pranischen Vibrationen.

Sowie sich der Geist noch höher, in den kausalen Körper, erhebt, fällt die Bewußtheit der physischen Existenz weg, und es bleibt nur die Kraft der ›Smriti‹ (Erinnerung) zurück, welche von der Glückseligkeit, die man in diesem Zustand erfährt, zeugt und Kenntnis gibt.

---

1 Für weitere Einzelheiten wird auf das Buch ›Naam oder das Wort‹ verwiesen.

Die Aufteilung der Schöpfung entsprechend den Koshas

Alle Wesen von den Gottheiten bis zum Menschen und ebenso die anderen Lebensformen einschließlich der Pflanzen werden je nach dem Übergewicht der einen oder anderen Kräfte in fünf Kategorien oder Klassen eingeteilt:

1) Rein erkennende Wesen wie Brahma, Vishnu und Mahesh usw.

2) Wesen, die mit Gemütsstoff ausgestattet sind, wie Indra und andere Gottheiten oder Göttinnen usw.

3) Wesen mit pranischen Vibrationen wie Yakshas, Gandharbs und andere Geistwesen usw.

4) Physische Wesen wie Menschen, Säugetiere, Vögel, Reptilien und Insekten usw. Geschöpfe, die mit einem physischen Körper ausgestattet sind, haben alle fünf Koshas oder Umhüllungen in variierendem Dichtigkeitsgrad in sich (Anand-mai, Vigyan-mai, Mano-mai, Pran-mai und Anna-mai), während solche mit pranischen Vibrationen nur vier Koshas in sich haben und Anna-mai wegfällt. ›Auf gleiche Weise haben Geschöpfe‹ die mit Gemütsstoff ausgestattet sind, nur drei Umhüllungen; bei ihnen fehlt außerdem Pran-mai. Rein erkennende Wesen wiederum besitzen nur zwei Koshas, nämlich Anand-mai und Vigyan-mai, da sie von den Fesseln des Gemüts, der Pranas und dem Bedarf an ›Anna‹ oder Nährstoff frei sind.

Es besteht somit eine sehr enge Verbindung zwischen den fünf ursprünglichen Elementen (Erde, Wasser, Feuer, Luft und Äther), aus denen sich die Körper zusammensetzen und den Koshas oder Umhüllungen. Tatsächlich sind die Koshas selbst mehr oder weniger die wirksame Folge dieser Grundelemente, und sie statten die Geschöpfe mit den fünf Fähigkeiten aus, die oben aufgeführt sind.

5) Die befreiten Seelen (Jiwan-mukta) haben nur den einen durchsichtigen Schleier von Anand-mai kosh. Der Schöpfer ist Geist in seiner reinen und unvermischten Form, die gesamte Schöpfung geht daraus hervor und ist zuweilen bekannt als *Maya* oder *Shabd-Brahman*. Es ist das aus sich selbst leuchtende Licht, das durch sich selbst besteht und der grundlose Urgrund von allem Sichtbaren und Unsichtbaren ist. Der Geist und Gott sind ihrer Natur und ihrem Wesen nach gleich, das heißt, Subtilität und Glückseligkeit. Diese Glückseligkeit ist die allererste Folge der Wechselwirkung von Seele und Prakriti und ist die erste Offenbarung der Gottheit in der Seele; sie bleibt die längste, bis zum Ende in ihrer ganzen Fülle, trotz der anderen vier Hüllen, von denen sie umgeben ist und die ihren Glanz trüben. Glückseligkeit ist die wesentliche und untrennbare Eigenschaft der Seele, die ihrer wahren Natur anhaftet. Das ist der Grund, warum die suchende Seele immer ruhelos ist und den Verlust ihres Wesens in dem gewaltigen Wirbel der Welt schrecklich empfindet. Und das ist es auch, warum *Christus* nachdrücklich betonte:

So schaue darauf, daß nicht das Licht in dir Finsternis sei.

Lukas 11, 35

Da wir die innere Glückseligkeit verloren haben, suchen wir in den weltlichen Dingen Ersatz zu finden und halten vergängliche Freuden für wirkliches Glück; doch schnell genug werden wir unserer Illusion beraubt. Dies jedoch führt zu der uns angeborenen Suche des menschlichen Herzens; und die äußeren vergänglichen und dahinschwindenden Freuden zwingen den Menschen, sich in seiner Suche nach wahrem Glück einwärts zu wenden. Dies führt zu all den verschiedenen Yoga-Systemen, die den Bedürfnissen der einzelnen Sucher entsprechen.

1) Menschen mit grober Anlage, animalischen Instinkten und solche, die nur am Prozeß der Körperbildung interessiert sind und Anna-mai Atma entwickeln, nehmen erfolgreich zu *Hatha Yoga* Zuflucht.

2) Menschen, die unter Blähungen und Magenbeschwerden leiden, die von Pran-vayu in ihrem Körpersystem herrühren, können diese mit Hilfe von *Prana Yoga* bekämpfen.

3) Menschen, die unter dem Einfluß von Mano-mai Atma stehen und unter ›mal‹, ›avaram‹ und ›viksho‹, das heißt, mentalen Unsauberkeiten, Unwissenheit und Wandlungen des Gemüts leiden, können diesem mit Hilfe von *Raja Yoga* begegnen und Mano-mai kosh durchdringen.

4) Menschen mit starker intellektueller Anlage sind immer mit dem Warum und Wofür der Dinge beschäftigt. Solche Sucher wenden sich dem Pfad des ›Vigyan‹ oder *Jnana Yoga* zu.

5) Diejenigen, die darauf bedacht sind, der Welt und allem, was weltlich ist, zu entrinnen und Glückseligkeit um ihrer selbst willen suchen, gehen den Pfad des ›Anand Yoga‹ oder den Yoga wahren Glücklichseins, genannt *Sahaj Yoga*.

Beim *Sahaj Yoga* braucht sich der Übende keiner der strengen Schulungen unterziehen, welche die anderen Yogas kennzeichnen. Er muß ein aufrichtiges, unaufhörliches Verlangen nach dem Endzweck aller Dinge haben, nach dem Ziel aller Ziele und darf nicht mit der bloßen Meisterung seiner physischen und mentalen Kräfte zufrieden sein. Wenn ein solches Verlangen vorhanden ist, wird er früher oder später, so wie *Ramakrishna Totapuri* begegnete, einen Adepten finden, der ihn auf den Pfad stellt. Ein solcher Adept oder Meister bringt ihn mit dem lebendigen Tonstrom im Innern in Verbindung, und dieser Strom wird ihn mit der ihm eigenen Kraft und Anziehung nach oben bringen, und dies ohne irgendwelche übertriebene Mühe und Anstrengung seinerseits. Daher ist dieser Yoga in gewissem Sinne der leichteste von allen, weshalb er wohl *Sahaj Yoga* (der mühelose Yoga), genannt wird. Er kann mit gleicher Leichtigkeit von einem Kind wie auch von einem alten Menschen, von einer Frau wie von einem Mann, von einem intellektuell begabten wie auch von einem einfach denkenden Menschen, von einem *Sanyasin* (einem Entsagenden) ebensogut wie von einem Hausvater ausgeübt werden. Er besteht im Einstimmen der Seele auf den spirituellen Strom, der allezeit im Innern vibriert, und ist daher als *Surat Shabd Yoga* oder Yoga des Tonstroms bekannt.

Mit diesen einführenden Bemerkungen sind wir nunmehr in der Lage, das Thema ›Yoga‹ mit seinen variierenden Grundzügen zu erörtern, wie es durch *Patanjali* gelehrt wurde. Es gilt zu verstehen, welche Rolle jede Yoga-Art spielt, welche Technik jeweils zugrunde liegt, wie sich jede Stufe auswirkt und inwieweit die Yoga-Übungen helfen, das erwünschte Resultat — die Befreiung der Seele von der Gebundenheit durch Gemüt und Materie — zu erreichen. Ziel ist es, die eigene Natur, getrennt vom Körperbewußtsein, zu erkennen und sich dann ins Kosmische Bewußtsein und weiter ins Überkosmische Bewußtsein zu erheben, denn es ist die befreite Seele, die die Erfahrungen der »Bewußtheit« auf verschiedenen Ebenen machen muß, angefangen bei der Erkenntnis des »Selbst«, bis zu der des »Kosmischen« und zuletzt des »Überkosmischen« oder Gottes.

2. Kapitel

YOG VIDYA UND YOG SADHNA

Der Pfad des Yoga in Theorie und Praxis

1. Die Grundlage des alten Yoga

Ursprung und Technik des Yoga-Systems

Aus dem *Yagyavalkya Smriti* erfahren wir, daß *Hiranyagarbha* (Brahm) der ursprüngliche Lehrer des Yoga war. Aber als ein System wurde der Yoga erst durch *Patanjali*, den großen Denker und Philosophen, in seinen Yoga-Sutren, einige Zeit vor Beginn der christlichen Ära erklärt. Das Yoga-System ist eine der sechs Schulen der indischen Philosophie (Khat Shastras), die systematisiert und entwickelt wurden, um die indischen Gedanken hinsichtlich des Kosmos, der individuellen Seele und der Beziehung zwischen beiden zu ordnen. Diese Philosophien ergaben sich aus dem Versuch, die alten und ehrwürdigen Lehren psychologischen und metaphysischen Inhalts in erneuter Form wiederherzustellen.

Das Wort ›Yoga‹ bedeutet in der Umgangssprache ›Methode‹. Im technischen Sinn heißt es zugleich ›anjochen‹ oder ›Vereinigung‹ der individuellen Seele mit der Überseele oder Gott. ›Anjochen‹ bedeutet soviel wie ›verbinden‹ oder ›zusammenbinden‹ und ›sich unter das Joch (Schulung) stellen‹. In diesem Zusammenhang bedeutet das Yoga-System eine ›methodische Schulung‹, die einerseits ›Viyog‹ (loslösen) oder Trennung der individuellen Seele von Gemüt und Materie und andererseits ›Yog‹ oder ihr Anjochen an *Brahman* anstrebt. Deshalb bedeutet und besagt es, die Suche nach dem ›Transzendenten und Göttlichen‹ im Menschen. Es ist die Entdeckung des Wesenhaften in den Erscheinungsformen. Dabei werden das physische und das metaphysische Sein auf ihre wesenhafte gemeinsame Grundlage zurückgeführt, auf die Basis und das Substrat all dessen, was sichtbar oder unsichtbar existiert. Als solches bedeuten und stellen die ›Yoga-Methoden‹ ein System dar, das gewaltige Anstrengung, eifrigstes Bemühen und hartes Streben erfordert, um durch die Beherrschung des physischen Körpers, des immer aktiven Gemüts, des sich selbstbehauptenden Ego oder Willens, des forschenden und fragenden Verstandes, der pranischen Vibrationen und der rastlosen Kräfte und machtvollen Sinne Vollkommenheit zu erlangen. Sinnbildlich wird der gegenwärtige Zustand der individualisierten Seele als eine Fahrt im Kampfwagen des Körpers beschrieben, mit dem geblendeten Verstand als Fahrer, dem betörten Gemüt als den Zügeln und den Sinnen als machtvolle Rösser, die sich kopfüber ins Feld der Sinnesgegenstände und Sinnesfreuden stürzen. All das zeigt, daß sich ein Student der Yoga-Schulung einer äußerst strengen und geordneten Lebensweise unterziehen muß, die dabei hilft, die Seele zu entpersonifizieren und von allem beschränkenden Beiwerk des Lebens — dem physischen, mentalen und supermentalen — zu befreien, um sie dann mit der Kraft Gottes zu verbinden und um die Vereinigung mit Gott zu erlangen.

Das Wort ›Yoga‹ darf jedoch nicht mit ›yog-maya‹ und Yogakräften verwechselt werden, die jeweils die höchste Kraft Gottes an sich (die die gesamte Schöpfung hervorbringt, lenkt und erhält) bezeichnen und die psychischen Kräfte (Riddhis und Siddhis) die man auf dem Yogapfad erwirbt. Wiederum hat ›yog vidya‹ oder die Wissenschaft des Yoga einen zweifachen Aspekt: den physischen und den spirituellen. Im vorher erwähnten Sinne wird nun darunter ein Yogasystem zur Entwicklung des Physischen verstanden, das auf eine allseitige Entfaltung der verschiedenen Teile des menschlichen Körpers abzielt. Hier jedoch befassen wir uns mit dem spirituellen Aspekt des Yoga, der das Wohlbefinden des Geistes oder der Seele, das wirkliche Lebensprinzip im Menschen anstrebt, das gegenwärtig gänzlich vernachlässigt und übergangen wird. Der Begriff ›Yoga‹ muß darum in diesem Zusammenhang streng auf eines der Systeme philosophischen

Denkens beschränkt werden, wie es aus den *Veden* abgeleitet ist und das sich einzig mit dem Wiedergewinnen der Seele (durch spirituelle Schulung) befaßt, die in die Betriebsamkeit des Gemüts und der Materie, mit denen sie sich durch die beständige Gemeinschaft seit undenkbar langen Zeiten identifiziert hat, verloren ist. So bedeutet ›Yoga‹ ganz kurz eine Technik zur Neuorientierung und Vervollkommnung des Geistes im Menschen, dem verlorenen Bereich seines wahren Selbst.

Grundlegende Begriffe

Yoga setzt zwei Faktoren voraus, die der Schöpfung der Welt zugrunde liegen: 1. *Ishwar* oder Gott und 2. *Avidya* oder *Maya*. Während der erstere voll intelligent ist, fehlt dem letzteren jedwede Intelligenz. Auch der Mensch ist eine Kombination dieser beiden Grundprinzipien. *Jiva* oder die individuelle Seele, obwohl wesensmäßig vom selben Geist wie Gott, ist in Gemüt und Materie gefangen. Die Seele, bedingt wie sie ist in der Welt von Raum, Zeit und Kausalität, kann nur unvollkommen wahrnehmen und die Wirklichkeit — den *Atman* oder den göttlichen Urgrund, in dem sie ruht und von dem sie ihr Licht hat, nicht sehen. Während ›Antahkaran‹ oder das Gemüt der Reflektor ist, ist *Atman* der Erleuchter, das Licht, das durch die Sinne reflektiert wird, die die Welt wahrnehmen. Somit ist die Welt eine Verbindung des ›Sehers‹ und des ›Gesehenen‹. Die Zerstörung dieser Verbindung ist das Entkommen, und vollkommene Einsicht ist das Mittel, das zum Entkommen führt. Deshalb liegt Erlösung in der Absonderung des Sehers vom Gesehenen, der vollständigen Loslösung des Subjektiven von allem, was objektiv ist, sei es physisch, mental oder kausal, damit das ›Selbst‹, das der Seher ist, sich in seinem eigenen Glanz oder dem ›Licht der Leere‹, wie es genannt wird, sehen kann.
Um die individuelle Seele von den Fesseln des Gemüts und der Materie zu befreien, erfordert Yoga unabdingbar 1. Konzentration, 2. wirkliche Anstrengung oder Streben, was hingebungs-

volle Übungen und mentale Schulung einschließt. Die höchste Form der Materie ist ›chit‹, der unergründliche See unbewußter Eindrücke; und Yoga strebt das Freiwerden des inneren Menschen oder des Geistes von diesen Fesseln an. Es ist erwiesenermaßen das feinste Prinzip in der Materie, das ›chit‹ oder das kleine Selbst (Ego) im Menschen begründet. Obgleich in sich selbst unbewußt, ist es durch das Wirken der dreifältigen ›Gunas‹ Veränderungen unterworfen. Es hat ebenso die Fähigkeit sich zusammenzuziehen oder auszudehnen, wie es der Natur des Körpers, in dem es von Zeit zu Zeit weilt, entspricht oder den Umständen, in die es hineingestellt wird.

Dieses ›chit‹ oder Gemüt, obgleich offenbar in jedem Menschen begrenzt, ist in Wirklichkeit ein Teil des Universalen Gemüts. Die Yogasysteme haben die Umformung des begrenzten und bedingten Gemüts in ein grenzenloses und unbedingtes Universales Gemüt zum Ziel, indem man die ›satva (reinen) gunas‹ entwickelt und die ›rajas‹ (aktiven) sowie ›tamas (dichten) gunas‹ unterwirft. In diesem Stadium erlangt der Yogi Allwissenheit und ist eins mit dem Universalen Gemüt (dem Brahmandi oder Nij manas). Chit ist der reflektierende Spiegel für die Seele und ist für ›chaitan-maya‹ da oder die Materie, die durch die Seele belebt wird, die selbstleuchtend ist und in deren Licht alle Wahrnehmung stattfindet, einschließlich des Lichts der Erkenntnis, sei diese mental oder supermental. Die Eindrücke, die ins Unterbewußtsein gelangen, lassen Wünsche und Interessen wach werden, die wiederum Kräfte hervorrufen, und diese werden dann durch die entsprechende Person verkörpert und halten das Rad der Welt ständig in Bewegung. Wenn der Geist oder die Seele einmal von ›chit‹, ›manas‹, ›buddhi‹ und ›ahankar‹ befreit ist, kommt er zu sich, ist ohne Leidenschaften und entpersönlicht. Dies ist die große Befreiung, die der Yoga den Yogis verspricht. Durch diese Trennung von den vierfachen Fesseln des Gemüts wird die verkörperte Seele (jiva) zur befreiten Seele (atman), sie ist nicht mehr individualisiert, leuchtet aus sich selbst und erlangt als solche die Verwirklichung. Die Selbstverwirklichung ist das höchste Ziel des Yoga.

2. Der Pfad des Ashtang Yoga und seine Abzweigungen

Die Kunst des Yoga ist lang, mühselig und schwierig. Die Wirklichkeit des Selbst liegt unter dem Schutt des Gemüts begraben, das aus ›mal‹, ›avaran‹ und ›vikshop‹ besteht, nämlich: aus Schmutz oder Unreinheiten, aus der Unkenntnis über die wahren Werte des Lebens und aus den beständigen Schwankungen und Veränderungen in chit. Die mentale Schicht muß deshalb von all dem befreit und dann durchdrungen werden, um die göttliche Natur des Selbst oder den *Atman* zu finden. Damit sie erreicht wird, muß man die Wünsche überwinden, Stetigkeit der Gedanken entwickeln und Tugenden wie Enthaltsamkeit, Abstinenz, Mäßigkeit und Rechtschaffenheit kultivieren, und nicht zuletzt ›vairagya‹ oder die Loslösung anstreben.

Um diese Hürden zu überwinden und das Selbst zu erkennen gibt *Patanjali* einen sorgfältig ausgearbeiteten Bericht über das, was er als ›Ashtang Yoga‹ bezeichnet, der eine achtfältige Methode vorschreibt, die I. *Yama*, II. *Niyama*, III. *Asana*, IV. *Pranayama*, V. *Pratyahara*, VI. *Dharma*, VII. *Dhyana* und VIII. *Samadhi* einschließt.

I. u. II. Yamas und Niyamas

Yama: Der Begriff ›Yama‹ bedeutet dem Wortsinn nach soviel wie ausschließen, ausschalten oder ausmerzen. Er besagt, daß man sich dem Laster enthalten und nicht irgendwelche üblen Gedanken aufrechterhalten und negative Eindrücke aufnehmen soll, da dies dazu führt, das Gemüt und den Willen zu schwächen.

Niyama: Dies besagt hingegen Annahme, Pflege, Beachtung und Entfaltung bestimmter Tugenden und das Unterhalten guter Gefühle sowie die Aufnahme dieser Tugenden in das eigene System.

Somit bezeichnen diese beiden Worte zusammengenommen die Ablehnung des Übels einerseits und die eifrige Pflege und Annahme des Guten andererseits. Nachfolgend werden einige Yamas und Niyamas gegenübergestellt:

Yamas:	*Niyamas:*
Enthaltung von:	Annahme und Beachtung von:
1) der Verneinung Gottes;	Glaube an Gott und die göttliche Kraft;
2) Nachgiebigkeit gegen sich selbst;	Selbstbeherrschung und Keuschheit (Brahmcharya oder Reinheit in Gedanken, Worten und Taten);
3) unehrenhaften und betrügerischen Lebensunterhalt;	den Unterhalt durch ehrenhafte und ehrliche Mittel verdienen;
4) unhygienischen und unreinen Lebensbedingungen, sowohl innerlich wie äußerlich;	innere Reinlichkeit durch Wasserspülungen und Sauerstoffbehandlung usw. und äußere durch regelmäßige Hautbäder, Sitzbäder, Luft- und Sonnenbäder usw. und hygienische Lebensbedingungen in gesunder Umgebung;
5) der Schädigung anderer durch Gedanken, Worte und Taten (himsa);	Nichtschädigen in Gedanken, Worten und Taten (ahimsa);
6) Falschheit, Täuschung und Gier;	Entfaltung der Wahrheit, Aufrichtigkeit und Mildtätigkeit;
7) Unduldsamkeit, Geiz und Selbstsucht;	Geduld, Zufriedenheit und selbstloser Dienst;
8) Selbstbehauptung (Anmaßung) und Egozentrik.	Demut und Selbsthingabe.

Patanjali zählt diese Enthaltungen und Beobachtungen wie folgt auf: ›Ahimsa‹ (nicht verletzen/schädigen), ›Satya‹ (nicht lügen),

›Asteya‹ (nicht stehlen), ›Brahmacharya‹ (sexuelle Enthaltsamkeit) und ›Aprigraha‹ (keine Begehrlichkeit oder Besitzgier).
Im Hinblick auf die Enthaltungen ist gesagt:
- a) Einer, der in ›ahimsa‹ verwurzelt ist, hat keine Feinde.
- b) Einer, der in ›satya‹ verankert ist, dessen Worte können nur wahr sein und Frucht tragen.
- c) Einer, der in ›asteya‹ gefestigt ist, ist ein wahrer Freund der Natur, und die Natur gibt ihm all ihren Reichtum.
- d) Einer, der ›brahmacharya‹ beachtet, erlangt die absolute Kraft.
- e) Einer, der ›aprigreha‹ übt, löst das Rätsel des Lebens, und für ihn sind Vergangenheit, Gegenwart und Zukunft ein offenes Buch.

Was man beachten sollte, ist: ›Shaucha‹ (Reinheit des Körpers und des Geistes), ›Santosh‹ (Zufriedenheit), ›Tapas‹ (Härten, Buße), ›Swadhyaya‹ (Studium der Schriften einschließlich ›Japa‹ usw.) und ›Prasadhna‹ oder ›Ishvara Pranidhana‹ (Gedanken, die auf Gott abgestellt sind, und absolute Abhängigkeit von Gott).
- a) ›Shaucha‹ trägt Reinheit und Abneigung für ›Sparsha‹ (Verbindung mit einem anderen Körper) ein.
- b) ›Santosh‹ macht zufrieden und somit geistig reich.
- c) ›Tapas‹ befreit von allen Unreinheiten und verleiht übernatürliche Kräfte (zum Beispiel: sich selbst aufzulösen; alles Gewicht verlieren; jede Geschwindigkeit annehmen können; sofortigen Zugang zu allen Orten zu erlangen; die Erfüllung aller Wünsche zu erlangen; alles-durchdringend zu werden; göttliche Kräfte zu erwerben; alle Wesen und die Elemente der Natur usw. zu beherrschen). All das kommt von selbst, wenn man sich auf das Gegenteil von dem, was man tatsächlich wünscht, konzentriert und darüber meditiert.
- d) ›Svadhyaya‹ personifiziert die verehrte Gottheit.
- e) ›Ishvara Pranidhana‹ bringt Sättigung und Wunschlosigkeit ein.

In den *Upanishaden* jedoch besteht jede dieser Listen aus je zehn Vorschriften für Enthaltung und Beachtung. So ist ›aprigreha‹ in der ersten Kategorie durch Güte, Redlichkeit, Vergebung, Geduld, Enthaltsamkeit und Reinheit ersetzt. Auf ähnliche Weise wurde ›Shaucha‹ in der zweiten Liste an die Stelle von Glauben, Mildtätigkeit, Bescheidenheit, Intelligenz, ›Japa‹ und Fasten gesetzt. Doch ist das Ziel in jedem Falle das gleiche: ›Sadachar‹ oder rechtschaffene Lebensweise, was den Weg zur inneren spirituellen Entfaltung bereitet. Die Listen der Tugenden, die eingeschärft werden, und der Laster, die aufzugeben sind, können sich von einem Lehrer zum anderen unterscheiden, aber der Zweck ist immer derselbe. So erklärt der *Manu* die Grundlagen von ›Sadachar‹ oder ›Dharma‹ in Begriffen seiner eigenen Kategorien. Die Praxis der ›Yamas‹ und ›Niyamas‹ — Beschränkungen und Beachtungen, stellen ›Sadachar‹ oder rechte Führung dar, was die Grundlage aller Religionen der Welt bildet. Der *Manu* erklärt uns das Wesen des *Dharma* als:
›Ahimsa‹, ›Satya‹, ›Steyam‹, ›Shaucham‹,
›Indriya Nigreha‹
(Nichtverletzen, Wahrhaftigkeit, Reinheit, rechte Lebensweise und Beherrschung der Sinne).

Nach *Sandalya Rishi* umfaßt die Liste:

a) ›Shaucha‹ (äußere körperliche Reinheit einschließlich der des Ortes und der Gegend und innere Reinheit der Gedanken, Gefühle und Empfindungen);
b) ›Daya‹ (Barmherzigkeit und Erbarmen für alle lebenden Geschöpfe, ganz gleich unter welchen Umständen);
c) ›Arjava‹ (ausgeglichenes und stetiges Gemüt bei allem Tun und in jeder Lage);
d) ›Dhriti‹ (Seelenstärke und Ausdauer unter allen Umständen);
e) ›Mit-ahara‹ (diszipliniertes Leben allgemeiner Mäßigkeit, insbesondere hinsichtlich der Speisen und Getränke).

Auch *Lord Krishna* legt in der *Bhagavad Gita* großes Gewicht auf die Praxis der Yamas und Niyamas.

Der mitleidsvolle Buddha schreibt seinen Anhängern ebenfalls den erhabenen achtfältigen Pfad der Rechtschaffenheit vor, der rechtes Glauben (Wissen), rechtes Denken, rechtes Reden, rechtes Handeln (Verhalten), rechtes Leben, rechtes Streben (Ziele), rechtes Gedenken (Einsicht) und rechtes Sichversenken (Hingabe) umfaßt. Vor allem legte er großen Wert auf den rechten Umgang oder die rechte Gesellschaft mit solchen, die ›die Wahrheit erlangt haben und den Glauben erwecken‹; die durch einen Prozeß der Osmose (Durchdringung) den Aspiranten Glauben und Hingabe einflößen.

Bikkhu Buddharakkita beschreibt den ›Majjhima Patipada‹, den Mittelweg oder die Goldene Mitte zwischen den beiden Extremen der Nachsicht gegen sich selbst und der Selbstkasteiung und zeigt uns damit den buddhistischen Weg der Entfaltung und Schulung durch ›bhavna‹, nämlich

1. Shila Bhavna: ethische Reinheit
2. Chita Bhavna: mentale Reinheit
3. Pragna Bhavna: intuitive Einsicht

Der gleiche Autor betont die Notwendigkeit, ›shila‹ oder die moralische Reinigung als Grundlage für alles andere zu entwickeln, sei es im weltlichen Leben oder für den spirituellen Fortschritt. Buddha erklärte, daß dem wirklich Tugendhaften fünf Vorteile erwachsen: ein gutes Schicksal durch Fleiß, allerorts ein guter Name, Achtung bei allen Gemeinschaften, ein reines Gewissen bis zum Ende und eine Wiedergeburt mit einem günstigen Schicksal.

Das Mindeste, was der buddhistische Laie zu beachten hat, sind die fünf Vorschriften oder ›Panch Shila‹, die zu rechtem Handeln (Verhalten) führen, welches, wie oben beschrieben wurde, eine der wichtigsten Stufen auf dem achtfältigen Pfad ist. Diese Vorschriften sind: Nicht töten, nicht stehlen, keine sexuellen Fehltritte, nicht lügen, keine berauschenden Getränke zu sich nehmen; damit verbunden ist das Beachten positiver Tugenden: ›Maitri‹ (Freundlichkeit gegenüber allen), ›dan‹ (Mildtätigkeit), ›brahmacharya‹ (Keuschheit), Festhalten an der Wahrheit und

Mäßigkeit. In der ›Panch Shila‹ von Buddha finden wir eine genaue Parallele zu den ›yamas‹ und ›niyamas‹, wie sie die Alten vorgeschrieben hatten.

›Shila‹ oder der Prozeß der Reinigung ruht auf zwei Fundamenten: ›Hiri‹ (Gewissen) und ›Ottappa‹ (Schamgefühl), denn man läßt vom Übel ab aus Selbstachtung und Bedenken einerseits und Achtung voreinander sowie Furcht vor Tadel oder einem Verweis andererseits, mit der Folge, daß man Bescheidenheit zusammen mit Redlichkeit und Anständigkeit entwickelt. Was für den Buddhismus gilt, trifft auch auf die Denkweise der Jains zu, die fünf große Gelübde verlangen, wie: keine Gewaltanwendung, nicht stehlen, Enthaltsamkeit von allem Begehren, Wahrhaftigkeit und Keuschheit.

Die zweifache Betonung der ›yamas‹ und ›niyamas‹ ist nicht nur eine Vorliebe der alten indischen Denkweise. Sie müssen von allen Menschen beachtet werden, die wirklich nach einer religiösen Erfahrung suchen. Wenn wir die Entwicklung der jüdischen und christlichen Denkweise untersuchen, begegnen wir derselben Erscheinung. So legte Moses die Zehn Gebote nieder, welche die Schwächen aufzeigen, denen es entgegenzutreten gilt (nämlich: die Verehrung von anderen Göttern, die Anfertigung von Götzenbildern, leere Wiederholung der Namen Gottes, Entweihung des Sabbath, Mißachtung gegenüber den Eltern, das Begehen von abstoßenden Verbrechen wie Töten, Ehebruch, Stehlen, und schließlich soziale Übel wie falsches Zeugnis geben und des Nächsten Weib und Habe begehren — Exodus 20, 4, 17). Es blieb Jesus vorbehalten, das Bild zu vollenden, als er in den zehn Seligpreisungen die Eigenschaften betonte, die es zu entwickeln gilt (Armut im Geiste, Leid tragen, Sanftmut, Hungern und Dürsten nach der Gerechtigkeit, Barmherzigkeit, Reinheit des Herzens, Friedfertigkeit, Verfolgung leiden um der Gerechtigkeit willen und gelassenes Hinnehmen aller Schmähung und Verleumdung — Matth. 5, 1—11). Er sagte mit Recht: »Ich bin nicht kommen, das Gesetz aufzulösen, sondern zu erfüllen.« Die Lehren des *Islam* legen Nachdruck auf ›shariat‹ (Einhaltung moralischer Gebote), ›tauba‹ (Buße), ›faqr‹ (Entsagung). ›tazkiya-i-nafs‹ (Unterwerfung der Sinne). ›tawakal‹ (Glauben an Gott), ›zikar‹ (spirituelle Disziplin) und ›tawhid‹ (Einigkeit), und die *Sikh-Gurus* (die die Entfaltung wichtiger Tugenden vorschreiben wie Keuschheit, Geduld, Verstehen, Erkenntnis, Gottesfurcht, Härten, Liebe und Mitgefühl), obwohl sie viel später kommen, verkünden eine ähnliche Lehre.

Guru Nanak setzte kurz die wahre Lebensweise über alles:

> *Die Wahrheit ist höher als alles andere,*
> *aber noch höher ist die wahre Lebensweise.*
>
> Sri Rag

Warum dies gelten soll, ist nicht schwer herauszufinden. Um spirituell fortschreiten zu können, sind Friede und Gemütsruhe unbedingt notwendig. Solange einer Sklave der verschiedenen Wünsche ist, gibt es keine Harmonie. Darum muß man alle Wünsche ausmerzen, die das Selbst von dieser Harmonie wegführen. Aber die Natur liebt die Leere nicht, und was für die physischen Erscheinungen gilt, trifft auch auf die psychologischen zu. Der einzige Weg, um das Gemüt von seinen negativen und zersetzenden Impulsen zu reinigen, ist, sie durch positive und redliche zu ersetzen. Aber der Wahrheitssucher muß daran denken, daß ›sadachar‹ nur ein Mittel ist und nicht das Ende, und indem er das erkennt, muß er darüber hinaus zu seinem spirituellen Ziel gelangen. *Swami Vivekananda*, der diesen Vorgang in ›Das Geheimnis der Arbeit‹ mit großer Klarheit analysiert hat, legt es folgendermaßen dar:

> *Du mußt dessen eingedenk sein, daß die Freiheit der Seele das Ziel aller Yogas ist ... Eine goldene Kette ist genauso eine Kette wie eine aus Eisen. Wenn in meinem Finger ein Dorn ist, brauche ich einen weiteren, um den ersten herauszubekommen, und wenn mir das gelungen ist, dann werfe ich beide weg ...; so soll man den üblen Neigungen durch gute entgegenarbeiten, und die schlechten Eindrücke im Gemüt sollten durch die frischen Wellen von guten entfernt werden, bis alles Üble schwindet oder bezwungen ist. Auf diese Weise wird das Gebundene ungebunden.*

III. Asanas

Das Wort ›asana‹ hat zwei Bedeutungen: Sitz wie auch Haltung oder Stellung bei der Yoga-Übung. Es ist eine weitere äußere Hilfe in der Yoga-Praxis. Ein Asana muß stetig, fest, angenehm und bequem sein, um den Körper während der Übung ruhig und zugleich wach zu halten.

In der *Svetasvatara Upanishad*, Kapitel II Shalok 8 heißt es:

> *Halte den Oberkörper: Brust, Nacken, Kopf gerade aufgerichtet und bändige im Herzen die Sinne und das Gemüt. Der Weise überquert mit Brahmans Floß alle machtvollen Ströme der Welt.*

Ähnlich heißt es in der *Bhagavad Gita*, Kapitel VI, 11—14:

> *Begierdenfrei, an einem reinen Ort,*
> *der nicht zu niedrig ist und nicht zu hoch,*
> *dort soll er bleiben. Sein Besitztum sei*
> *das Lendentuch, Rehhaut und kûsagras;*
> *Gemüt und Herz auf den Einen richtend,*
> *ein Meister seiner Sinne und Gedanken,*
> *in seinem Sitze ruhend, sorgenfrei.*
> *So soll er Yoga üben, um die Reinheit*
> *der gottergeb'nen Seele zu erlangen.*
> *Sein Körper, Kopf und Hals sei unbewegt,*
> *und fest auf seiner Nasenspitze soll*
> *sein Auge haften. Abgeschieden muß*
> *er völlig sein und sich um nichts bekümmern.*
> *Voller Seelenruhe, frei von aller Furcht,*
> *und im Gelübde unerschütterlich,*
> *an mich nur denkend und in mich versenkt,*
> *ergibt er sich mit seinem ganzen Wesen in mich.*

Der Begriff ›asana‹ bedeutet dem Wortsinn nach ›leicht‹ und ›bequem‹. *Patanjali* legte eine Haltung nahe, die zugleich einfach und angenehm ist (Yoga Darshana II, 46). Diese Haltung ist die beste, die dem Yogaschüler erlaubt, eine längere Zeit — zwei bis drei Stunden hintereinander — mit Leichtigkeit bewegungslos zu bleiben. Es wird damit beabsichtigt, die körperlichen Reaktionen aufzuheben und das Gemüt in der Meditation aufzulösen. Stetigkeit in der Haltung gibt auch dem Körper Stetigkeit, und somit auch dem Gemüt. Nach der Überlieferung gibt es theoretisch so viele Asanas wie Gattungen in der Welt, und demnach belaufen sie sich auf 8 400 000; aber aus all diesen wurden nur 84 als bedeutsam und vier allgemein als grundlegend und von großem Wert anerkannt.

1) ›Sukh Asana‹: Es bedeutet leicht und bequem, da er einfach auszuführen ist. Er besteht darin, daß man einfach mit gekreuzten Beinen sitzt, indem man den linken Fuß unter den Oberschenkel des rechten Beines legt; die offenen Handflächen ruhen auf den Knien, während man mit Daumenspitze und Zeigefinger einen Ring bildet.

2) ›Sidh Asana‹: Das Wort deutet eine geschulte oder vollendete Haltung an. Auch hier sitzt man mit gekreuzten Beinen, wobei man jedoch im Unterschied zu der oben genannten Übung den rechten Fuß auf das linke Vorderbein legt, wodurch die Fersen auf dem Schambein ruhen, ohne irgendeinen Druck auf die Geschlechtsteile auszuüben; die Handflächen liegen aufeinander. Dieser Asana ist sehr nützlich, um siddhis oder Yogakräfte zu erlangen, und daher der Name ›sidh-asana‹. Er reinigt die Adern und Arterien, indem er sie mit frischem Blut versorgt. Er kräftigt Herz und Lungen, macht den Atem tief und langsam, reguliert das Verdauungssystem und heilt Erkältungen sowie Fieber und Herzkrankheiten.

3) ›Padam Asana‹: Dies ist eine Lotos-Stellung wie der Name bereits andeutet. Bei dieser Haltung bilden die beiden überkreuzten Füße mit nach innen gerichteten Fußsohlen die Lotosblätter. Er ist schwierig für Menschen mit steifen Gelenken, aber er ist sehr wichtig für den Hatha Yoga. Man kennt ihn auch als ›anand-asana‹, da er einen Vorgeschmack von Friede und Glück gibt und den Übenden der Meditation zu-

geneigt macht. Er bringt Heilung von allerlei Krankheiten und Leiden und befreit das System von Vergiftungen und Giftstoffen. Er hilft auch gegen Trägheit, Müdigkeit und mentale Schwäche.

4) ›Swastika Asana‹: Die glückliche und günstige Stellung. Sie hat alle Vorzüge, die ihr Name andeutet.

Für den spirituellen Fortschritt sind ›Sukh‹ und ›Sidh Asana‹ gut geeignet.

Außer diesen sind einige der bekannten Asanas: ›Gaoo asana‹ (die Kuh-Stellung), ›Simha asana‹ (Löwensitz), ›Vajra asana‹ (Diamantensitz), ›Hal asana‹ (Pflug), ›Sheersh asana‹ (Kopfstand), ›Sarwang asana‹ (Kerze), ›Dhanur asana‹ (Bogensitz), ›Shava asana‹ (Totenstellung), ›Markat asana‹ (Affenpose), ›Mayur asana‹ (Pfau-Stellung), ›Kakuta asana‹ (Hahn-Stellung), ›Garud asana‹ (Adler-Stellung), ›Ushtr asana‹ (Kamel), ›Vatyan asana‹ (Pferd-Stellung), ›Bhujang asana‹ (Kobra-Stellung), ›Salabh asana‹ (Heuschreckensitz), ›Pada-hast-asana‹ (Rumpfbeuge), ›Trikon asana‹ (das Dreieck) und ›Vriksh asana‹ (Baumstellung) usw. Dies zeigt die Aufnahmebereitschaft des menschlichen Geistes, auch von Tieren und anderen Dingen zu lernen.

Asana als eine Form des Yoga

Manche Menschen sind der Meinung, daß die Asanas einen Yoga für sich bilden und gaben ihm die Bezeichnung ›Asana Yoga‹. Die Asanas sollten jedoch nicht lediglich deswegen ausgeführt werden, um physische Kunststücke und Fertigkeiten zur Schau zu stellen, wie es Turner tun, oder als ein Mittel, um dadurch seinen Lebensunterhalt zu verdienen. Er ist ein Yoga insofern, als man ohne eine disziplinierte Haltung die ›vritis‹ oder die mentalen Ströme, die sich beständig im Gemütsstoff oder in dem unergründlichen See des Gemüts (chit) erheben, nicht kontrollieren, ausmerzen und ausschalten kann. Das Yoga-System wird allgemein in zwei Teile eingeteilt: ›Pran-kala‹ oder der Pfad der Pranas und ›Chit-kala‹ oder der Pfad des Chit. Während sich Hatha Yoga mit Pran-kala befaßt, hat Raja Yoga mit Chit-kala zu tun; und die

Asanas bilden einen wesentlichen Teil in diesen beiden Yoga-Systemen und sind tatsächlich bedeutende Sadhans in jeder Art von Yoga. Das ist der Grund dafür, daß sie genau wie ›Dharna‹ und ›Dhyan‹ zu einem selbständigen Yoga-System erhoben wurden. Der Körper muß notwendigerweise eine beträchtliche Zeit, das heißt, etwa drei Stunden in ein und derselben Haltung verweilen können, denn, wenn diese fortwährend geändert wird, kann man sich nicht erfolgreich in die Yoga-Praxis vertiefen, weil mit jeder Veränderung auch die ›vritis‹ in Bewegung gesetzt werden und so das Gemüt niemals stetig und ruhig werden kann. Deswegen die Notwendigkeit für eine feste und unbewegliche, aber doch bequeme Haltung, damit der Übende nicht ermüdet, während er ›Chit-Vriti-Nirodha‹ (das Aufheben der mentalen Bewegungen) anstrebt.

Vorteile der Asanas

Sie sind nicht nur eine Hilfe bei der Kontrolle des Gemüts. Der stetige Asana bringt viele Vorteile mit sich, die wie folgt klassifiziert werden können:

1. Physische Vorteile:

   a) Die Muskulatur und das Arteriensystem kommen in Ordnung.

   b) Der ganze Körper wird mit Gesundheit, Stärke und strahlender Vitalität geladen.

   c) Das Nabelzentrum des Körpers wird erhitzt, was der Verdauung zuträglich ist.

   d) Die Pranas oder Lebensenergien im Körper funktionieren regelmäßig und rhythmisch.

   e) Furchtlosigkeit, Standhaftigkeit und Willenskraft kommen von selbst.

   f) Man erwirbt Kontrolle über den Körper und ist nie ermüdet, deprimiert oder niedergeschlagen.

   g) Man empfindet eine innere Freude und geistige Spannkraft, und das Gesicht strahlt Gesundheit aus.

2. Mentale Vorteile:
 a) Das Gemüt wird stetig und wohlausgerichtet; man erwirbt die Gewohnheit, mit konzentrierter Aufmerksamkeit zu arbeiten.
 b) Geistige Frische.
 c) Rasches Verstehen und Klarsicht.
 d) Entfaltung der Vorstellungskraft und Hilfe beim Konzentrieren der Aufmerksamkeit oder ›dhyan‹.
 e) Die Gewohnheit tiefen und konzentrierten Denkens über sonst schwerverständliche spirituelle Probleme.
3. Spirituelle Vorteile:
 a) Durch das Zurücktreten des physischen Bewußtseins zufolge der körperlichen Stabilität, kann man sich über die Gegensätzlichkeit oder das Stadium der Dualität erheben, das heißt über Hunger und Durst, Hitze und Kälte, Verhaftetsein und Loslösung usw.
 b) Man kann ›tamogun‹ (Trägheit) und ›rajogun‹ (Ruhelosigkeit) leicht überwinden und erwirbt ›satogun‹ (Frieden und Ausgeglichenheit).
 c) Man schreitet in seinem ›sadhan‹ oder der spirituellen Übung ohne viel Mühe ständig fort.

Gewöhnlich werden einige Vorsichtsmaßregeln anempfohlen, um den ›sadhak‹ (Übenden) vor möglichen üblen Auswirkungen oder Behinderungen zu schützen. Er soll die Asanas alleine üben, damit sie für ihn nie zu einem Mittel werden, seine Geschicklichkeit zur Schau zu stellen, um den Beifall anderer zu erhalten. Es ist ebenso ratsam, die Nähe eines Feuers, die Gesellschaft von Frauen, unerwünschten Freunden und dergleichen zu meiden, um seinen Körper oder sein mentales Gleichgewicht nicht einer Gefahr auszusetzen. Er muß ein Zuviel an Speise und Trank genauso vermeiden wie das Fasten, denn das eine belastet den Körper und zieht ihm Kraft ab, wohingegen das andere die Lebenskraft untergräbt. Aus diesem Grunde hat *Buddha* seinen Schülern den Mittelweg gelehrt, denn wie er in seiner ersten Predigt sagte:

> *Sinnlichkeit schwächt; ein Mensch, der hierin Nachsicht mit sich übt, ist ein Sklave seiner Leidenschaften; und vergnügungssüchtig zu sein, ist erniedrigend und gewöhnlich.*

Und:

> *Wenn er leidet, ruft der abgezehrte Schüler Verwirrung und krankhafte Gedanken in seinem Gemüt hervor, Kasteiung trägt nicht einmal zu weltlichem Wissen bei, um wieviel weniger zum Sieg über die Sinne!*

Die Regel von der goldenen Mitte, die sich auf alles anwenden läßt, paßt auch für die Übung als solche: Der vernünftige Sadhak wird niemals seine Kräfte in zu anstrengenden Übungen wie Gewichtheben, Wettlaufen, Hoch- und Weitspringen verschwenden, noch wird er sie durch Trägheit schwächen. Kurzum, Mäßigkeit und Einfachheit müssen die Losungsworte seines Lebens sein. Diejenigen, die sich in ›Hatha Yoga‹ oder ›Prana Yoga‹ spezialisieren, schaffen für ihr Alltagsleben folgende Bedingungen:

a) Einen einsamen, etwas erhöhten Platz.
b) Eine mit Stroh bedeckte Hütte inmitten der grünen Natur, vorzugsweise in viereckiger Form.
c) Sie soll mit einem erhöhten Sockel aus Ziegeln oder Holz ausgestattet sein (Takhat), auf den man sich setzen kann.
d) Der Sitz soll mit Palmblättern oder trockenem Gras, einer wollenen Decke oder Rehhaut bedeckt sein.
e) Die Lage soll so gewählt werden, daß Temperatur und auch Klima das ganze Jahr hindurch gleichmäßig sind.

All diese Dinge müssen in Erwägung gezogen werden, wenn man selbst nur eine Höhle (auf dem Berg oder unterirdisch) für die spirituelle Übung auswählt.

f) Man muß unbedingte Mäßigkeit in Speisen und Getränken beachten; am besten ist eine Portion Haferbrei pro Tag.
g) Keinem Andersdenkenden sollte erlaubt werden, das Heiligtum zu betreten.

Gheranda-Samhita, eine bekannte Abhandlung über Hatha Yoga, gibt einen ausführlichen Bericht über Asanas und Praktiken, die mit ihnen verwandt sind, wie zum Beispiel ›Mudras‹ und ›Bandhas‹. Während es sich bei den Mudras um ineinandergreifende Haltungen handelt, sind Bandhas genau festgelegt. Die ersteren sind psychophysikalischer Natur und werden oftmals als ›Gesten‹ bezeichnet, und die letzteren sind rein physischer Natur und lediglich ›Muskelzusammenziehungen‹, die angewandt werden, um die Pranas an bestimmten Stellen zu halten. Während es von den Mudras eine ganze Anzahl gibt, gibt es von den Bandhas nur wenige. Die bekannten Mudras oder Gesten sind: 1) ›Maha-Mudra‹ (die große Geste), 2) ›Maha Bandha‹, 3) ›Maha Vetha‹, 4) ›Urgyan‹ (Udlyam), 5) ›Khechari‹ (Bewegung im leeren Raum), 6) ›Vajroli‹, 7) ›Jalandhar‹, 8) ›Mulvanto‹, 9) ›Viprit karna‹ (sauwang), 10) ›Shakti Shalana‹ — oder ›Prithvi‹, ›Ambhavi‹, ›Vaishvanavi‹, ›Vayavi‹, und ›Akashi‹, die den fünf Elementen entsprechen: Erde, Wasser, Feuer, Luft und Äther. Es gibt noch andere, wie ›Nabho Mudra‹, ›Yoni‹, ›Manduki‹, ›Kaki‹, ›Mantangi‹, ›Bhujangini‹, ›Ashvini‹ usw. Ungezählte andere sind als Abwandlungen der genannten zu betrachten.

Wir wollen auf einige der oben angeführten kurz eingehen:

1. ›Ashvini Mudra‹: Wie der Name andeutet, besteht diese in der äußeren Ausdehnung und der inneren Zusammenziehung der Mastdarm-Muskeln, abgewechselt mit tiefem Ein- und Ausatmen, so wie es ›asvini‹ oder ein Pferd macht, wenn es sich der Exkremente entledigt hat. Es hilft beim Reinigen der Eingeweide, Dickdarm und Wände und vertreibt die giftigen Gase.

2. ›Vajroli Mudra‹: Sie besteht im inneren Reinigen der Genitalien, indem man die Hauptkanäle zuerst mit einem Sauerstoff- oder Luftbad mittels eines Katheters (Harnröhrensonde) und dann mit Wasser spült, dem ein mildes antiseptisches Mittel beigegeben ist. Sie wird durch ›nauli‹ oder mit Hilfe eines Zerstäu-

bers oder eines Irrigators ausgeführt. In ihrer höchsten Technik muß man das Ausscheiden der Geschlechtsabsonderung zurückhalten und sie dem System wieder zuführen.

3. ›Kechari Mudra‹ (Bewegung im leeren Raum): Sie besteht darin, daß man die Zunge zurückbiegt und sie tief in die Kehle drückt. Dem Übenden wird die Zunge in Form einer Gabel gespalten, so wie es bei den Schlangen ist. Diese gespaltene Zunge wird dann mit einer Mischung von Milch, geklärter Butter und Asche gewaschen, und bei der Prana-Übung schließt oder verstopft er die beiden Nasenöffnungen mit je einem Ende der gegabelten Zunge und bleibt endlose Tage in diesen Zustand vertieft. Gleich einer Schlange oder einer Schildkröte kann er in einem unbewußten Zustand solange verbleiben, daß er aus sich heraus das Bewußtsein nicht wiedererlangt, ohne die äußere Hilfe von anderen. Der ganze Prozeß ist sehr kompliziert und kann von einem Laien, ohne die Hilfe eines vollkommenen Yogi, nicht ungestraft ausgeführt werden. Wie der Name anzeigt, bleibt der menschliche Geist in ›Khe‹ oder in die Leere vertieft und die Zunge bleibt in der Leere des Schädels.

Aber dieser ›samadhi‹ ist kein wirklicher; man erwacht dabei nicht in die kosmische Ordnung oder in einen überbewußten Zustand. Er ist eine Art Trance, in der man das Bewußtsein gänzlich verliert, was nicht das Ziel des wahren Yogas ist, der auf ›Chaitanya Samadhi‹ hinzielt und sich vom ›Jar Samadhi‹ unterscheidet. Ein Hatha Yogi kann, während er seine Pranas in ›Sahasrar‹ zusammenzieht, sich sogar in eine Kiste einschließen lassen, die monatelang vergraben werden kann. Dieser ›Jar Samadhi‹ bringt kein übersinnliches Wissen, keine Weisheit und Erkenntnis ein, die den Chaitanya Samadhi kennzeichnen, in dem man völlig bewußt ist und den man erreicht, wenn die Bewußtseinskraft in ihrer wahren Natur begründet wird. Dieser Samadhi kann nach Belieben beendet werden. Es ist ›Kaivalya‹ oder ein Zustand vollständigen Einklangs mit dem kosmischen und überkosmischen Leben, der sich sehr stark von einem Zustand steinschwerer Trägheit unterscheidet.

Um die Konzentration zu entwickeln, kann man folgende Übungen ausführen:

1) ›Agochari Mudra‹ (die unmerkliche Geste): Hierbei sitzt man in seinem Asana und heftet die Konzentration auf die Nasenspitze.
2) ›Bhochari Mudra‹ (Geste der Leere): Hier heftet man die Aufmerksamkeit auf die Leere, vier Finger breit unterhalb der Nase, bis wohin der Atem reicht.
3) ›Chacheri Mudra‹: Sie wird die Geste der schwarzen Fliege genannt, denn in ihr ist die Aufmerksamkeit auf die dunkle Stelle hinter den Augen zu heften.

Während man sich mit der Atemkontrolle oder Pranayama befaßt, kann man ›Unmadi Mudra‹ oder ›Kevalya Kumbhak‹ üben. Das eine ist ein Zustand betäubender Berauschung und das andere einer der friedvollen Ruhe.

Wiederum muß man beim Ausführen gewisser Asanas einige Muskelzusammenziehungen oder -verbindungen üben, um die Lebensenergien unter Kontrolle zu bringen. Diese Zusammenziehungen oder Verbindungen werden in der Fachsprache ›Bandhas‹ genannt. Sie sind besonders notwendig während der Pranayama-Übungen. Die bedeutendsten sind:

a) ›Mula Bandha‹: Durch das Zusammenziehen des Basis-Plexus wird ›Apana Vayu‹ oder die Ausscheidungsenergie im Körper gehalten und wird ein- und aufwärts in den Bereich des Prana gezogen. Dies bewirkt eine Verbindung des Prana mit Apana, der Atmungs- mit der Ausscheidungsenergie. Es wird ausgeführt, indem man die Ferse auf den Mastdarm (Rektum) drückt und dabei den Atem stark einzieht.
b) ›Jalandhara Bandha‹: Zusammenziehen des Nacken-Plexus, wo alle Arterien zusammentreffen. Es wird ausgeführt, indem man das Kinn gegen die Höhlung des Schlüsselbeins in der Brust drückt. Dies verhindert, daß der Nektar, der von ›Sahasrar‹ kommt, vom Feuer des Nabelzentrums aufgezehrt wird.

c) ›Uddiyana Bandha‹: Hier werden die Nabelmuskeln hochgezogen, um während des Ein- und Ausatmens die Lunge und den Magen zu stützen. Es läßt den Atem durch den subtilen Kanal aufwärts fließen und ist daher auch unter dem Namen fliegende Zusammenziehung bekannt.

Vollkommenheit in den Asanas (Asana Siddhis):
Es gibt drei Merkmale für Vollkommenheit in den Asana Siddhis:
1. Während des Asana ist der Körper in einem Zustand vollkommener Ruhe und Entspannung, ohne jede Bewegung in irgendeinem Teil.
2. Wiederum sollte man sich über das Körperbewußtsein erheben, so daß man nicht einmal die sensorischen und motorischen Ströme wahrnimmt, die sich selbst überlassen bleiben, ohne daß ein Gedanke darauf verwandt würde.
3. Zuletzt sollte man tatsächlich Glück und Wonne im Innern empfinden und sich daran erfreuen.

Asana Siddhi kann man innerhalb eines Jahres erwerben, wenn man regelmäßig ein bis sechs Stunden pro Tag übt.
Ehe wir weiterfahren in unserem Überblick über *Patanjalis* ›Ashtang Yoga‹, müssen wir uns daran erinnern, daß eine Meisterschaft in Asanas und Mäßigkeit in der Lebensweise nur als Mittel und nicht als Ziel anzusehen ist. Der Sadhak darf nicht vergessen, daß die Entwicklung des Körpers eine Vorbereitung ist. Genau wie die Ethik der Yamas und Niyamas angewandt wird, um seinen Geist für die innere Reise zu reinigen, so muß er auch seinen Körper und seine tägliche Lebensweise einer Schulung unterziehen, um dann seinem letzten Ziel, dem Einssein mit *Brahman* entgegenzuarbeiten. Dieser Punkt bedarf der besonderen Betonung, weil die menschliche Natur, wenn sie einen schwierigen Weg verfolgt, dazu neigt, das letzte Ziel zu vergessen, da sie oftmals irrtümlicherweise die Mittel als dieses betrachtet. Viele Yogis geben sich der Körperschulung hin, als ob sie der Inbegriff des Yoga wäre. Zwar haben sie Erfolg im Ausüben der

Asanas und der Mäßigung ihrer Bedürfnisse. Statt aber den Weg für einen weiteren Fortschritt zu bereiten, bringt es in solchen Fällen vielfach Stolz und Eitelkeit mit sich, was wiederum Selbstzufriedenheit und spirituelle Trägheit zur Folge hat. Der unterscheidende Sadhak lernt das Grundlegende dieses Yoga-Zweiges — das Geheimnis der Gesundheit und die beste Haltung für die Meditation — aber er wird nicht versuchen, sich darin zu spezialisieren oder all seine Feinheiten zu beherrschen, denn er wird wissen, daß er, wenn er sich an die Mittel verliert, das Ziel vergessen wird.

Die Nahrung:
»Wie die Nahrung, so der Sinn«, ist eine uralte Redeweise, in der eine unbestreitbare Wahrheit liegt, denn es ist die Nahrung, die den Körper und das Gehirn bildet.
Die ›Satvik‹-Nahrung spielt in der Vervollkommnung des Körpers, wie sie durch den Hatha Yoga angestrebt wird, eine bedeutende Rolle und hilft, jeden Sadhan oder jede Yoga-Übung ohne irgendeine Ermüdung, Erschlaffung, Mattigkeit und Schläfrigkeit auszuführen. Es wird nicht unangebracht sein, hier einige Nahrungsmittel anzuführen, die der Yoga-Übung förderlich sind oder aber sie behindern.

Speisen, die der Yoga-Übung zuträglich sind:

1. Gerste, schwarze und grüne Hülsenfrüchte, Sesam, brauner Zucker, Milch und Milchprodukte, Butter und geklärte Butter — alles mit Maß.

2. Schwarzer Pfeffer, Mandeln, Ingwer, Johannisbeeren (Korinthen), Limonen mit Maß.

Speisen, die die Yoga-Übung behindern:

Moth[1], mash[1], Musur (Linsenart), Erbsen, ungeschälte Hülsenfrüchte, cheena (pani varagu)[1], Öl und Fett, Sauermilch, saurer Quark, verdorbene Butter, Fleisch in jeder Form, Fisch, Geflügel und Eier.

Ananas, Rettich usw.

---
[1] Siehe nächste Seite

3. Mangos, Trauben, Guavas[1], Äpfel, Orangen, Feigen, Stachelbeeren, Pfirsiche, Datteln usw. — mit Maß.
4. Melonen, Gurken in kleinen Mengen.   Wassermelonen und kakari[1].
5. Kürbis, plain turi (Berg-Flaschenkürbis), ghia turi (Land-Flaschenkürbis), Spinat, parwal[2] (coecinia indica), swaran[1] — in kleinen Mengen.   Schlangenkürbis, roter Kürbis, brinjal (Eierfrucht), Amarauth oder spinatähnliche Pflanzen. Gewürze, chillies[3], Pfeffer, Saucen oder andere säureerzeugende Reizmittel sowie scharfe, bittere und saure Dinge.

Kurzum, frisches und grünes Gemüse, Blattgemüse, Obst und Nüsse, Milch, Butter, geklärte Butter (ghee), bilden die ideale Nahrung für jeden Menschen. Dabei sind drei Mahlzeiten am Tag mehr als genug. Wir müssen daran denken, daß Speisen, die alt, stark gewürzt, halbgar oder zu sehr gekocht sind, und Früchte, die noch nicht reif oder überreif sind sowie Süßigkeiten und Zuckerwerk gemieden werden sollten. Ebensowenig sollten kohlensäurehaltige Getränke, Genußmittel wie Tee, Kaffee und Rauschmittel aller Art gebraucht werden.

IV. Pranayama oder Yoga-Atmung

Wer Prana kennt, der kennt die Veden.

Santis

Bevor wir uns mit Pranayama befassen, ist es notwendig zu wissen, was die Pranas (die Lebensenergien) sind, ferner, ihre Aufteilung und ihre Funktionen usw. im Körper zu kennen sowie

---
[1] Verschiedene hier unbekannte Arten von Obst, Hülsenfrüchten und Gemüsen.
[2] Andere Kürbisarten.
[3] Scharfes Würzmittel.

über ihr Wirken und andere damit verwandte Dinge informiert zu sein. Prana ist die Summe aller im Universum vorhandenen Energie und die Gesamtheit aller Naturkräfte. Hitze, Licht, Elektrizität, Magnetismus, Gravitation usw. sind alles Erscheinungen von Prana. Alle Kräfte und Energien wie auch die Pranas selbst gehen aus ein und derselben Quelle hervor, dem Urquell des ›atman‹. ›Pran tatwa‹ ist dem ›manas tatwa‹ oder dem Gemütsprinzip um vieles überlegen, von dem *Guru Nanak* sagt:

»*Wer das Gemüt besiegt, besiegt die Welt.*«

Die motorische Kraft hinter dem Gemütsstoff ist, wie schon gesagt, die des Prana, und deswegen ist die Regulierung und Kontrolle dieser Energie, der ersten Kraft im Universum, von vordringlicher Bedeutung und steht weit über anderen psycho-physischen Schulungen. Im *Gorakh Samhita* heißt es, daß der, welcher um das Geheimnis des Prana weiß, auch das Geheimnis des Yoga kennt, denn in der rhythmischen Regulierung des Prana liegt der praktische Aspekt des Yoga in ganz besonderer Weise. Die Pranas sind in fünf bedeutende Kategorien eingeteilt, die ihrer Funktionsweise entsprechen:

a) ›Prana‹ hängt mit dem Atmungssystem zusammen. Es ist der Lebensodem, und wie ein Vogel im Käfig gefangen, gibt er dem menschlichen System Lebenskraft. Sein Sitz, so heißt es, ist in der Region zwischen den beiden Augenbrauen, genannt ›chid akash‹, bis wohin sich sein Wirkungsbereich erstreckt.

b) ›Apana‹ unterstützt das Ausscheidungssystem, da ihm eine nach unten fließende Tendenz eigen ist. Es wirkt in der Region unterhalb des Nabels.

c) ›Samana‹ leistet den Verdauungsorganen Hilfe. Es wird so genannt, weil es dem ganzen System gleichmäßig Nahrung zuführt. Sein Sitz ist im Nabel; es verbreitet sich nach allen Seiten und ernährt den Körper insgesamt.

d) ›Udana‹ hängt mit dem Schlucken zusammen und wird so genannt durch seine Eigenschaft, den Atem aufsteigen zu lassen, ihn einzuziehen und zu lenken. Seine Bewegung ist zwischen Kopf und Nabel wahrnehmbar. Sein Sitz ist im Hals. Seine Tendenz ist aufwärts zu fliegen.

e) ›Vyana‹ hilft das Kreislaufsystem des ganzen Körpers aufrechtzuerhalten. Es bewirkt die innere Verteilung und Verbreitung und wird so bezeichnet, weil es den Körper wie das ätherische Element durchdringt (Vyapati).

Außer diesen ursprünglichen Pranas gibt es fünf andere Arten, die von geringerer Bedeutung sind; nämlich:

1) ›Naga‹, das beim Aufstoßen wirksam wird.
2) ›Kurma‹ hilft beim Bewegen der Augenlider und führt Schlaf herbei.
3. ›Krikala‹ durchdringt die Gesichtsmuskeln und verbreitet sich beim Niesen.
4) ›Deva datta‹ bringt das Gähnen zustande und führt zu sanftem Schlaf.
5) ›Dhanan-jay‹ ist mit der Nahrungsumwandlung verbunden.

Diese Lebensenergien durchdringen die Haut, Knochen, Muskeln, Sehnen, Bänder und dergleichen.

Plexi und Chakras

Jede Stelle, an der sich mehrere Nerven, Arterien oder Adern kreuzen, wird ein Plexus genannt. Auf ähnliche Weise gibt es im ›suksham‹ oder den subtilen ›nadis‹ verschiedene Zentren der Lebenskräfte, welche ›chakras‹ oder ›padmas‹ genannt werden. Die ›nadis‹ sind astrale Kanäle, die aus Astralstoff bestehen. Sie dienen als Verbindungsgänge für die feinstofflichen ›pranas‹, durch die sie im feinstofflichen Körper wirksam sind, so wie die Nerven, Arterien und Adern im grobstofflichen Körper. Alle diese subtilen Kanäle oder ›nadis‹ entstehen aus ›kanda‹ oder dem Zentrum, wo am untersten Ende des Rückgrats ›sushmana nadi‹ auf das ›muladhara chakra‹ stößt. Von diesen ›nadis‹ sind ›Ida‹, ›Pingala‹ und ›Sushmana‹ die bedeutendsten. Alle drei befinden sich im Rückgrat. ›Ida‹ und ›Pingala‹ liegen rechts und links von ›Sushmana‹ oder ›Sukhman‹. ›Ida‹ (Chandra Kanal) läuft durch das rechte Nasenloch. Der Atem fließt gewöhnlich durch jedes abwechselnd etwa zwei Stunden lang. Doch wenn er durch ›Sushmana‹ (Agni Kanal) fließt, wird das Gemüt stetig. Diese Stetigkeit oder ›Unmani Avastha‹, wie sie genannt wird, ist der höchste Zustand im ›Raja Yoga‹, denn in ihm hat man eine wunderbare Meditation. Zur Reinigung der ›nadis‹ ist die Pranayama-Übung notwendig, da der Atem, wenn diese nicht rein genug sind, den mittleren Kanal nicht passieren kann.

Das grobe ›prana‹ bewegt sich in den Nervensträngen des physischen Körpers, aber das feinstoffliche oder psychische in den astralen Kanälen (›nadis‹). Der Atem ist die äußere Wirkung des groben ›pranas‹.

Zwischen dem groben und dem feinstofflichen ›prana‹ besteht eine sehr enge und nahe Verbindung. Wenn Gemüt und ›prana‹ zu vibrieren aufhören, erheben sich keine Gedankenwellen mehr.

Das Gemüt wird durch ›prana‹ in Bewegung gesetzt
und von ›prana‹ (Leben) geht alles aus.

Chandogya Upanishad

Wenn sich die ›pranas‹ vom Körper trennen, hören alle Organe zu wirken auf; denn es gibt im Körper keine größere Kraft als die Lebensenergie (Prana).

Die grundlegenden Übungen des Pranayama

Im *Hatha Yoga Pradipka* wird großer Nachdruck auf die Yoga-Atmung gelegt, denn ›alles Leben existiert nur von einem Atemzug zum anderen‹, und es heißt: »Wer halb atmet, der lebt nur halb.« Wir müssen darum einen Hunger nach Luft entwickeln. Denn »die Lebensenergien«, sagt Hippokrates, »sind die wirkliche Lebensnahrung«. Tiefes Atmen ist eine große positive Hilfe bei der Selbstentwicklung und trägt zur Erhaltung von Gesundheit, Jugend und Langlebigkeit bei. Die Gewohnheit, bewußt tief zu atmen, ist eine gute Übung für die Atmungsorgane und sichert eine freie Blutzirkulation. Die Atmung besteht in der abwechselnden Ausdehnung und Zusammenziehung, da die Luft durch die Lunge eingezogen und wieder ausgestoßen wird, was man Einatmung oder Ausatmung nennt. Jedem Atemzug folgt innerlich eine kurze Pause. So unterscheidet Pranayama vier

Phasen: ›Purak‹ oder Einatmung, ›Antar Kumbhak‹ oder inneres Zurückhalten und ›Rechak‹ oder Ausatmung, dem wiederum ›Vahya Kumbhak‹ oder ›Sunyaka‹, das heißt eine Atmungspause folgt. Man kann es durch beide Nasenlöcher sehr sehr langsam üben, und es soll zehn bis zwanzig Mal, jeweils morgens und abends —, ungefähr drei Monate lang wiederholt werden. Man kann mit ›Purak‹ und ›Rechak‹ beginnen und nach einiger Zeit die anderen beiden Praktiken der Atempause (Antar und Vahya Kumbhak) hinzufügen. Durch Übung und Ausdauer kann man im Yoga-Atmen Leistungsfähigkeit erwerben. Das Anhalten des Atems beim Ein- und Ausatmen nach Belieben, wird ›Kevalya Kumbhak‹ genannt.

Sukh Purvak Pranayama (eine leichte und bequeme Übung)

Wenn man im ›Padam‹ oder ›Sukh Asana‹ sitzt, soll man das rechte Nasenloch mit dem Daumen der rechten Hand schließen und die Luft langsam und rhythmisch in einem langen und ununterbrochenen Ausatmen durch das linke Nasenloch entlassen. Nun ist das linke Nasenloch durch den kleinen Finger oder den Ringfinger der rechten Hand zu schließen und der ›Vahya Kumbhak‹ ist aufrechtzuerhalten, solange es bequem und ohne Anstrengung möglich ist. Danach ist der Atem ganz langsam durch das rechte Nasenloch einzuziehen, nachdem der Daumen entfernt ist, dem dann wiederum der ›Antar Kumbhak‹ folgt. Und nunmehr wird es umgekehrt geübt. Diese acht Vorgänge bilden einen ›Pranayama‹. Man sollte mit fünf bis zehn Pranayamas morgens und abends bei leerem Magen beginnen und sie nach und nach bis auf zwanzig steigern, einschließlich dem erweiterten ›Kumbhak‹ oder dem Zurückhalten des Atems, ohne daß es irgendeine Unbequemlichkeit verursacht. Während der Übung sollte man den Gedanken aufrechterhalten, daß ›Divya Sampardie‹ (Niyamas), wie Barmherzigkeit, Mitleid, Liebe, Friede und Freude in das System aufgenommen und ›Asuraya Sampardie‹ (Yamas) wie Ärger, Lust, Gier und Selbstsucht durch das System ausgestoßen und abgelegt werden. Man kann während der ›Pranayamas‹ auch ›Simran‹ üben.

Bei den höheren Stufen des ›Pranayama‹ steigt die Lebensenergie in ›Sushmana Nadi‹ und bewegt sich ›Sahasrar‹ entgegen. Die Bewegung wird zuerst wie die einer Ameise empfunden und wandelt sich allmählich in die eines Frosches, bis sie mit der Reinigung und Säuberung der ›nadi‹ durch die fortwährende Praxis, wie ein Vogel zu fliegen beginnt.

Es gibt verschiedene Arten, den Atem unter Kontrolle zu halten, nämlich:

1) Ausatmen und Einatmen durch beide Nasenkanäle, verbunden mit ›Kumbhak‹.

2) Ausatmen und Einatmen durch nur einen der Nasenkanäle, mit nachfolgendem ›Kumbhak‹. Man nennt diese Übung ›Surya Bhedana‹ und ›Chandra Bhedana‹, wenn jeweils durch die rechte und linke Seite ausgeführt.

3) Einatmen durch beide und Ausatmen durch einen der beiden Nasenkanäle.

4) ›Shitkari‹ und ›Shitali‹: Es sind zwei Arten, die Luft durch geschürzte Lippen und die Zunge einzuziehen und aufzunehmen (nachdem beide Nasenlöcher geschlossen wurden) und, nachdem man sie tief unten etwas angehalten hat, sie durch die Nasenlöcher wieder zu entlassen. Es ist, als ob man den Lebensatem durch die Tülle trinken würde.

5) ›Bhastrika‹ besteht darin, daß der Atem in rascher Folge durch den einen Kanal genommen, und der ganze Atem dann langsam durch den anderen Kanal wieder ausgestoßen wird; danach wird gewechselt. Diese Übung wird mit einem Blasebalg verglichen und darum Blasebalg-Atmung oder ›Bhastrika‹ genannt.

›Pranayama‹ oder Yoga-Atmung kann unter der Leitung eines *Guru* oder *Adepten* auf diesem Gebiet nutzbringend und erfolgreich geübt werden, wenn der Ausübende Wahrhaftigkeit, Enthaltsamkeit, Gelassenheit, Mäßigkeit in der Diät, Geduld und Demut beachtet und nicht irgendeinem Laster verfallen ist, und vor allem, wenn er von Herz- und Lungenkrankheiten und von angeborenen Leiden frei ist.

Das Höchste, was man durch ›Pranayama‹ erreichen kann, ist, daß die zusammengerollte Schlangenkraft der *Kundalini*, die im latenten Zustand am Wurzelzentrum liegt, erweckt und zu voller Aktivität gebracht wird. Indem sie im ›Sukhmana‹ immer höher steigt, werden die verschiedenen feinstofflichen Zentren in den subtilen ›nadis‹ erleuchtet, bis sie zuletzt ›Sahasrar‹, die Quelle des Lichts erreicht. Mit der Zerstörung des Schleiers, der über dem Glanz der Ewigkeit liegt, kommt das Gemüt rasch zur Vertiefung, und die Konzentration kommt von selbst.

Die Muskel- und Nervenkontrolle, die durch die Praxis von ›Asanas‹ erlangt wird, ist nur eine Vorbereitungsstufe. Die wirkliche Yoga-Technik beginnt mit dem Nutzbarmachen der Lebensenergien oder der zehn Motore im Körper.

›Pranayama‹ führt zu ›Chit Shudhi‹, ›Manas Shudhi‹ und ›Nadi Shudhi‹; es beruhigt dadurch das Gemüt, hilft bei der Konzentration und trägt dazu bei, die Umhüllungen oder ›koshas‹ der Seele zu zerstören. Es entfernt alle Wünsche, verbessert die Verdauung, hilft ›brahmacharya‹ (Enthaltsamkeit) aufrechtzuerhalten und führt zu ›ekagrata‹ (Zielstrebigkeit) und ›kumbhak‹ (einen friedvollen Zustand) mit oder ohne ›purak‹ und ›rechak‹ oder den Ein- und Ausatmungsprozeß.

›Pranayama‹ soll man üben, nachdem man seine Notdurft verrichtet hat, und nach gründlicher Reinigung der ›nares‹ oder Nasenkanäle mit reinem, lauwarmem Wasser und durch Gurgeln. Man sollte die Übung ausführen, wenn man ganz alleine ist, in sitzender Haltung und mit geschlossenem Mund. Die Fenster des Raumes sollten geöffnet sein, damit frische Luft einströmen kann. Nachdem man fünfzehn Minuten geübt hat, ist es gut, eine Tasse Milch zu nehmen. Man sollte nie unmittelbar nach solchen Übungen baden.

Ziel des ›Pranayama‹ ist, die Wellen (vritis) des Gemüts einzudämmen und den Gemütsstoff so stetig zu machen, wie der Strahl einer Lampe ist, die an einem windstillen Platz steht. Jede Übung (abhyas) ist dazu angetan, das Gemüt zu seiner Quelle — ›Hirdya Guha‹ — zu bringen, damit es in ›atman‹ aufgeht.

Die üblen ›vritis‹ des Gemüts können durch gute ersetzt werden, so wie Lust (kama) durch Enthaltsamkeit (brahmacharya), Stolz (madha) durch Demut (nimrta), Habgier (lobh) durch Genügsamkeit (santosh), Knickerigkeit durch Großzügigkeit, Täuschung durch Unterscheidung, Verderbtheit durch Redlichkeit, Wankelmut durch Entschlossenheit, Überheblichkeit durch Höflichkeit, Eifersucht durch Großmut, Bindung durch Loslösung, Feindschaft durch Freundschaft und so fort.

Die Vedanta-Methode besteht darin, daß man die Zweige des ›sankalpa‹ vom Baum des Gemüts (manas) abtrennt und dann den Baum selbst fällt, indem man die Wurzeln des Ego abschneidet.

Pranayama als Form des Yoga (der Prana Yoga)

Die Bedeutung des ›Pranayama‹ als ein wesentlicher Teil des ›Hatha Yoga‹ und ›Raja Yoga‹ ist so groß, daß ihn manche als unabhängige Form des Yoga für sich betrachten und ihm den Namen ›Prana Yoga‹ gegeben haben.

Wie bereits erklärt, gehen die ›Ida‹ und ›Pingala Nadis‹ vom ›swadhistan chakra‹, dem Zentrum des Lebensodems aus, laufen spiralenförmig um den Hauptkanal ›sukhmana‹ und enden im linken beziehungsweise rechten Nasenloch. Die eine ist vom Mond und die andere von der Sonne beeinflußt, und als solches hat ›Ida‹ die Feuchtigkeit des Mondes in Fülle und repräsentiert das weibliche Prinzip, während ›Pingala‹ die Energie der Sonne zu eigen ist und das männliche Prinzip in der Natur verkörpert. Diese beiden ›nadis‹, die negative und die positive, wirken unter ›prakriti‹ und ›purush‹, das heißt Materie und Seele zusammen. Wenn die durch die Sonne beeinflußte ›Pingala nadi‹ tätig ist, wird die aufgenommene Nahrung leicht und schnell verdaut, und wenn die andere (Ida) einsetzt, gibt sie dem System Stärke und Lebenskraft und hilft bei der Entwicklung des Körpers und der Muskeln usw. Unter dem aktiven Einfluß dieser Himmelskörper, die durch die ›nadis‹ wirksam sind, wird das Wachstum in der Natur und unter den menschlichen Gattungen, der weiblichen und der männlichen hervorgebracht. Die Feuchtigkeit des Mondes erzeugt bei den Frauen ›raj‹ und die lebensspendende Energie der Sonne ›viraj‹, oder den Samen beim Mann.

Tagsüber ist meistenteils die ›Solar-nadi‹ (Pingala) am Werk und deshalb sollte die Nahrung dann aufgenommen werden, solange die Lebensenergie der Sonne aktiv ist, denn dadurch wird sie im System leicht aufgelöst und somit zur Kraftquelle. Die Nahrung, die aufgenommen wird, nachdem die Sonne untergegangen ist, trägt dazu bei, daß sich Umfang und Fett des Körpers vermehren und die Verdauung in Unordnung gebracht wird, was zu einer Störung im Gleichgewicht des elementaren Körperhaushalts führen kann, wie zu ›Kaf‹ (Phlegma), ›Safra‹ (Hitze) und ›Sauda‹ (gasförmige Vibrationen) usw.

Prana-Schulung

Die Schulung besteht, kurz gesagt, darin,
a) ein Zentrum innerhalb des Körpers zu errichten, beispielsweise das Herzzentrum oder das Gebiet der Lebensenergien, wo ›mano-mai atman‹ vorherrscht.
b) Ein anderes Zentrum außerhalb des Körpers zu errichten.
c) Man muß an beiden Zentren innen und außen arbeiten und zwischen den beiden Zentren Pranayama üben.
d) ›Tratak‹ oder Schulung der Schau ist zu üben, indem man die Aufmerksamkeit nach und nach von außen nach innen bringt und sie für einige Zeit dort festhält.

Will man außerhalb des Körpers Zentren errichten, muß man zunächst dafür sorgen, daß man alleine ist. Man malt auf weißes Papier einen gelben Flecken, legt das Papier auf den Tisch oder befestigt es in Augenhöhe an der Wand und übt ›Tratak‹, das heißt, man heftet den Blick fest auf diesen Flecken, während ›Pingala‹ tätig ist, und konzentriert seine Aufmerksamkeit auf den inneren ›Anahat‹-Ton, bis man sich allmählich in ihn vertieft. Wenn diese Übung einige Tage ausgeführt wurde, ist dieser Flecken in blau umzuändern, danach in rot und später in ein bläuliches Weiß; zuletzt wird er in einer leuchtend weißen Farbe gehalten, nachdem einige Tage mit jedem der farbigen Flecken geübt wurde. Ziel der Tratak-Übung ist, eine klare Sicht der Elementarfarben zu gewinnen, die die Farben von Erde, Wasser, Feuer, Luft und Äther darstellen. Will man raschen Erfolg erzielen, muß diese Praxis mindestens zwei bis drei Stunden am Tag geübt werden. Sie ist gut für das Augenlicht und dient als große Hilfe bei der Beeinflussung anderer.

Man muß auch auf die richtige Entfernung zwischen den Flecken und dem Auge achten. Für den Anfang sollte sie etwa 60 cm ausmachen, und nach ein paar Tagen Übung sollte sie auf 50 cm verringert werden; danach auf 30 cm und schließlich auf 15 cm. Sobald dann diese Übung zu einem heiteren Vertieftsein führt, kann der Flecken bis zur Nasenspitze gebracht werden, was dann tatsächlich die echte Übung darstellt, worauf die Aufmerksamkeit allmählich zur Nasenwurzel zwischen den beiden Augenbrauen zu bringen ist. Das Wesentliche liegt darin, daß die verstreuten ›vritis‹ am Wandern im Äußeren gehindert und an den stillen Punkt im Körper, dem Sitz des Geistes gesammelt werden. Auf diese Weise nach innen gekehrt, müssen sie mit dem ›Anhat‹-Ton in Verbindung gebracht werden. Dies bringt von selbst einen Rhythmus in den Pranas zustande und sie werden zu gleicher Zeit auf die ›vritis‹ abgestimmt. So kommen Gemüt und Pranas in Harmonie, und die Seele kann durch die ›mano-mai‹ und ›pran-mai koshas‹ oder die sie umgebenden Hüllen entkommen.

Vorteile des Prana Yoga

Die Praxis des ›Prana Yoga‹ hilft bei der Entfaltung aller Sinneskräfte, wie Gesicht, Gehör, Geruch, Geschmack und Tastsinn. Ein Yogi kann mittels seiner Gedankenkraft alle Kräfte, die er gebrauchen will und die dem Gedanken entsprechen, aus der Atmosphäre zu seiner Hilfe herbeiziehen. Im sehr kalten Winter kann der Sadhak im ›Sidh asana‹ sitzen, das Kinn auf die Brust gedrückt, denkt er an die Sonne und beginnt dabei die Übung mit Pingala oder dem ›solar nadi‹. Auf diese Weise wird die Wärme von selbst kommen und ihn mit Schweiß bedecken. Genau so kann er bei sommerlicher Hitze erfrischende Kühle erfahren. Dies alles hängt allein von der Gedankenkraft ab und setzt voraus, daß man weiß, wie die Aufmerksamkeit auf den Sitz der Seele zu heften ist. Es ist der Höhepunkt des ›Prana Yoga‹. Man kann alle diese Kräfte entfalten, wenn man das Gemüt und die Pranas auf eine gemeinsame Ebene bringt. Die Gedankenkraft geht vom Gemüt aus, und ›Prana Yoga‹ besteht darin, daß Prana auf der Ebene der Seele oder der göttlichen Ebene mit dem Gemüt in Einklang gebracht wird.

V. *Pratyahara oder Sinneskontrolle*
(Zurückziehung und Loslösung)

Es bedeutet das Zurückziehen der Sinne von den Sinnesgegenständen. Das Gemüt wird durch die Praxis von ›Yama‹, ›Niyama‹ und ›Pranayama‹ rein, und ›Pratyahara‹ bewirkt überlegene Meisterschaft über die Sinne. Die Beherrschung der Sinne ist daher der erste Faktor in der Yoga-Wissenschaft. Solange die Sinnespferde in ihrem tollen Lauf auf dem Gebiet des Vergnügens und des Genießens nicht beherrscht und kontrolliert sind, kann das Gemüt unmöglich zur Ruhe kommen. Die Sinne müssen darum von der Sinnesebene zurückgezogen und davor bewahrt werden, alle von außen kommenden Eindrücke und Einflüsse aufzunehmen. Die visuelle Wahrnehmung und das Gehör sind die beiden Hauptzugänge, von denen wir nicht weniger als 88 bis 95 Prozent unserer Eindrücke ableiten, und der Rest von etwa 5 Prozent stammt von den anderen Sinnen. Somit ist es von ungeheurer Bedeutung, die Schleusentore der Augen und Ohren herunterzulassen, um zu verhüten, daß die äußeren Flutwasser eindringen und den See des Gemüts überschwemmen. Um das Gemüt nachhaltig gegen die Angriffe von seiten der Sinne zu schützen, ist es für den Yoga-Schüler notwendig, daß er sich täglich eine Zeit in die ›klösterliche Zelle‹ des Herzens zurückzieht; denn es ist eine Sache allgemeiner Erfahrung, daß sich schmutziges Wasser von selbst klärt, wenn man es einige Zeit ruhig stehen läßt.
Man kann ›Pratyahara‹ (Kontrolle der Sinne als Voraussetzung,

um einen Zustand des Träumens und der Zurückziehung der Sinne zu erreichen) durch Unterscheidung und Einsicht üben. Mit dem Wissen um die wahren Werte des Lebens kommen wir dahin, daß wir die ungesunde und wertlose Nahrung, welche die Sinne sonst erfreute, mißachten und dadurch lernen, den Gemütsstoff zu beherrschen. Von gleichem Wert ist es, die Betriebsamkeit der Sinne in der Welt zu verlagern, indem man die Gebiete der illusorischen Freuden mit der Sprengkraft der Unterscheidung zerstört. Pratyahara ist sehr wichtig, um in Yoga Erfolg zu haben. Mit nach innen gekehrten Sinnen kann ein Yogi für das Bewußte in sich arbeiten. Durch diese Praxis wird das Gemüt gereinigt; es wird in der Selbstsicherheit gestärkt und fähig, sich einer strengen Lebensweise zu unterziehen.

In der *Bhagavad Gita* lesen wir:

›*Die Sinne bändigend sitze er in Andacht mir zugewandt. Wer Herr der eigenen Sinne ist, bei dem nur ist die Weisheit dauernd.*‹

Die obigen fünf Punkte: ›yama‹, ›niyama‹, ›asana‹, ›pranayama‹ und ›pratyahara‹ — bilden die Vorbereitung für den Fortschritt auf dem Yogaweg. Sie sind jedoch nur die begleitenden Dinge und nicht die Hauptsache im Yogasystem. Sie helfen dem Körper, die Pranas, das Gemüt und die ›Indryas‹ zu reinigen.
Nun kommen wir zu den direkten inneren Hilfen des Yogas. Es sind drei an der Zahl, nämlich ›Dharna‹, ›Dhyana‹ und ›Samadhi‹, und sie bilden den ›Antarang Sadhan‹ oder die innere Schulung.

VI. Dharna oder Samyam
(Vertiefung oder Konzentration)

Hat der Yoga-Schüler durch ›Pranayama‹ die ›Pranas‹ und durch ›Pratyahara‹ die Sinne unter Kontrolle gebracht, muß er nunmehr sein Gemüt auf etwas konzentrieren. Man kann die Aufmerksamkeit auf etwas Äußeres wie zum Beispiel auf ein Bild, ein Idol oder ähnliches heften; oder sie kann auf etwas im Inneren, wie auf eines der Körperzentren in ›Pind‹, auf eine Vorstellung oder auf eines der astralen Zentren in ›And‹ gerichtet werden. ›Dharna‹ wiederum besteht darin, das Gemüt nach Belieben auf eine bestimmte Stelle, einen Gegenstand, eine Vorstellung oder ein Zentrum zu konzentrieren. ›Dharna‹ hilft, das Gemüt stetig zu machen und ist somit auf seine Weise nutzvoll.

1) ›Dharna‹ auf eine jede dieser Sinneswahrnehmungen verhilft zur Stetigkeit des Gemüts, indem die wandernden Gedanken an einem Brennpunkt gesammelt werden:

   a) auf die Nasenspitze — gibt eine Erfahrung von ›Divya Gandh‹ oder göttlichen Wohlgeruch. Es wird ›varta sidhi‹ genannt.

   b) auf die Zungenspitze — gibt eine Kenntnis vom Geschmack des göttlichen Stoffes (Divya Essenz): ›manna‹ und Nektar. Diese Erfahrung ist bekannt als ›asvadan‹.

   c) auf die Zungenmitte — man erfährt die Berührung mit dem Göttlichen oder der Nähe der erhabenen Gegenwart. Dies ist als ›vidana‹ bekannt.

   d) auf die Zungenwurzel — gibt die Erfahrung der göttlichen Töne oder der göttlichen Harmonie. Man nennt es ›sravana‹.

   e) auf den Gaumen — gibt die Erfahrung der göttlichen Farben oder des elementaren Glanzes. Dieses göttliche Gesicht wird ›adarsha‹ genannt.

2) ›Dharna‹ auf den leuchtenden geistigen Punkt am Sitz des Gemüts. Erst wird der Atem eingezogen und dann ausgestoßen, mit dem Gedanken an die aufrechte Position des achtblättrigen Lotos unterhalb des Herzens, der gegenwärtig in umgekehrter Stellung liegt. Dann wird die Aufmerksamkeit auf das glänzende Licht in dem Lotos geheftet, durch den ›Sukhmana‹ oder ›Brahm nadi‹ läuft.

3) ›Dharna‹ auf Meisterseelen, die von allen Wünschen befreit sind, wie Buddha, Christus, oder vorzugsweise auf einen noch lebenden Meister, befreit auch den Übenden von allen

Wünschen und mentalen Bindungen sowie von der Knechtschaft des Gemüts und der Materie.

4) ›Dharna‹ oder ›samyam‹ auf äußere Gegenstände: auf Himmelskörper wie die Sonne, den Mond und die Sterne usw., bringt übernatürliche Erfahrungen ein.

   a) Wenn zum Beispiel auf die Sonne, bringt es Wissen von Brahmand, das aus vierzehn ›Bhavans‹ oder Sphären besteht, nämlich sieben oberen oder höheren Welten oder ›lokas‹ (bhur, bhuva, swah, maha, janah, tapah und satyam) und sieben unteren oder niederen Welten oder ›lokas‹ (sutala, vitala talatala, mahatala, rasatala, atala und patala).
   b) Wenn auf den Mond, bringt es Wissen von den Sternen ein.
   c) Wenn auf den Polarstern, bringt es Wissen um die Bewegung der Sterne ein.
   d) Wenn auf den Elefanten oder ›hanuman‹, erwachsen Kraft und Tapferkeit.
   e) Wenn auf die Körperform, verursacht es das Verschwinden des Körpers, weil die Kraft des Begreifens gehemmt wird und die Verbindung zwischen dem Licht und den Augen getrennt ist.

5) ›Dharna‹ oder ›samyam‹ auf innere Zentren, auf das Selbst und die ›indriyas‹: Man kann diese Übung auf alles ausführen, wie auf Tugenden, auf die inneren Zentren, ›chakras‹ oder ›nadis‹:

   a) Wenn auf ›nabhi‹ oder den Nabel (manipura chakra), erlangt man Wissen über die Zusammensetzung des Körpers.
   b) Wenn auf die Vertiefung in der Kehle (vishudhi chakra), wird man frei von Hunger und Durst.
   c) Wenn auf ›sahasrar‹, erlangt man himmlische Visionen und den ›darshan‹ von ›siddhas‹.

Die Methode des letzteren geschieht durch Konzentration auf ›Brahmarendra‹ oder die Höhlung von Brahma; es ist eine Öffnung im Kopf (mundhu), durch welche das göttliche Licht nach unten fließt. ›Nirgun upasakas‹ führen die abstrakte Meditation auf dieses Zentrum — den ›sahasrar‹ — aus.

d) Wenn auf das ›anhat chakra‹ am Herzen, erlangt man Wissen über das Gemüt.

e) Wenn auf die ›kurma nadi‹ (den Astralkanal in der Brust unterhalb der Kehle, durch den ›kurma‹ oder das höhere ›prana‹ die Augenlider bewegt), gibt es dem Körper Festigkeit.

f) Wenn auf das innere Licht des Herzens, bringt es Wissen über das Feinstoffliche (Hellsichtigkeit), das Verborgene (vergrabene Schätze) und das Entfernte (Ferne und Weite).

6) Man kann ›samyam‹ über sich selbst üben. Es verleiht Hellsichtigkeit, Hellhörigkeit und andere übernatürliche Kräfte — höheren Tastsinn, höheren Geschmack, höheren Geruch usw., die alle durch Intuition oder ›pratibha‹ wahrgenommen werden, ohne einen anderen spezialisierten ›samyam‹.

Durch ›samyam‹ über seine eigene wesentliche Natur (die Erkenntnisfähigkeit), erlangt man die Kraft reinen Erkennens ohne die äußere Hilfe der Sinne und der Sinnesorgane. Durch die ›indriyas‹, die in ihren jeweiligen Zentren schlummern, erfreut man sich eines Zustandes, der ›Sanand Samadhi‹ genannt wird, unaussprechlicher Wonne (anand).

7) Durch ›dharna‹ oder ›samyam‹ auf gewisse Besonderheiten des Körpers, wie die Gesichtsfarbe, die Stimme oder ähnliches, lernt man den Zustand und die Gemütsart anderer verstehen.

8) Durch ›samyam‹:
   a) auf das Gemüt (oder Gedanken), erfährt man über dessen Inhalt.
   b) auf die Zeit, erlangt man Wissen über alles.
   c) auf Luft und Äther, oder auf die Beziehung zwischen diesen beiden, wird man mit dem göttlichen Hören

(shabd) ausgestattet und nimmt durch den reinen Willensakt jeden subtilen Ton in der Ferne wahr. Auf gleiche Weise entfaltet man durch die Verbindung mit ›adhistana-bhutas‹ (vayu, tejas und prithvi usw.) die Kräfte der anderen Organe in vollstem Umfang.

Ein Yogi, der ›sidhi‹ in ›kechari mudra‹ hat, kann auch in der Luft fliegen. (Einer, der ›shammohan vidya‹ oder ›indra jala‹ kennt, kann sich gleichfalls durch den Raum bewegen, aber das ist nur ‹jala› oder ein Trick und nichts Echtes, denn in Wirklichkeit bleibt er auf der Erde stehen, und wenn man ihn dabei fotografieren würde, erhielte man nicht das Bild eines Menschen, der durch die Luft fliegt.)

e) Wenn auf die Veränderungen des Gemüts, bringt es Wissen um die Vergangenheit und die Zukunft.

f) Wenn auf ›videha‹, kann man den Körper nach Belieben verlassen und ohne ihn wirken. Man kann die alles durchdringende Natur in ihrer ganzen Allgegenwart empfinden und ›kaya parvesh‹ zustandebringen, das heißt in den Körper eines anderen eindringen und durch dessen Körper und Gemüt wirken.

g) Wenn auf die ›sanskaras‹ (Gemütseindrücke), erlangt man Wissen um frühere Geburten.

9) Durch Meisterschaft über:

a) ›Udana vayu‹ endet jedwede Beziehung zu Wasser, Schmutz und Dornen, und man kann seine Existenz nach Belieben beenden, denn durch ›Udana‹ kann man den Astralkörper vom physischen trennen, und sich durch den Raum bewegen.

b) ›Samana vayu‹ ergibt Strahlkraft, und man kann Feuer und Lichtblitze vom Körper ausgehen lassen.

10) Durch ›samyan‹ auf Tugenden:

a) auf Freundlichkeit oder andere Vorzüge erlangt man die Kraft, dies auf andere zu übertragen.

b) auf Unterscheidungskraft (der besonderen Beziehung zwischen ›satva‹ oder Reinheit und ›purush‹ oder die

Seele) erlangt man die Fähigkeit der Allgegenwart und Allwissenheit.
- c) auf ›shabd‹ erlangt man Wissen von den Tönen aller lebenden Wesen (einschließlich Tiere und Vögel).
- d) auf die ›karmas‹ erlangt man Wissen über die Zeit des Todes.

Wenn das Gemüt gänzlich rein und bis zu den Wurzeln von ›satva‹ durchdrungen ist, dämmert ganz plötzlich Erleuchtung auf. Das Gemüt hat fünf Zustände:
- a) ›Kshipta‹ oder das wandernde Gemüt, wo sich der Gemütsstoff in einem Zustand beständiger Zerstreuung befindet.
- b) ›Mudha‹ oder das träge und vergeßliche Gemüt, das fast nichts weiß. Hier befindet sich das Gemüt in einem Zustand der Verwirrung und Dummheit.
- c) ›Vikshipta‹ oder das Gemüt, das sich vorübergehend sammelt und konzentriert, um sich dann wieder zu verzetteln. Diesem Zustand fehlt noch die Beständigkeit.
- d) ›Ekagrata‹ oder das Gemüt, das mit zielbewußter Aufmerksamkeit und Beständigkeit der Absicht begabt ist.
- e) ›Nirodha‹ oder das Gemüt, das geschult, beherrscht und in Schranken gehalten wird.

Unter den ersten drei Umständen ist kein Yoga möglich. Er ist nur dann ausführbar, wenn sich das Gemüt in dem unter d) und e) aufgeführten Zustand befindet.

Außer den Vorhergenannten gibt es acht Arten von ›siddhis‹ oder Kräften, die gewöhnlich von ›siddhas‹ oder höheren Wesen ausgeübt werden:
- a) ›Anima‹ — die Fähigkeit, alle Dinge, selbst ein Atom (anu) zu durchdringen und seine innere Struktur zu erkennen.
- b) ›Laghima‹ — die Fähigkeit, Schwerelosigkeit zu erlangen, so daß man sogar auf den Sonnenstrahlen sitzen kann. Hiervon wird oftmals bei Levitationen und Translevitationen Gebrauch gemacht, trotz den Gesetzen der Schwerkraft.

c) ›Garima‹ — die Fähigkeit, so schwer wie Stahl zu werden und jeden Gegenstand unbeweglich zu machen. Es ist das Gegenteil von ›Laghima‹.

d) ›Mahima‹ — die Fähigkeit, ausgedehnte und alles durchdringende Größe gleich der des Raumes zu erlangen und das Wirken weitentfernter Dinge zu sehen, wie die Sonnensysteme und das Weltengesetz.

e) ›Prapti‹ — die Fähigkeit, an jeden beliebigen Ort und selbst auf den Mond zu gelangen. Man wird mit einem alles durchdringenden Sinn ausgestattet.

f) ›Prakamyam‹ — die Fähigkeit, jeden Wunsch erfüllt zu bekommen.

g) ›Vasitvam‹ — die Fähigkeit, allen Geschöpfen und elementaren Kräften gebieten und sie beherrschen zu können, wie dem Wind, dem Regen usw.

h) ›Ishitva‹ — die Fähigkeit, den Schöpfer, Erhalter und Zerstörer spielen zu können.

Darüber hinaus gibt es viele untergeordnete Ziele, die man durch den einfachen Prozeß der Selbstbeherrschung und Konzentration, genannt ›samyam‹, erwirbt. Zum Beispiel:

1. die Sprache der Vögel und Tiere zu verstehen;
2. um die vorhergehenden Geburten zu wissen und Vorkenntnis des Todes zu haben;
3. die innersten Gedanken anderer zu lesen;
4. von ferne Wissen über geheime und subtile Dinge zu haben, wie über Himmelskörper und Sterne;
5. zukünftige Dinge vorauszusehen;
6. sich an jeden beliebigen Ort der Welt begeben zu können;
7. durch Berührung zu heilen;
8. körperliche Vollkommenheit in Form (rupa), Aussehen (ranga), Kraft und Stärke (bala), Stetigkeit (sanhanan) und körperlichen Reiz (lavanya) usw. zu erwerben.

Hier muß notwendigerweise ein Wort der Warnung angebracht werden hinsichtlich der ›riddhis‹ und ›siddhis‹ oder der übernatürlichen Kräfte, die man im Verlaufe der Yoga-sadhna-Praxis oder

-Schulung oftmals erwirbt. Alle diese übernatürlichen Kräfte oder ›siddhis‹ muß man gewissenhaft meiden, denn sie sind unbedingte Hindernisse auf dem Weg zu wirklichem spirituellen Fortschritt und dem Erreichen der Selbsterkenntnis und Gotterkenntnis, dem großen Ziel und Zweck des Yogasystems. Die ›Devatas‹ sind häufig eifersüchtig auf die menschliche Seele, die sich auf dem spirituellen Pfad befindet. Sie kommen lächelnd, den Yogi zu begrüßen, sobald er Zugang zu höheren Regionen erworben hat; sie laden ihn mit süßen und listigen Worten ein und versuchen, ihn in die Falle zu locken und zu stürzen. Selbst der große Yogi *Vishvamitra* wurde durch die Schönheit eines himmlischen Wesens, eines Mädchens, verführt, das *Indra* gesandt hatte, um ihn zu versuchen. Er ging unversehens in die Falle und fiel zurück. Diese Versuchungen befallen einen auf der zweiten Stufe der Reise. Sie können jedoch einem, der am Pfad festhält und in seinen Übungen standhaft und beharrlich ist, nichts anhaben.

> *Gib die ›siddhis‹ auf und vernichte die Saaten der Gebundenheit; erlange ›kaivalya‹, den Zustand völliger Ruhe und Unabhängigkeit.*

Und wieder ist gesagt:

> *Laß dich nicht verführen durch das gewinnende Lächeln himmlischer Wesen, und meide den Umgang mit allem, was nicht wünschenswert ist.*
>
> Patanjali

Dharna als Form des Yoga (der Mansik Yoga)

Stetige Aufmerksamkeit ist der erste und grundlegende Faktor der inneren Yoga-Übung, und ihre Bedeutung kann nicht hoch genug eingeschätzt werden. »Wenn alle Sinne ruhig sind, wird das Gemüt stetig und der Verstand wankt nicht — dies ist der höchste Zustand, sagen die Weisen« (Kath. Up. II: III—10). Zufolge dieser Tatsache nimmt sie eine wesentliche Stellung im System ein und wird von manchen als Form eines bestimmten Yoga betrachtet, dem sie den Namen ›Mansik‹ oder ›mentaler Yoga‹ (Yoga der Selbstversenkung) geben.

Die meisten Schüler weihen sich völlig und einzig der strikten Beachtung der ›yamas‹ und ›niyamas‹ und kommen dadurch auf dem Yogapfad, der nach Selbsterkenntnis und Gotterkenntnis strebt, kaum vorwärts; und solche, die ein wenig weiterkommen, bleiben dann in den Yoga-Stellungen (asanas, mudras und bhandas) hängen und sind beständig damit beschäftigt, ihren Körper zu entwickeln und die Muskeln zu stärken, und machen dies zum einzigen Ziel ihrer Bemühungen. Sie beschränken sich somit selbst auf den Aspekt der Körperentwicklung, um dadurch Krankheit, Altern und frühem Tod zu trotzen. Ein paar begünstigte Seelen, die durch ›pranayama‹ vorwärtskommen, machen dies zum Inbegriff aller Yoga-Übung; und wie eine Schildkröte (sie haben Freude daran, wenn sie ihre ›pranas‹ in ›Brahmarendra‹ zusammenziehen) bringen sie die meiste Zeit in ihrem Gehäuse, im ›yoga nidra‹ zu und betrachten Trägheit als die höchste Form des ›samadhi‹. Dies alles sind einzig Mittel zu den höheren Zielen des Yoga und sollten nur als solche praktiziert werden. Ziel des Yoga ist Selbsterkenntnis durch einen regelrechten Prozeß der Selbstanalyse und der Zurückziehung, was einen instand setzt, sich über das Körperbewußtsein ins höhere kosmische und schließlich ins überkosmische Bewußtsein zu erheben.

Wahrer Yoga ist ein ganz natürlicher Prozeß, der nichts Gekünsteltes an sich hat. So sollte er leicht verständlich und einfach zu üben sein. Aber durch den Mangel an richtigen Lehrern, die sowohl in der Theorie wie auch in der Praxis des Yoga wohlerfahren sind, ist er zu einer beschwerlichen und verwickelten Angelegenheit geworden; zu schwer, um verstanden zu werden und noch schwieriger, ihn auszuüben. Das Leben ist heutzutage viel zu kompliziert, um dem Menschen genug Muße zu lassen und Gelegenheit zu geben, alle Zweige des Yoga zu meistern (jeder einzelne hat sich im Laufe der Zeit noch mehr spezialisiert), um dann dem letzten Ziel entgegenzuschreiten. Die Folge davon ist, daß die Suchenden die eine oder andere Yoga-Art irrigerweise als das letzte Ziel betrachten. Sie verzetteln ihre Kräfte in diesem Streben und geben sich mit dem Erwerb psychischer oder magischer Fähigkeiten zufrieden.

Bei der wirklichen Erfahrung befindet sich das Gemüt in einem Zustand tiefen Schlummers (sushupti) und kommt gewissermaßen mit der niedrigeren Ebene der Glückseligkeit (anand) und der niedrigeren Erkenntnis-Ebene (vigyan) in Berührung. Denn wenn man erwacht, nimmt man den Eindruck der ungestörten und reinen Wonne dieses glückseligen Schlafes in sein Bewußtsein auf. Aber all das ist eine unwillkürliche Erfahrung in ›pind‹ oder der Sinnesebene; sie ist nicht bewußt und willentlich erworben. Wenn man den wirklichen ›Sadhan‹ genau versteht und ausübt, kann man den Schleier heben und in die Quelle der Glückseligkeit auf einer spirituellen Ebene eintauchen, wie und wann es einem gefällt. Und man kann innen mit dem Lebensstrom, dem Ursprung wahren Glücks und wahrer Seligkeit, verbunden bleiben. So wie man durch ›pranayama‹ die Pranas mit dem Gemüt berühren kann, ist es auch möglich, durch ›pratyahara‹ und ›dharana‹, die Ebene des Gemüts mit der der Erkenntnis zu verbinden, die in den höheren spirituellen Zentren darüber liegt.

Das Wort ›pratyahara‹ bedeutet »beschränken«. Gemeint ist damit, daß man den Gemütsstoff und die Sinne davon abbringt, in die Welt hinauszufließen und umherzuirren auf der Suche nach sinnlichen Freuden an den Sinnesgegenständen. Aber das ist schwerlich zu erreichen, solange nicht die Sinne und das Gemüt mit etwas Gleichartigem versorgt werden oder besser, mit etwas Erfreulicherem als es die weltlichen Gegenstände darstellen, und das zugleich als Anker dient, um sie im Innern festzuhalten. Man nennt dies ›dharna‹, was soviel besagt wie »annehmen«, (es stammt von der Wurzel ›dharn‹), »von etwas angezogen« und »in etwas vertieft zu sein«. ›Pratyahara‹ und ›dharna‹ gehören zusammen, denn das Gemüt muß einerseits von den äußeren weltlichen Freuden entwöhnt werden, andererseits muß es im Innern etwas Anziehendes bekommen.

Indem die Yogis unbeweglich in einem ›asana‹ sitzen, bringen sie zuerst das Nabelzentrum unter ihre Kontrolle und ziehen dann die ›pranas‹ zum Herzzentrum, um es mit der Gemütsebene zusammenzubringen. Danach versuchen sie durch verschiedene Übungen, wie ›tratak‹, das Gemüt in ein höheres Zentrum zu leiten, damit es sich dort zurückzieht. Der erste Teil wird ›pratyahara‹ und der zweite, das Zurückgezogen- und Vertieftsein in dem höheren Zentrum wird ›dharna‹ genannt.

Durch die bloße Macht der Gewohnheit, die sich über lange Zeiten hin erstreckt, hat das Gemüt die Neigung erworben, den Freuden der Welt nachzujagen. Diese können in fünf Kategorien eingestuft werden:

 a) ›Rup‹ und ›rang‹ oder schöne Formen, Muster und Farben, die das Auge anziehen.
 b) ›Shabd‹ oder wohlklingende und bezaubernde Melodien, die das Ohr gefangen nehmen.
 c) ›Ras‹ oder delikate Lebensmittel und Speisen aller Art, die den Gaumen fesseln.
 d) ›Gandh‹ oder Wohlgeruch, der den Geruchssinn unmittelbar anspricht.
 e) ›Sparsh‹ oder angenehme physische Empfindungen, wie sie durch Berührung hervorgerufen werden.

Im wachen Zustand, wenn die Sinne voll aufnahmebereit sind, erfreut man sich des physischen Aspekts der oben aufgeführten Freuden. Im Traumzustand, der mehr oder weniger eine Widerspiegelung des Astralen oder Feinstofflichen ist, freut man sich am meisten über Töne, denn in diesem Zustand sprechen sie das Gemüt direkt an. Im traumlosen und tiefen Schlaf, der eine Reflexion des kausalen Zustandes ist, erlangt man Kenntnis von der tiefen Versunkenheit.

Man muß sich daher mittels ›tratak‹ auf verschiedene Grundfarben, die mit Äther, Luft, Feuer, Wasser und Erde verbunden sind, ins Herzzentrum zurückziehen. Auf diese Weise werden sie in einem bezaubernden Glanz erstrahlen. Durch regelmäßige Praxis erwerben die Yogis übernatürliche Kräfte und Fähigkeiten und sind in der Lage, die oben genannten fünf Freuden in ihrer feinstofflichen Form aus weiter Entfernung zu kosten. Sie kommen auf natürliche Weise in Übereinstimmung mit den ›pranas‹ und dem Gemüt.

Die Praxis von ›pratyahara‹ und ›dharna‹ muß mit Hilfe von ›tratak‹ noch weiter entwickelt werden. Man kann sich einwärts und aufwärts bewegen und vom Herzzentrum zur Schilddrüse oder der Kehle (kanth chakra) zurückziehen und so mit der Ebene der Erkenntnis in Berührung kommen. Diese Bewegung von einem niedrigeren zu einem höheren Zentrum erfolgt durch ›pratyahara‹, wodurch man das untere Zentrum verläßt, und durch ›dharna‹, mittels dem man das nächsthöhere Zentrum erreicht und sich darin vertieft. Der Prozeß wird so fortgesetzt, bis man zum ›aggya chakra‹ hinter und zwischen den beiden Augenbrauen gelangt, das der Sitz der Seele ist, wenn sie sich in der physischen Welt im Wachzustand befindet.

Indem sich die Sinnesströme in diesem Zentrum sammeln und man alles über sich selbst vergißt, erhebt man sich über das Körperbewußtsein. Hier dämmert nach und nach das innere spirituelle Licht auf, und wenn man sich tief in dieses Zentrum versenkt (dharna), nehmen Glanz und Strahlkraft immer mehr zu. Bei vollkommenem ›dharna‹ oder Versenkung auf dieser Stufe werden alle unteren Zentren bis zum ›mul chakra‹ oder ›guda chakra‹ hell aufleuchten.

In diesem Zusammenhang können wir auf die Psychologie des Yogasystems zu sprechen kommen. Das zerebral-spinale System ist die Hauptstütze des Körpers. Die Wirbelsäule wird in der Yoga-Terminologie ›Meru‹ oder ›Brahm Danda‹ genannt. Nach dem *Shiva Samhita* gibt es im menschlichen System nicht weniger als 350 000 ›nadis‹ und von diesen spielen die nachfolgend aufgeführten eine wesentliche Rolle:

1) ›Ida‹ — beginnt am untersten Plexus (guda chakra) auf der rechten Seite der Wirbelsäule und läuft spiralenförmig um den ›Sushmana‹-Kanal bis zur linken Nasenöffnung.
2) ›Pingala‹ bewegt sich vom selben ›chakra‹ aus auf der linken Seite der Wirbelsäule und windet sich spiralenförmig hoch bis zur rechten Nasenöffnung.
3) ›Sushmana‹ oder ›Sukhmana‹ — der Hauptkanal zwischen ›Ida‹ und ›Pingala‹; er läuft durch die Wirbelsäule von einem Ende zum anderen, das heißt vom ›guda chakra‹ bis zur großen Öffnung ›Brahmarendra‹ hinter den Augenbrauen.

4) ›Gandhari‹ — erreicht das linke Auge, nachdem er sich von der Vorderseite des Hauptkanals aus erhoben hat.
5) ›Hastijivha‹ — erreicht das rechte Auge, nachdem er sich von der Rückseite des Hauptkanals aus erhoben hat.
6) ›Pushpa‹ — erreicht das rechte Ohr vom selben Kanal aus.
7) ›Yashvini‹ — erreicht das linke Ohr vom Hauptkanal aus.
8) ›Alambhush‹ — erstreckt sich zur Wurzel der Arme.
9) ›Kuhu‹ oder ›Shubha‹ — reicht hinunter bis zur Spitze des Zeugungsorgans.
10) ›Shankhni‹ — reicht hinunter bis zum Rektum.

Die ersten drei: ›Ida‹, ›Pingala‹ und ›Sushmana‹ sind die allerwichtigsten. Bevor ›Ida‹ und ›Pingala‹ in die Nasenwurzel gelangen, kreuzen sie sich und sind als Ganglienstränge (Nervenstränge) bekannt.
›Sushmana‹ oder ›Sukhmana‹, der Hauptkanal, läuft durch die Wirbelsäule und durchquert die sechs nachfolgenden Zentren:

a) ›Muladhara‹ (am Steißbein) mit dem vierblättrigen Lotos, der sich nach vier Seiten hin erstreckt.
b) ›Svathishtana‹ (am Kreuzbein) mit dem sechsblättrigen Lotos, der sich nach vier Seiten erstreckt; dazu eines, das nach unten und eines, das nach oben gerichtet ist.
c) ›Manipuraka‹ (das Sonnengeflecht) mit dem achtblättrigen Lotos, die sich nach vier weiteren Seiten zwischen den ursprünglichen erstrecken.
d) ›Anahata‹ (Thymusdrüse) mit dem zwölfblättrigen Lotos. Es ist ein Lotos des unübertrefflichen Tones, wie der Name besagt.
e) ›Vishuddha‹ (Schilddrüse) mit dem sechzehnblättrigen Lotos. Ein alles durchdringender ätherischer Lotos. Es ist ein Zentrum von großer Reinheit, wie der Name anzeigt.
f) ›Aggya‹ (Stirnzentrum) mit dem zweiblättrigen Lotos. Es wird auch ›Ajna chakra‹ genannt, was soviel wie Befehlszentrum heißt.

Außer den oben angeführten Zentren gibt es noch ›Antahkaran‹, (das aus ›chit‹, ›manas‹, ›buddhi‹ und ›ahankar‹ besteht) mit

Weitere Einzelheiten über diese chakras mögen der Tabelle entnommen werden:

Sitz des Zentrums	herrschende Gottheiten (Hindu u. Sufi)	damit verbundene Elemente	vorherrsch. Farbe	Funktion des Zentrums	Vorteil b. d. Meditation darauf
1. Guda (Rektum)	Ganesha Shamael Erde		gelb	Reinigung des Körpers	Befreit von allen Krankheiten u. verleiht die Fähigkeit i. d. Luft zu fliegen (Levitation)
2. Indri (Zeugungsorgan)	Brahma (Michael)	Wasser	blau	Erzeugung d. Art	Furchtlosigkeit, Freisein v. aller Gebundenheit
3. Nabhi (Nabel)	Vishnu (Israel)	Feuer	rot	Erhaltung und Bewahrung d. Art	Herr der Wünsche. Heilung aller Krankheiten. Sehen verborgener Schätze. Kann in andere Körper eindringen.
4. Hirdey (Herz)	Shiva (Gabriel)	Luft	bläulich-weiß (rauchig)	Auflösung, Verfall u. Tod der Art	Vergangenheit, Gegenwart u. Zukunft geben alle ihre Geheimnisse preis.
5. Kanth (Kehle)	Shakti (die Große Mutter des Universums)	Äther alles durchdringend	weiß (fleckenlos)	alles beherrschende Kraft durch die drei Regenten mit ihren speziellen Funktionen	Man wird ein Yogishwar u. Kenner der Veden, und lebt ein Leben von 1000 Jahren
6. Aggya od. Ajna (hinter und zwischen den Augenbrauen) mit Antahkaran (Gemüt)	Atman, der entkörperte Geist, befreit v. allen Hüllen	Aktives Lebensprinzip; die Seele der Schöpfung	Strahlung u. Glanz in voller Pracht — unaussprechlich	Alles in allem, allem innewohnend. Das A und O alles Sichtbaren u. Unsichtbaren.	Verleiht die höchstmögliche Gabe mit allen Kräften, den natürlichen und übernatürlichen.

dem vierblättrigen Lotos. So sind es zusammen zweiundfünfzig Blätter, die den zweiundfünfzig Buchstaben des Sanskrit-Alphabets, dem Grundstock aller Sprachen, entsprechen. Wir müssen uns jedoch über die ›chakras‹ zu einem Zustand erheben, der darüber liegt und der ›neh-chakra para‹ genannt wird. Es ist ein Zustand, der immer und auf ewig besteht, und von dem *Kabir* sagt:

>»*Die drei Lokas und die zweiundfünfzig Buchstaben*
>*sind dem Verfall unterworfen und werden vergehen.*
>*Aber das ewige und immerwährende heilige* Wort
>*ist etwas ganz anderes, und wird immer bestehen.*«

Je zwei Plexi (siehe Tabelle auf Seite 78) ergeben ein ›granthi‹ oder Band. Diese sind: ›Brahm granthi‹, ›Vishnu granthi‹ und ›Shiva granthi‹.

Der Yogapfad, wie er oben beschrieben wird, befaßt sich mit der Meditation auf diese sechs Zentren, wobei am untersten zu beginnen ist und man allmählich mittels ›pratyahara‹ und ›dharna‹, wie bereits erklärt, zum nächsthöheren aufsteigt. Bei diesem Vorgang ruft man durch ›Hatha Yoga‹ die große Schlangenkraft oder ›Kundalini shakti‹ zuhilfe, die schlummernd und wie eine Schlange, in $3^1/2$ Windungen zusammengerollt im ›Vagus-Nerv‹ liegt. Diese latente Energie wird mit Hilfe von ›pranayama‹ erweckt. Der Yogi sucht alle Lebensenergien im Körper zu sammeln, und bei diesem Vorgang erwacht auch diese latente Kraft der Kundalini. Vom ›Ajna‹-Zentrum aus ergreift er den ›anahat‹-Ton und erreicht ›sahasrar‹, den höchsten Himmel der Yogis. Es ist ein sehr langer, mühsamer und schwieriger Pfad. An jedem der Zentren hat man jahrelang ohne Unterbrechung schwer zu arbeiten, bevor man es sich erfolgreich erkämpft, um dann zum nächsthöheren aufsteigen zu können. Ohne einen starken und robusten Körper, der dieser ununterbrochenen und mühevollen Beanspruchung auf lange Sicht standhält, kann man sich dieser schweren Schulung nicht hingeben und sie durchhalten.

Zu Beginn hat der Yogi den Augiasstall mit herkulischer Kraft zu reinigen, und zu diesem Zweck muß er ›Hatha Yoga Kriyas‹ oder Übungen wie ›dhoti‹, ›basti‹, ›neoli‹, ›gaj karam‹ und ›vajroli‹ durchführen, dazu eine strenge und genaue Diät-Kontrolle. Außerdem hat er sich, um Herrschaft über das Gemüt zu erlangen, ›pranayamas‹ oder wohlgeordneter Atmungsübungen zu unterziehen, wie ›purak‹, ›kumbhak‹, ›rechak‹ und ›sunyak‹, die alle eine große Sorgfalt, Aufmerksamkeit und Geschicklichkeit unter der Anleitung eines erfahrenen Lehrers erfordern.

Der Yoga-Prozeß, wie er oben dargelegt wurde, ist voll ungezählter Schwierigkeiten. Es ist ein Vorgang, der dem eines kontrollierten Todes ähnlich ist. Es ist nicht nur ein gewaltsames Herausziehen des Geistesstromes von einem Zentrum zum anderen, sondern auch aller ›pranas‹, was ihn noch schwieriger macht. Und es wird in der Zeit ein Sterbeprozeß verfolgt, denn es geht um die Umkehrung des Lebensstromes, der beim Schöpfungsvorgang von einem Zentrum zum anderen heruntersteigt. Beim Tod entweichen die Erdelemente aus dem ›guda chakra‹ zum ›indri chakra‹ und werden dort in Wasser aufgelöst; so bleiben Hände und Füße ohne Leben. Sobald das Wasser zum ›nabhi chakra‹ gelangt, wird es durch das Feuer in der Nabel-Region in Dampf verwandelt, und das Zeugungsorgan wird lahmgelegt. Als nächstes wird das Feuerelement durch das Luftelement im Herzchakra zum Erlöschen gebracht, und dadurch wird alles unterhalb des Herzens völlig kalt. Da das Luftelement in ›kanth‹, dem Sitz des Äthers, durch dessen Einwirkung ebenfalls ätherisiert wird, werden Herz und Puls reglos. (Hierzu soll gesagt sein, daß bei diesem System das Versagen des Herzens nicht das Lebensende kennzeichnet, sondern ihm nur vorausgeht.) Bei der Ausübung des Sahaj-Yogasystems muß man genau denselben Prozeß durchmachen und zurückverfolgen, nur mit dem Unterschied, daß dieser natürlich vor sich geht, während der andere überlegt und kontrolliert wird und darum äußerst schwierig durchzuführen ist. Jedes der ›tatvas‹ vereinigt sich dann wieder mit seinem Ursprung: ›anna‹ mit ›pranas‹, ›pranas‹ mit ›manas‹, ›manas‹ mit ›vigyan,‹ und ›vigyan‹ mit dem ›kanth plexus‹. (Es soll erwähnt sein, daß die *Vaishnavites* und *Kabir-Panthies* Tulsiblätter tragen und die *Shivaites* sich ›shiv-ling‹ um den Nacken legen, um sich daran zu erinnern, daß dort das ›kanth chakra‹ liegt, das sie sich zum Ziel gesetzt haben.) Um wieviel leichter und einfacher ist es, wenn statt diesem schwierigen Umkehrungsprozeß des Yoga, vom Wurzelzentrum zurück und aufwärts zur ›Sahasrar‹-Region der tausendfältigen Lichter, die ›pranas‹ ganz unberührt bleiben (wie es auch im alltäglichen Leben geschieht). Stattdessen wird der Sinnesstrom gleich am Sitz der Seele im ›ajna chakra‹ gesammelt, wo wir uns im Wachzustand stets befinden. Mit Hilfe des Tonstroms, dem ein magnetischer Zug nach oben eigen ist (und zu dem die Yogis nur nach einer schweren Schlacht über die sechs Körperzentren gelangen), bewegt man sich geradenwegs aufwärts, um ›sahasrar‹ zu erreichen, sobald sich die Seele über das Körperzentrum erhebt, unter der Leitung eines fähigen und völlig kompetenten Meisters, der den Lebensimpuls in uns erwecken kann.

VII. *Dhyan*
(Kontemplation und Meditation)

Fortgesetzte Konzentration, wie durch ›dharna‹ ins Auge gefaßt, führt zu einem beständigen Fluß der Wahrnehmung, der ›dhyan‹ oder Kontemplation (Meditation) genannt wird. Es gibt zwei Arten des ›dhyan‹ oder der Meditation: eine grobe und eine feine (subtile). Es ist nahezu unmöglich, sich sogleich der subtilen Meditation zuzuwenden und darum muß man zunächst mit der groben beginnen. Die grobe oder objektive Meditation besteht darin, daß man über einen persönlichen Aspekt Gottes, ›Isht‹, eines Gottmenschen oder eines Meisters (des lebenden Meister-Heiligen) meditiert.

In der subtilen Meditation ist das Auge auf ›Bindu‹ oder das Einzelauge geheftet, den stillen Punkt im Körper, der hinter und zwischen den beiden Augenbrauen liegt. Hier begegnen sich Zeit und Zeitlosigkeit, wo das Ungeoffenbarte offenbar wird (der

Widerschein davon findet sich in ›pind‹ oder der niedrigen Region des Körpers, das heißt im ›guda chakra‹, in dem die zusammengerollte Energie in einem unerschlossenen Zustand liegt). Nach einiger Übung auf ›Bindu‹ erhellt sich die dunkle Stelle, und das innere Licht nimmt ganz allmählich die strahlende Form des Meisters an. Von hier aus beginnt dann das, was eine Licht-Kontemplation genannt wird.

Wenn in der Meditation der Gottmensch im Innern erscheint, sieht man die Geheimnisse der Ewigkeit gleich einem offenen Buch.

Maulana Rumi

Während man bei der grobstofflichen Kontemplation auf die sichtbare Form (swaroop) des ›ishtdeva‹ oder des Guru meditiert, geschieht es bei der subtilen Kontemplation auf den ›aroop‹ (das Formlose), oder den dunklen Punkt zwischen den Augenbrauen, der nach und nach aufzuleuchten beginnt.

An dieser Stelle soll für die Wahrheitssucher eine Warnung vorgebracht werden. Wir können keine zufriedenstellenden Ergebnisse bei der Meditation auf die Form früherer Meister erzielen, die ihre göttliche Mission auf Erden beendeten, in dem sie zu ihrer Zeit ›jivas‹ oder Seelen verbunden haben, aber nun nicht mehr in Berührung stehen mit der physischen Welt. Auch müssen wir bei unserer Suche nach einem vollendeten Meister auf der Hut sein, denn eine Meditation auf die Form eines unvollendeten Meisters wird nichts fruchten. Um alle Fallgruben zu umgehen, ist es viel sicherer, wenn wir eine Meditation auf jegliche Form eines früheren oder gegenwärtigen Meisters unterlassen. Es ist besser, seine Übungen den Anweisungen entsprechend auszuführen; denn wenn der Meister vollendet ist, wird seine Form von selbst im Innern erscheinen und sich der individuellen Seele annehmen, sobald sie sich über das Körperbewußtsein erhebt. Gott selbst offenbart sich in der Form eines *Gurudev*, vorausgesetzt natürlich, daß der Guru wirklich in die Gotteskraft eingebettet ist. Diese Bemerkungen gelten, mit gewissen Einschränkungen, für die Meditation auf ›ishtdevas‹, wie sie gewöhnlich ausgeführt wird. Meditieren über das Formlose geht über das menschliche Begreifen hinaus, da man sich die Wirklichkeit, die jenseits aller Begriffe liegt, nicht vorstellen kann. In einem solchen Fall kann man flüchtig irgendwelche subtilen Elemente erblicken, die uns aber nicht weiterbringen können.

Das Lesen von Schriften und anderer heiliger Bücher ist auf diesem Pfad nicht von großem Nutzen, es sei denn, daß es ein Interesse in uns wachruft. Der größte Lehrer der Menschheit ist der Mensch selbst. Es genügt, wenn einer weiß, wie er das große lebendige Buch des menschlichen Herzens öffnen kann (›Herz‹ bedeutet hier den Sitz der Seele, das heißt das ›aggya‹ oder ›ajna chakra‹), welches das einzige erschöpfende Schatzhaus allen Wissens und aller Weisheit ist. Man braucht lediglich die Augen zu schließen, die Sinne zurückzuziehen und das Heiligtum seines Herzens zu betreten, um dann sein Sein mit der höchsten Seele in den innersten Tiefen zu verschmelzen. Er, der ewig Seiende, das aus sich selbst leuchtende Licht, das vollkommen in sich selbst und auf ewig das gleiche ist, wohnt im Tempel des menschlichen Körpers; und wer Ihn erkennen und erreichen will, muß tief in sich selbst graben, dann wird sich ihm zweifellos alles enthüllen. »Klopfet an und es wird euch aufgetan«, sagten die Heiligen und Seher aller Zeiten und Länder. Dieses Eintauchen im Innern bringt der Seele die Erfahrung von allem, was existiert, sei es sichtbar oder unsichtbar, eine direkt intuitive Erkenntnis oder göttliche Weisheit; und dies alles sind die Gaben, die einem dann von selbst frei und in Fülle zukommen, wenn man die Welt, Freunde und Verwandte, seine Umgebung, oder besser — sein ganzes körperliches Dasein vergißt. Freiwilliges Vergessen ist der größte spirituelle ›sadhan‹. Indem man alles vergißt, muß man über das Körperbewußtsein gelangen, denn das ist die erste Bedingung einer richtigen Meditation.

Und du sollst Gott, deinen Herrn, lieben von ganzem Herzen, von ganzer Seele, von ganzem Gemüte und von allen deinen Kräften.

Mark. 12, 30

In der tiefen und schweigenden Meditation muß man sein Sein in liebender Versenkung mit dem Geliebten im Innern verschmelzen und sich selbst in die große Seele des Universums verlieren. Das ist die höchste Kontemplation, die zu dem meistbegehrten Ziel des ›samadhi‹ führt.

Dhyan als ein System des Yoga (der Yoga der Kontemplation)
Nachdem wir die wesentlichen Kennzeichen des ›dhyan‹ betrachtet haben, ist es nunmehr möglich, ›dhyan‹ als eine Form des Yoga zu studieren. Das Gemüt durchdringt alles.*Kabir* sagt, daß ›manas‹ in jedem Herzen zu finden ist und darum eine Mittelstellung im menschlichen System einnimmt. Der mentale Strom bildet stets seine eigenen Sphären und dies besonders, wenn er sich nach unten hin bewegt. Diese zentrale Lage der ›mano-mai‹-Hülle ist von wesentlicher Bedeutung. Sie hat zwei weitere Hüllen über sich: ›vigyan-mai‹ und ›anand-mai‹ und zwei darunter: ›pran-mai‹ und ›anna-mai‹. Eine Hinwendung nach oben bringt die Wahrnehmung der Weisheit (Erleuchtung) und Wonne mit sich, und eine Hinwendung nach unten eine Wahrnehmung der pranischen und physischen Welt.

1) ›Ajna chakra‹, die Region des dritten Auges hinter den beiden Augenbrauen, ist mit ›anand-mai kosh‹ verbunden.
2) ›Kantha chakra‹, die Region zwischen dem dritten Auge und ›hirdey‹, ist das Zentrum von ›vigyan-mai kosh‹.
3) ›Hirdey chakra‹, die Region des Herzens, wo die ›pranas‹ oder die Lebensenergien vorherrschen, ist das Zentrum von ›mano-mai kosh‹.
4) ›Nabhi chakra‹ ist der Teil der ›hirdey‹-Region, der sich bis zum Nabel hin erstreckt. Es ist das Zentrum von ›pran-mai kosh‹.
5) ›Indri chakra‹ oder die Region vom Nabel bis zum ›guda chakra‹. Es ist das Zentrum von ›anna-mai kosh‹.
6) ›Guda chakra‹ liegt am Steißbein oder der Wurzel, von wo alle feinstofflichen Kanäle oder ›nadis‹ ausgehen.

Die fünf Hüllen (koshas) sind die verschiedenen Punkte, von denen aus man auf den unterschiedlichen Ebenen wirken kann:

die beiden oberen sind spirituell und die beiden unten Sinnesebenen. Die ›Anand-mai‹-Hülle ist ›karan‹ oder der kausale Körper (Ursachenkörper), von dem alles andere ausgeht, nämlich die feinstofflichen und die physischen Ebenen unterhalb. ›Vigyan-mai‹ ist eng damit verbunden und liegt ihm am nächsten. Die drei Hüllen ›vigyan-mai‹, ›mano-mai‹ und ›pran-mai‹ bilden zusammen den ›suksham‹ oder den feinstofflichen Körper im Menschen, der das Bindeglied zwischen den anderen beiden, nämlich ›anand-mai‹ oben und ›anna-mai‹ unten, das heißt, zwischen dem kausalen und dem physischen Körper ist.

›Anna-mai kosh‹ ist sozusagen das Innenfutter des physischen Körpers und ist verbunden mit ›pran-mai kosh‹.

In allen drei Körpern ist das Gemüt, das durch die Lebenskraft der Seele aktiviert wird, der aktive Teil im Leben und Licht, durch das es wirkt. Es scheint, daß in jeder Hinsicht die Gemütskraft allein die wirkende Kraft ist, die die anderen vier ›koshas‹ in Ordnung hält. Im physischen Körper ist es der Sitz, von dem aus die fünf Sinnesorgane und die fünf motorischen Kräfte ihre Tätigkeit auf der irdischen Ebene ausführen. Auf gleiche Weise führen von hier aus (das heißt dem Gemüt) die zehn subtilen (pranischen) Energien, zusammen mit den mentalen Kräften von ›chit‹, ›manas‹, ›buddhi‹ und ›ahankar‹, ihr Werk auf der feinstofflichen Ebene durch. Und wieder ist es das Gemüt, das, sobald es ruhig geworden ist, alle latenten und gedanklichen Eindrücke mit sich führt und des Geistes Licht und Ton reflektiert. Dies ist der ungeheure Einfluß des Gemüts, der sich von der irdischen bis zu den kausalen Ebenen hin erstreckt und darum vielfach ›Triloki Nath‹ oder Herr der drei Welten genannt wird. Auf der kausalen Ebene dient es als Silberleinwand, die die spirituellen Vibrationen in Form von Licht und Ton aufnimmt und widerspiegelt.

Die Vorteile des Dhyan Yoga

Die Vorteile des Yoga der Kontemplation oder ›dhyan‹ sind unzählige. Wer sich mit dieser Yoga-Art befaßt, kann durch bloße Kontemplation die Erfüllung all seiner Wünsche erreichen. »Wie du denkst, so wirst du«, ist ein bekannter Ausspruch. Durch Kontemplation über die Eigenschaften Gottes, kann man die besagten Attribute in sich selbst entfalten; man wird Zeuge des himmlischen Lichts, und die Sinne erlangen transzendente Kräfte. Das Gemüt kostet auch die Glückseligkeit von ›vigyan‹, wenn die ›chit vritis‹ oder die mentalen Schwingungen beruhigt sind.

Dieser Yoga befreit von allen Sünden, und der Übende empfindet eine innere Wonne und friedvolle Stille. Alle Arten mentaler Krankheiten wie Furcht, Scham, Wankelmut und Selbstbehauptung schwinden allmählich dahin und geben Furchtlosigkeit, Mut, Festigkeit und Glück Raum, und man erwirbt eine ausgeglichene Wesensart in all den variierenden Umständen des Lebens. Er ist weder gebunden, noch hat er sich abgesondert, sondern erhebt sich gleich einer Lotosblume über dem Schlamm des gewöhnlichen Daseins. Mit dem Wissen über die wahren Werte des Lebens erlangt er Festigkeit in seinen Überzeugungen und ist nicht länger eine Beute grundloser Befürchtungen und der Stürme, die über ihn hinweggehen. Er lobt nicht und tadelt nicht, und somit spricht er wenig, aber er tut viel, und all sein Tun bringt Güte und Wohlwollen allen gegenüber zum Ausdruck. Seine Worte sind liebenswürdig und gewichtig. Er hat weder Stolz noch Vorurteile, sondern lebt ein Leben völliger Enthaltsamkeit und Gerechtigkeit. Er besiegt Faulheit und Trägheit, ißt wenig und schläft wenig; es gibt bei ihm kaum einen Unterschied zwischen Wachen und Schlafen. Er bleibt immer derselbe, mit leuchtendem und strahlendem Gesicht, das seine innere Größe verrät. *Kabir* sagt:

Der Welt Gebundenheit ist nur ein Schein;
und Kabir, der in Naam ruht, ist auf ewig frei.

VIII. Samadhi

Das Wort ›samadhi‹ ist von zwei Sanskrit-Wurzeln abgeleitet: von ›sam‹, was »zusammen mit« bedeutet (griechisch/deutsch: »syn«) und ›adhi‹ (das Ursprüngliche Sein) mit der hebräischen

Entsprechung ›Adon‹ oder ›Adonai‹, was »Herr« heißt, so daß beides zusammen, ›sam‹ plus ›adhi‹, einen Zustand bezeichnet, in dem der Geist vollkommen im Herrn versunken ist. In ihm fallen alle begrenzenden Formen ab, und der Mensch, gänzlich losgelöst von aller Individualität, erfährt darin die große Wahrheit des — *Ayam Atma Brahma* — ›Ich bin Du‹.
Dies ist die letzte und höchste Stufe in dem lange währenden Prozeß des auf Erfahrung beruhenden Yoga und kann darum als die Blüte des Yogasystems angesehen werden. Dhyan selbst entwickelt sich nach und nach zum Samadhi, wenn der Meditierende jeden Gedanken an sich selbst verliert und das Gemüt ›dhya-rupa‹, die Form seines Gedankens, annimmt. In diesem Zustand ist sich der Strebende keines äußeren Gegenstandes bewußt; er erfährt nur das Bewußtsein selbst, was alle Wonne und vollkommene Glückseligkeit mit sich bringt.
Es gibt zwei Mittel, durch die man Samadhi erlangen kann: Die ›Vedehas‹ (solche, die sich über das Körperbewußtsein erheben) erlangen ihn, indem sie die Natur des Gemütsstoffes zerstören, der beständig hinter den materiellen Dingen her ist, und ihn zu einer inneren, auf ein Ziel ausgerichteten Aufmerksamkeit bringen. Andere rufen diesen Zustand hervor, indem sie zuerst Einsicht und Unterscheidung durch Glauben, Energie und das Erinnerungsvermögen üben. Es gibt noch andere Arten des Samadhi. In ›dhyan‹ oder der Meditation (die auf ein Ziel gerichtete Aufmerksamkeit) unterscheidet man noch zwischen dem Meditierenden und dem Gegenstand der Meditation; aber im Samadhi oder der Identifikation mit dem Ganzen schwinden auch diese Unterschiede, da die eigene Individualität gleichsam nicht mehr besteht. Es ist diese Versenkung in das Unendliche, was die Befreiung von allem begrenzenden Beiwerk bringt, denn man erhält dabei einen Einblick in den Kern aller Dinge und eine Erfahrung der subtilen (adhi-devaka) und abstrakten (adhi-atmic) Aspekte von allem, was existiert.
Der Samadhi oder das Einssein mit dem Absoluten, kann von der Bewußtheit der eigenen Individualität begleitet sein. In diesem Fall ist er als ›sarvikalpa‹ bekannt. Fehlt dieses jedoch ganz,

wird er ›nirvikalpa‹ genannt. Der erste Zustand wurde von *Sri Ramakrishna* mit einer Wollpuppe verglichen, die, wenn sie ins Wasser gesteckt wird, davon durchtränkt ist; den anderen vergleicht er mit einer Salzpuppe, die sich, wird sie ins Wasser getaucht, auflöst und sich darin verliert. ›Nirvikalpa‹ ist der eindeutig höhere ›samadhi‹, denn ›sarvikalpa‹ ist, wenngleich es die Schau sehr erweitert, doch nur ein vorbereitender Schritt zum unbedingten Zustand. Nicht alle Yogis können ›nirvikalpa‹ erlangen, und wenn sie dahin kommen, geschieht das gewöhnlich nur einmal in ihrem Leben. Sie entrinnen dadurch schließlich dem Bereich von Name und Form und werden befreite Wesen. Ihr unausgewirktes vergangenes und gegenwärtiges Karma (sanchit und kriyaman) kann sie dann nicht mehr gebunden halten, aber das ihres gegenwärtigen Lebens (pralabdh) muß erfüllt werden, und sie müssen bis zum letzten Augenblick leben. Wenn sie vom ›nirvikalpa‹ zum alltäglichen menschlichen Bewußtsein zurückkehren, leben und bewegen sie sich wie andere Menschen auch, aber indem sie ihren weltlichen Pflichten nachkommen, ruhen sie auf ewig im Göttlichen und sind niemals mehr davon getrennt. Dieser Zustand der normalen Betätigung auf der Sinnesebene, jedoch erfüllt von Gotterkenntnis, wird ›Sahaj samadhi‹ oder ein Zustand der ›leichten Einswerdung‹ genannt.

> *Ob sie sitzen, stehen oder gehen, verbleiben sie*
> *stets in einem Zustand ewigen Gleichgewichts.*
>
> *Kabir*

Es mag an dieser Stelle noch eine andere Art ›samadhi‹ erwähnt werden, der ›Bhava samadhi‹, bei dem sich der Ergebene in hingebungsvolle Musik und Gesang vertieft und dabei jeden Gedanken an sich und die Welt ringsum verliert. Dieser ›samadhi‹ ist für Menschen mit gefühlvoller Gemütsart leicht zu erreichen; er gewährt augenblickliche Verzückung und innere mentale Erleichterung; aber er führt nicht zur Einswerdung mit dem Göttlichen und erweitert auch nicht das Bewußtsein. So läßt sich der Begriff ›samadhi‹ nur bedingt auf diese Art der Hingabe anwenden, denn sie zeigt keines der wesentlichen Attribute eines überbewußten Zustandes und ist darum auch nicht von großem Nutzen auf der inneren spirituellen Reise.

Der Zustand des ›samadhi‹ ist nicht steinern und träge, oder einer, bei dem man sich wie eine Schildkröte in seinen Panzer zurückzieht. Jeder von uns ist mit einem reichen inneren Leben voll unsagbarer spiritueller Kostbarkeiten ausgestattet, deren wir uns natürlich im alltäglichen Sinnesleben, das wir gewöhnlich führen, nicht bewußt sind. Wir können uns nach innen wenden und unsere Schau ausdehnen, um innerhalb ihres Bereiches nicht nur ein kosmisches Leben, sondern sogar ein noch höheres zu umfassen, das Ausblicke freigibt, die weit über den menschlichen Gesichtskreis hinausreichen. Es ist ein Seinszustand, eine direkte Wahrnehmung, eine wesenhafte Erfahrung der Seele, ein unmittelbares und klares Erkennen des spirituellen ›anubhav‹ (innere Verwirklichung), wie es gewöhnlich genannt wird. *Professor Bergson*, ein großer Philosoph, glaubte und empfand, daß es eine andere und höhere Quelle des Wissens gebe als den Verstand, der lediglich auf Schlußfolgerungen oder den Denkprozeß beschränkt ist. Er nannte es Intuition, aber dieser Seinszustand geht noch über die Intuition hinaus, zu einem direkten und unmittelbaren Wissen; denn Intuition ist nur ein anderer Name für die Gesamtsumme unserer in der Vergangenheit gemachter Erfahrungen. Der gewöhnliche Mensch bedarf nicht der Überlegung oder der Intuition, um an die Existenz der Sonne glauben zu können. Er sieht sie, es ist ›prataksha‹ und das macht jeden Beweis überflüssig. ›Jedes wahre Wissen existiert durch sich selbst und ist von den Sinnen völlig unabhängig. Es ist die Tätigkeit der Seele und ohne die Sinne vollkommen...‹, sagt *Ben Jonson*. Und *Henri Bergson* erklärt: ›Der sicherste Weg zur Wahrheit führt über Wahrnehmung, Intuition und Gedankenarbeit bis zu einem bestimmten Punkt; und dann muß man den tödlichen Sprung tun.‹ Es ist ›divja drishti‹ oder ›jnana chakshu‹ (das heißt, die direkte Erfahrung der Seele von der Wirklichkeit selbst). Durch das Aufblitzen spiritueller Lichtschimmer aus dem Jenseits erlangt man in Form spiritueller Einsicht, Inspiration und Offenbarung einen Blick von der Wahrheit. Die spirituelle Erfahrung, obgleich sie durch sich selbst besteht und über den weitreichendsten Grenzen des Verstandes liegt, steht diesem nicht entgegen, sondern vervollkommnet ihn.

Auch ist ›samadhi‹ *chaitanya* oder Allbewußtheit und etwas anderes als ›jar samadhi‹. Ein Hatha Yogi zieht seine ›pranas‹ mittels ›kechari mudra‹ im ›Sahasrar chakra‹, dem Sitz des ›jiva atma‹ oder der Seele, zusammen und kann in diesem Zustand der Leere monate- oder jahrelang in einer Berghöhle oder einem unterirdischen Gemäuer verbleiben. Es handelt sich hierbei um eine Art ›Yoga Nidra‹ oder Yogaschlaf, der weder ein übersinnliches Wissen noch eine spirituelle Erfahrung mit sich bringt. Dagegen befindet man sich im ›Chaitanya samadhi‹ in einem Zustand völliger Bewußtheit und kann ihn nach Belieben mit einer neuen übersinnlichen Erfahrung und spirituellen Weisheit beenden. Den ›Jar samadhi‹ kann man nicht selbst abbrechen; man braucht andere, die es mittels einer komplizierten Massage usw. machen. Ein Raja-, ein Bhakta oder ein Jnana Yogi erwachen leicht, wenn man ihren Körper schüttelt oder indem man ein Muschelhorn bläst oder einen Gong anschlägt. Dieser ›Chaitanya samadhi‹ wird erreicht, wenn die Gunas, aller Bewegung bar, unwirksam werden und die Bewußtseinskraft in ihrem Wesen gefestigt ist; er wird deswegen vielfach ›Kaivalya samadhi‹ genannt oder der ganz leichte und unabhängige ›samadhi‹.

Samadhi Yoga

Wie bereits an anderer Stelle gesagt, bedeutet Yoga Stetigkeit des Gemüts, die aus ›chit-vriti-nirodha‹ (Zunichtemachen des Gemüts oder das Aufheben aller mentalen Schwingungen darin) hervorgeht, und der Begriff ›samadhi‹, der von den beiden Sanskrit-Wurzeln ›sam‹ und ›adhi‹ abgeleitet ist, bedeutet Aufnahme, Vertiefung, Stetigkeit in der Kontemplation oder tiefe innere Konzentration.

Jeder Mensch kommt mit seinem eigenen Hintergrund auf die Welt, der ihn für eine besondere Art des Yoga aufnahmefähig macht, und darum sollte er sich den Yoga-Praktiken hingeben, die ihm am meisten zusagen. Die höchste Art des Yoga ist der

›Samadhi Yoga‹. Manche Kinder neigen von Natur aus dazu, und manche Menschen können sich ihm sofort zuwenden, ohne sich der schwierigen Schulung hingeben zu müssen, die für die Menschen im allgemeinen angeraten erscheint. Ihnen kann man die Ausübung dieses Yoga ohne Bedenken nahelegen, da sie durch die früheren ›samskaras‹ dafür reif sind.
Das Gemüt erlangt ›vigyan‹ oder ›jnana‹ im Kehl-chakra (das im Wachzustand mit dem Sitz des Bewußtseins eng verbunden ist). ›Vigyan‹ und ›anand‹, Bewußtheit und Glückseligkeit, dämmern nur in ›sahasrar‹ oder ›Sahasdal Kamal‹ auf, dem tausendblättrigen Lotos hinter den beiden Augenbrauen; und Samadhi Yoga strebt die Verwirklichung dieses Zustandes an, in dem man die der Seele innewohnende Glückseligkeit bewußt wahrnimmt.
›Samadhi‹ ist weiter ein Zustand reiner Wonne, welche die unmittelbare Quelle alles anderen ist: von ›Vigyan‹ (jnana), ›manas‹ (Gemütsstoff), ›pranas‹ (Lebensenergie) und ›anna‹ (die physische Welt der Sinnesgegenstände). Da ›anand‹ oder Glückseligkeit den wesentlichen und grundlegenden Unterbau von allem, was existiert, darstellt, ist dies die Ursache, daß man in allen Geschöpfen ein angeborenes Verlangen nach Sättigung, Glück und Wonne vorfinden kann. Nicht nur der Mensch, auch die Tiere, die Insekten und wirklich alle erschaffenen Wesen sind, in verschiedener Weise und unterschiedlicher Stärke (Intensität), auf ständiger Suche danach — jedes entsprechend seiner eigenen Natur. Aber die volle Bedeutung oder Bewußtheit davon dämmert erst im Menschen auf, wenn er sich im Zustand des ›samadhi‹ befindet. Es ist ein stufenweiser Prozeß, bei dem man sich von einer Ebene zur anderen erhebt, bis ›jnana‹ und die Glückseligkeit im ›samadhi‹ vereint sind und man diesen wonnevollen Zustand bewußt und klar erfährt. Dieses ist das einzige Ziel des Samadhi Yoga.
Die wesentliche Eigenschaft der Glückseligkeit ist kennzeichnend für die Seele oder den ›atman‹. Es ist der Schleier von ›vigyan‹ oder ›jnana‹, der sich dazwischenlegt und den wonnevollen Zustand überdeckt. Sobald jedoch dieser Schleier entfernt wird und man sich über die höhere Ebene des Verstandes (die Selbstbe-

wußtheit) erhebt, erfährt man das wahre Glück und den wonnevollen See des ›atman‹, der einen von innen und außen zu unermeßlichen Tiefen und unfaßbaren Höhen durchdringt. Die vier ›koshas‹, die dazwischen liegen: ›anna‹, ›pran‹, ›manas‹ und ›vigyan‹, sind nur Haltestellen auf der Reise, um die Yoga-Übung nach und nach zur vollen Blüte zu bringen und das Bewußtsein bei seinem weiteren Abstieg mit Nahrung zu versorgen. Doch wenn es einmal stetig wird und die spirituelle Wonne erfährt, weiß es um die echten und höheren Werte des Lebens und hört auf, sich für die vergänglichen und wesenlosen Freuden der Welt zu interessieren, sondern vertieft sich in die absolute Glückseligkeit und Wonne. Dies ist der Höhepunkt des spirituellen ›sadhan‹ (Übung). Wenn dieser einmal erreicht ist, bleibt nichts weiter zu tun übrig. Das Bedauerliche bei den meisten von uns ist jedoch, daß wir oft ›gyan‹ oder ›jnana‹ für das Ziel allen menschlichen Strebens halten und darum nicht versuchen, diesen Schleier zu durchdringen und darüber hinaus zum Selbstbewußtsein zu gelangen, um von dem wonnevollen Urquell der Seele zu kosten, der dahinter liegt. Indem wir daher weder eine Verbindung mit der Bewußtheit dieser Wonne haben noch einen Vorgeschmack von ihr, werden wir nur dem Namen nach ›vachak gyanis‹ oder ›jnanis‹ und bleiben somit eine ständige Beute grundloser Ängste und depressiver Gemütszustände, bedrängt von Zweifeln und Sorgen, die uns im alltäglichen Leben dieser Welt verfolgen. Darum heißt es ganz richtig:

Ein wirklicher Jnani ist einer,
der sich mit dem Wort verbindet.

Nach alledem ist ›vigyan‹ ein Zustand, der unter ›anand‹ oder der wahren Wonne liegt. Diejenigen, die dem physischen Körper huldigen, bleiben in das Gewebe der ›anna-mai‹-Hülle verstrickt; die sich den Sinnesfreuden hingeben, in das Netzwerk von ›pran-mai‹ und die vom Gemüt Beherrschten, in die ›mano-mai‹-Hülle. So stecken viele der sogenannten ›Jnanis‹ im Sumpf von ›vigyan-mai kosh‹, ohne zu wissen, daß noch eine Stufe darüber liegt, welche von weit größerer Bedeutung ist als als jene. Die vier uns umgebenden Hüllen sind dick und schwer, sie liegen dicht übereinander und bedecken das Kronjuwel vollkommener Glückseligkeit (anand). Der große Juwelier Gott hält ›anand‹ in der innersten und erlesenen Kassette von ›vigyan‹ verborgen, die durch ihren farbenreichen Zauber selbst die sogenannten ›Jnanis‹ an das Körperbewußtsein gebunden hält.

Die Ringer, solche die sich der Körper-Entwicklung widmen, und die ›charvakas‹ oder Epikuräer, die das körperliche Wohlergehen und das Vergnügen als des Lebens Ziel betrachten, gehören zur Klasse der ›anna-mai Jivas‹; sie leben und sterben allein für diese Sache. Als nächstes kommen die Menschen, die etwas mutig, unerschrocken und unternehmungslustig sind. Sie nähren ihre Ideen, Prinzipien und Überzeugungen ebenso wie ihre physische Form und sind immer bereit, für sie einzustehen; zeitweise sogar auf Kosten weltlicher Bequemlichkeiten. Sie gehören zu den ›pran-mai Jivas‹, denn sie werden durch die ›pranas‹ beeinflußt, von denen alles Leben abhängt. Das Wasserelement überwiegt bei ihnen, denn ›prana‹ bedeutet Leben, und Leben kommt vom Wasser. In der *Chandogya Upanishad* heißt es, daß das Wasser und nicht die Nahrung die Quelle des Lebens ist und das Leben vom Wasser abhängt. Menschen mit starken Gefühlsregungen und Empfindungen bleiben ständig und mehr als alle anderen den ›manas‹ verhaftet, da in ihnen das Feuerelement dominiert. Alle Dichter, Schriftsteller, Erfinder und Konstrukteure fallen hierunter und gehören somit zu den ›mano-mai Jivas‹. Ihre ganze Energie wird in Richtung des Gemüts geleitet, und sie sind völlig in Anspruch genommen von dem, was ihr Herz gerade verlangt. Sie sind Märtyrer auf dem Wege des Gemüts. Dann haben wir eine Gruppe von Menschen, die, während sie in vernünftiger Weise ihr körperliches Wohl und auch die Gedanken, Glaubensanschauungen und geistigen Bestrebungen unterhalten, in der Hauptsache dem intellektuellen Denken und Schlußfolgern verschrieben sind, indem sie das Warum und Wofür aller Dinge ergründen wollen. Diese Menschen gehören zur Kategorie der ›vigyan-mai Jivas‹ und werden hauptsächlich durch das Luftelement beherrscht. Die Höchsten in der Skala der menschlichen

Schöpfung sind die ›anand-mai Jivas‹, die der Wonne und dem wahren Glück über alles andere den Vorrang geben, die sich immer auf der Suche danach befinden und nicht ruhen, bis sie es gefunden haben. Sie sind ätherische Wesen und leben im alles durchdringenden Äther, ohne irgendeine Beschränkung. Es ist die subtilste der uns umgebenden Hüllen, oberhalb derer nur noch *Nirvana* liegt — der Zustand immerwährender Glückseligkeit, befreit von allen Umhüllungen, unaussprechlich klar, ein bewußtes Ruhen in der Allwissenheit.

3. Kapitel

DER ASHTANG YOGA UND DER MODERNE MENSCH

Dies ist das ganze Geheimnis des Yogasystems, wie es ursprünglich von *Hiranyagarbha* verkündet und der Welt durch *Gaudapada* und *Patanjali*, die bekannten Philosophen und Denker, erläutert wurde. Auf diesen wenigen Seiten ist der Versuch unternommen worden, einen kurzen Bericht über die Yoga-Philosophie zu geben, wie sie uns aus grauer Vorzeit überliefert wurde und auch heute noch als die Grundlage der uralten Weisheit Indiens betrachtet wird.

Das Yogasystem ist eine Schulung, die der intensiven Meditation in aller Einsamkeit bedarf, verbunden mit körperlichen Übungen und Haltungen zur Kontrolle und Beherrschung des Gemüts und der ›pranas‹. Denn diese müssen in eine Richtung entwickelt werden, die zur Unterwerfung der Sinne hilfreich ist. Es ist als solches für die Reinigung des Körpers und Gemüts gedacht und bereitet den Weg für eine beseligende Schau. Die Hingabe an Gott oder den ›Ishvar‹ spielt bei der Verwirklichung im Yoga eine große Rolle. Der persönliche Gott der Yoga-Philosophie steht im Yogasystem fernab, weil das letzte Ziel mancher Yogis die Trennung des ›atman‹ vom Gemüt und nicht die Einswerdung mit Gott ist. Darum bewegt sich dieses System immer im Bereich des Dualismus. Sein Hauptziel ist die Loslösung des umhüllten ›Jiva‹ aus dem verkörperten Zustand, damit er ›atman‹ wird, befreit aus der Bedingtheit des Gemüts und der Materie. Sowohl der verstandesmäßige Wille als auch das schwankende Gemüt stellen dann ihr Wirken ein, werden ruhig und lassen die Seele frei, auf daß sie in ihrem wahren und ursprünglichen Licht erstrahlt.

Die Yoga-Übungen tragen im allgemeinen Gesundheit, Kraft und Langlebigkeit ein und helfen bis zu einem gewissen Grad, Krankheit, Verfall und frühem Tod zu trotzen. Man kann auch

psychische und übernatürliche Kräfte erwerben, wenn man die Natur und ihre Gesetze beherrscht. Durch die verstärkte Sinneskraft vermag der Yogi in weite Entfernung zu hören und zu sehen, in die Vergangenheit, Gegenwart und Zukunft einzudringen, Gedanken zu übertragen und Wunder zu tun.
Viele Schüler der heutigen Zeit und mehr noch solche mit westlicher Denkweise neigten bei der ersten Begegnung mit Yoga dazu, ihn als etwas abzutun, das nichts weiter als ein sorgfältig ausgearbeitetes Mittel zur Selbsthypnose sei. Eine solche Einstellung ist ganz unwissenschaftlich, wenn sie auch des öfteren unter dem Deckmantel der Wissenschaft zutage tritt. Es ist gewöhnlich nichts als Voreingenommenheit, die aus der Unkenntnis oder einem nur oberflächlichen Wissen über die Sache stammt. Und es ist natürlich, daß wir den Versuch machen, Phänomene, mit denen wir nicht vertraut sind und die unserer gewohnten Denkweise über das Leben Hohn sprechen, dem Bereich des Aberglaubens zuordnen; denn sie zu studieren, zu verstehen, zu prüfen und sie zu akzeptieren, würde Mühe und Beharrlichkeit erfordern, was die meisten von uns nicht aufzubringen vermögen. Es ist nicht unwahrscheinlich, daß bei manchen sogenannten Yogis die Bezeichnung ›Selbsthypnose‹ gerechtfertigt ist. Aber diejenigen, welche den Namen Yogi wirklich verdienen, diese sehr wenigen, die zu bescheiden sind, als daß sie der Öffentlichkeit zu gefallen suchten, haben nichts an sich, was auf einen weltflüchtigen Neurotiker suggestiv wirken könnte. Sie sind sich beständig in bemerkenswert sensitiver Weise des Lebens in all seiner Vielfalt und Verschiedenheit bewußt. Diese Bewußtheit, verbunden mit ihrer Bescheidenheit, läßt alles Reden über Selbsttäuschung als völlig unpassend, ja lächerlich erscheinen. Denn wenn man das Unwandelbare hinter dem Wandelbaren und das Wirkliche hinter der bloßen Erscheinung sucht, kann das mit Sicherheit nicht als Selbsthypnose bezeichnet werden. Viel eher zeigt sich hier ein forschender Geist, der in seiner Ehrlichkeit und Rechtschaffenheit ungewöhnlich ist, der sich mit nichts geringerem als mit der absoluten Wahrheit zufrieden gibt. Und die Haltung des Verzichts, die hierfür erforderlich ist, ist äußerst schwierig. Daher

kommt es, daß im Laufe der Zeit und in dem Maß, wie das Wissen allmählich die Unwissenheit verdrängt, das frühere Philistertum sich immer weniger behaupten kann. Dieser Fortschritt ist nicht zuletzt der Entwicklung der modernen Naturwissenschaften zu verdanken; denn durch die Enthüllung, daß in dieser physischen Welt alles relativ und die Materie nicht eine solche an sich ist, sondern letztlich eine Form der Energie, hat zumindest auf niederer Ebene die Vorstellung von der Welt bestätigt, wie sie das Yogasystem kennt, und ihm eine wissenschaftliche Gültigkeit zubilligt, wo man früher Zweifel hegte.

Man wird jedoch, auch wenn man die Grundlage des ›Ashtang Yoga‹, wie sie von *Patanjali* überliefert ist, anerkennt, zugeben müssen, daß er alles andere als eine leichte Schulung ist. Selbst *Gaudapada* gab zu, daß ihm zu folgen dem Versuch gleicht, das Meer mittels eines Grashalms tropfenweise zu leeren. Als er noch entwickelt wurde, erforderte er schon eine sehr strenge Lebensweise, und die unabänderliche Folge davon war das Ideal der vier ›ashramas‹. Wenn einer etwas Wesentliches erreichen wollte, mußte er von Kindheit an damit beginnen. Die ersten fünfundzwanzig Jahre — ›Brahmacharya‹ — waren für die rechte Entfaltung von Körper und Geist aufzuwenden, indem man physische und geistige Gesundheit anstrebte, die den Unbilden des Lebens zu widerstehen vermochte. Die nächsten fünfundzwanzig Jahre — ›Grehastya‹ — waren einem Leben als Familienvater eingeräumt — als Stütze für die Alten, als Beistand für die Frau und als ein rechter Lehrer für die Kinder. Die Verpflichtungen gegenüber der Gemeinschaft waren erfüllt, der Tod kam näher, und das Leben hatte man bis zur Neige kennengelernt. Man war nun frei, nach seiner inneren Bedeutung zu suchen, und reif, sie zu verstehen. Und so waren die folgenden fünfundzwanzig Jahre in ›Vanprasth‹, der Einsamkeit der Berge und Wälder zu verbringen, bis man durch verschiedene ›sadhans‹ (Übungen) und eifrige Meditation Erleuchtung erlangte. So konnte man zuletzt ein ›Sanyasin‹ genannt werden. Für das letzte Viertel der Jahrhundertspanne sah ein vollkommenes Leben vor, den Mitmenschen auf ihrer Suche nach spiritueller Freiheit behilflich zu sein.

Auch in der alten Zeit war das Ideal der vier ›ashramas‹ kein leichtes. Es ist daher nicht verwunderlich, daß der Yoga nur auf wenige Auserwählte beschränkt war und nicht als Lehrgang propagiert wurde, dem die Allgemeinheit hätte folgen können. Er bestand nur als eine Geheimschule, die die spirituelle Fackel vom Guru an den *Chela* (Schüler) in strenger Folge weitergab. Die modernen Verhältnisse haben seine Verwirklichung in dieser Form ungleich schwieriger, wenn nicht unmöglich gemacht. Da das Leben an sich komplizierter geworden ist und die verschiedenen Berufe sich immer mehr spezialisiert haben, ist es den Menschen nicht mehr möglich, die ersten fünfundzwanzig Jahre ihres Lebens einzig und allein der Entwicklung von Körper und Geist zu widmen, als Vorbereitung für die letzte Suche. Sie müssen sie in Grundschulen, weiterführenden Schulen und Institutionen zubringen, die zum Zweck der Berufsausbildung den größten Teil der Energie in Anspruch nehmen. Man kann auch nicht von dem einen, mitten im Leben stehenden Viertel der immer mehr anwachsenden Bevölkerung erwarten, daß es den Lebensunterhalt für die anderen drei Viertel aufbringt, wie das vielleicht einmal möglich war.

Als ob das noch nicht genug gewesen wäre, hat sich der gründliche achtfache Yoga des *Patanjali* mit der Zeit noch mehr spezialisiert und ist noch komplizierter geworden. Jeder seiner Zweige hat sich bis zu einem Punkt entwickelt, wo man annehmen könnte, er sei für sich schon vollständig. Somit ist es kein Wunder, daß der Mensch, der alle Einzelheiten übt, die vielen ›yamas‹ und ›niyamas‹ und die verschiedenen ›asanas‹ meistert, oder lernt, wie man die pranischen und manischen Kräfte unter Kontrolle bringt, zu der Ansicht kommt, daß sein besonderes Spezialgebiet nicht das ist, wie es *Patanjali* gesehen hat, nämlich eine Sprosse in der Leiter des vollständigen Yoga, sondern der Yoga schlechthin. Ohne Zweifel hat er den einen oder anderen Nutzen von dem, was immer er praktiziert, und nicht selten erwirbt er große psychische und physische Kräfte; aber diese Gaben werden hinsichtlich seines wirklichen Fortschritts ein unbedingtes Hindernis sein und keine Hilfe, da sie seine Aufmerksamkeit vom letzten Ziel ablenken. Nur ganz wenige Menschen, die mit einer seltenen körperlichen Ausdauer, langem Leben und einer außergewöhnlichen Befähigung ausgestattet sind und die das entfernte Ziel nicht vergessen, können in unserer Zeit Patanjalis ›Ashtang Yoga‹ bis zu seinem logischen Schluß, seinem höchsten Ziel verfolgen: der Einswerdung mit Brahman. Für die übrigen bleibt er entweder zu schwierig, um ihn auszuüben, oder eben ein Prozeß, der sie verleitet, irrtümlich die Zwischenstufen für das Letzte, die Mittel für das Ziel zu halten, was die eigentliche Absicht vereitelt.

Wenn Spiritualität einen langsamen Aufstieg über alle Sprossen dieser schwierigen und verwickelten Yogaleiter zur Folge haben muß, hat sie keine andere Wahl, als für die gesamte Menschheit ein verschlossenes Geheimnis zu bleiben. Wenn sie jedoch als freie Gabe der Natur, so wie die Sonne, die Luft und das Wasser zu haben ist, dann muß sie selbst für eine Technik Sorge tragen, die für alle annehmbar ist, für ein Kind genauso wie für einen Erwachsenen, für den Schwachen ebenso wie für die Starken und für den Familienvater so wie für den ›Sanyasin‹. Eine solche Technik geben uns *Kabir* und *Nanak;* wir wollen uns später mit ihr befassen.

Die Yoga-Formen

Da wir nunmehr das Yogasystem im allgemeinen erörtert haben, wie es *Patanjali* erläuterte, wollen wir uns jetzt den verschiedenen Yoga-Formen zuwenden, wie sie sich in der Folgezeit ergeben haben. Die Überlieferung berichtet uns zunächst von vier verschiedenen Arten, nämlich I. Mantra Yoga, II. Hatha Yoga, III. Laya Yoga und IV. Raja Yoga. Die meisten davon stützen sich mehr oder weniger auf *Patanjali* und sind Neuformulierungen seiner grundlegenden Lehren, auf deren einen oder anderen Aspekt sie sich spezialisiert haben. Dadurch läßt sich eine gewisse Wiederholung nicht vermeiden; wir müssen das jedoch in Kauf nehmen, um einen klareren und besseren Überblick zu erhalten.

I. Mantra Yoga
oder der Yoga der Anrufung

*Sie vergessen sogar, daß alle Gottheiten
in des Menschen Brust wohnen.*

William Blake

Der ›Mantra Yoga‹ befaßt sich in der Hauptsache mit dem Erwerb der einen oder anderen materiellen oder geistigen Kraft, indem ständig ein bestimmtes ›mantra‹ oder eine gesprochene Formel wiederholt wird, um damit die führende Kraft oder Gottheit, auf welche sich das jeweilige ›mantra‹ bezieht, anzuziehen und sich diese Kraft, sei sie gut oder übel, entsprechend dem Willen und Wohlgefallen des Ausübenden zunutze zu machen. Einer, der solche Kräfte braucht, um damit Übles zu bewirken und anderen dadurch Schaden zuzufügen, läuft nicht selten Gefahr, selbst das Opfer zu werden, und wird gewöhnlich eine Beute des Zornes dieser Gottheit. Diejenigen, die solche Kräfte für selbstische Zwecke anwenden, um dadurch auf Kosten anderer materiellen Gewinn zu haben, verlieren diese Kraft rasch und richten sich am Ende selbst zugrunde. Diese erworbenen Kräfte können jedoch nutzbringend zum Wohle anderer gebraucht werden, was nicht sehr schaden kann, obwohl jede Handlung dieser Art einen Verlust an Lebensenergie nach sich zieht. Alle Arten von Wunder der niedrigsten Ordnung, wie Gedankenlesen, Gedankenübertragung, Gesundbeten, insbesondere in Fällen von nervösen und geistigen Krankheiten, fallen unter diese Kategorie. Es ist darum viel besser, diese Dinge zu meiden und alle psychischen Kräfte, die man erwirbt, ganz gleich, welcher Art sie sind, zu erhalten. Man sollte sie benützen, um in selbstloser Hingabe wenigstens die niedrigen spirituellen Ebenen und Regionen zu erreichen, die der Sitz der betreffenden Gottheiten sind. Dann werden alle psychischen Kräfte von selbst wirken, ohne daß sie irgendeinen Verlust in Bezug auf den eigenen Fortschritt nach sich ziehen. Man muß jedoch beachten, daß die Wiederholung von ›mantras‹ an sich nicht von Nutzen ist, es sei denn, daß die volle Aufmerksamkeit auf die jeweiligen ›mantras‹ gerichtet wird und dies mit intensiver Hingabe, was besondere Vibrationen auslöst, die damit verbunden sind. Der ›Mantra Yoga‹ an sich hat bei der Selbsterkenntnis keinerlei Wert, und nicht selten bleiben diejenigen, die sich dieser Form des Yoga verschreiben, beständig in das nutzlose Streben der einen oder anderen Art, wie sie oben beschrieben wurde, verstrickt, ohne daß es ihnen für die Erhebung des Selbst oder der Seele Vorteil brächte.

Hinsichtlich der Ausübung von ›mantra siddhis‹ oder übernatürlichen Kräften, die die Meditation über ›mantras‹ bewirkt, gibt uns *Patanjali* in seinen *Yoga Sutras* eine deutliche Warnung:

Sie sind Hindernisse für den Samadhi,
Kräfte nur im weltlichen Leben.

Die Technik des Mantra Yoga

Der ›Mantra Yoga‹ befaßt sich mit der rhythmischen Wiederholung von streng versiegelten — heiligen und geheimen — Formeln, die durch die uralten ›Mantrakaras‹ (Adepten in der Phonetik und in der Kraft der Töne, einschließlich der des Ultraschalls oder der Töne, die jenseits des menschlichen Fassungsbereichs liegen) zusammengestellt wurden. Jede dieser Formeln war dazu gedacht, eine bestimmte Gottheit, die die eine oder andere Naturkraft repräsentiert, für sich zu gewinnen. Man kann den ›Mantra Yoga‹ mit oder ohne Hilfe eines Rosenkranzes aus ›rudraksha‹ oder ›tulsi‹-Perlen üben, wie es die *Shiviten* beziehungsweise die *Vaishnaviten* tun.

›Mantras‹ stellen Vibrationen dar. Das heiligste ›mantra‹ der *Veden* ist das ›gayatri‹. Es ist das ›mool mantra‹ der *Veden* und wird daher als das Bedeutendste angesehen. Man sagt, daß seine Wirksamkeit groß sei, und sein ›japa‹ oder die Wiederholung wurde allen Hindus von frühester Jugend an eingeschärft. Die leichteste und wirksamste jedoch ist die heilige Silbe *Aum*, die das schöpferische Lebensprinzip symbolisiert; und daher beginnen die meisten ›mantras‹ mit dieser heiligen Silbe. Die *Advaitisten*, die die Kraft Gottes allen Formen innewohnen und alles durchdringen sehen, glauben an das ›mantra‹ der Identifikation des ›Atman‹ mit ›Paratman‹: ›Aham Brahm Asmi‹ (Ich bin Brahman) und ›Ayam Atma Brahman‹ (Ich bin Du); sie sind oft verkürzt zu ›Soham‹ oder ›Sohang‹ und ›Hansa‹ oder ›Aham-sah‹, was ›Ich bin Er‹ oder ›Er ist ich‹ bedeutet. Die *Vedantisten* wiederholen ›Om Tat Sat‹ (*Aum* ist die Wahrheit und die Wirklichkeit), und die *Buddhisten* ›Om Mani Padme Hum‹. Als nächste in der Reihe der ›mantras‹ folgen solche, die der einen oder anderen Gottheit geweiht sind, an die man sich verehrend und lobpreisend wendet, um sie zu versöhnen und ihre Segnungen zu erbitten.

Die Wirksamkeit eines ›mantras‹ hängt von der richtigen Aussprache und der rechten Würdigung seiner Bedeutung ab, die oft sehr tiefgründig ist; zudem von der richtigen Einstellung desjenigen, der ›mantra‹ übt und nicht zuletzt von der Kompetenz des Lehrers oder Guru, der nicht nur die Technik beherrscht, sondern auch die im Innersten des ›mantras‹ verborgene Kraft erfolgreich offenbart hat und sie sozusagen als ›parshad‹ oder Gnadengeschenk an seine Schüler weitergeben kann.

Manche ›mantras‹ zeitigen rasche Resultate, andere tragen zu ihrer Zeit Frucht, und bei weiteren hängt dies vom Verdienst des Übenden ab. Einige jedoch sind verboten und daher von übler Art, und sie erweisen sich nicht selten als schädlich.

Wiederum hängt die Wirkung des ›mantras‹ davon ab, wie ›japa‹ ausgeübt wird. Geschieht es im Flüsterton, wird dies für verdienstlicher gehalten als wenn man es laut wiederholt; leise gemurmelt, ist es noch besser; am wertvollsten aber ist die geistige Wiederholung, die Wiederholung mit der Zunge des Gedankens.

Es gibt vielerlei Arten von ›japas‹, entsprechend dem jeweiligen Anlaß, der Jahreszeit sowie der Absicht des Ausübenden. Die ›nitya japas‹ zum Beispiel sind jeden Tag ganz routinemäßig zu üben. ›Namittika‹ sind für gewisse zeremonielle Gelegenheiten gedacht. ›Prayashchitta‹ wird zur Buße geübt, um irgendwelche Fehltritte auf dem Pfad der Rechtschaffenheit zu sühnen. Weiter gibt es ›chala‹ und ›achala japas‹, die zu jeder Zeit, bei allen Anlässen und in jeder Lage geübt werden können. Andere dagegen erfordern besondere Bedingungen hinsichtlich ›asana‹, Ort, Zeit und Ausrichtung, die mit einem regelrechten und komplizierten Ritual verbunden sind, wie Opfern von Blumen, Weihrauch, Wohlgeruch, Lichtschwenken und Glockengeläut, ›havan‹ und ›tarpan‹ (Rituale mit Feuer und Wasser) und mit Reinigungshandlungen.

Um im ›Mantra Yoga‹ Erfolg zu haben, ist es notwendig, daß der ›Sadhak‹ die innere und äußere Reinheit beachtet und gläubige Hingabe, einen beispielhaften Charakter und ein mustergültiges Betragen hat, bevor er irgendeinen Grad der Konzentration und Kontemplation erlangt.

Ähnliche Praktiken gibt es bei den Moslem-Ergebenen, die ›vird‹ üben, eine Wiederholung heiliger Worte wie ›Hu‹, ›Haq‹, ›Analhaq‹ und zu diesem Zweck ein ›Tasbih‹ (Rosenkranz) gebrauchen. Auch die christlichen Mönche zählen die Perlen des Rosenkranzes ab und singen Hymnen und Psalmen.

II. Hatha Yoga

Diese Yoga-Art befaßt sich mit der Kontrolle des Körpers und der körperlichen Betätigungen als Mittel, um das Gemüt zu beruhigen. Er zielt darauf ab, den menschlichen Körper stark zu machen, damit er fähig wird, unter härtesten und schwierigsten Bedingungen zu beharren und durchzuhalten, um gegenüber physischen Krankheiten und Leiden weitmöglichst gefeit zu sein. Aber über einen starken Körper und ein vielleicht hohes Alter hinaus — erreichbar durch die Praxis von ›pranayamas‹ oder ›habs-i-dam‹, wie es die Moslems nennen (Kontrolle und Regulierung des Atems) — ist er allein von keiner großen Hilfe für die Selbstverwirklichung, aber er mag bis zu einem gewissen Grad den Boden bereiten für die höhere spirituelle Schulung, die

dahin führt. Er ist gewissermaßen eine ›Leiter zum Raja Yoga‹. Aber er kann nicht einmal dem Gemüt einen hohen Grad der Beherrschung bringen, wie es jedoch für gewöhnlich angenommen wird. Wenn man ›Hatha Yoga‹ übt, kann man durch bestimmte ›asanas‹, ›mudras‹ und ›bhandas‹ — physische Haltungen und Stellungen — und durch ›pranayama‹-Übungen einige ›siddhis‹ oder psychische Kräfte erwerben. Dieses System schließt auch das Beachten einer Anzahl von Bußübungen und Härten ein, wie Fasten und Nachtwachen, ›maun‹ oder ein Schweigegelübde, das sich über Monate oder Jahre hin erstreckt, ›panch agni tapas‹ (das Sitzen inmitten von vier brennenden Feuern, auf jeder Seite eines und die sengende Sonne von oben), das Stehen auf nur einem Bein, sich mit dem Kopf nach unten hängen usw. Einige christliche Heilige gingen zu großen Extremen über, indem sie nägelbesetzte Tuniken und Hemden aus Roßhaar trugen, sich geißelten und kasteiten, und dies alles in der Nachahmung der Leiden *Christi*. Auch bei den Moslem ›shias‹ finden wir Spuren der Selbstfolterung, als sie sich während der ›Muharram‹-Tage mit an Eisenketten befestigten Messern Brust und Rücken schlugen, in Erinnerung an *Hassan* und *Hussain*, die Enkel des Propheten, die zusammen mit einer Handvoll ihrer Anhänger schreckliche Leiden erdulden mußten, als sie ihren Glauben gegen eine andere Gruppe ihrer Religion, unter *Yazid*, in der brennenden Ebene von Karbla zu verteidigen hatten. Aber alle diese schrecklichen Selbstkasteiungen, wie heroisch sie in sich auch sein mögen, bringen schwerlich irgendeinen spirituellen Nutzen ein. Was nützt es, den Körper zu quälen und zu züchtigen, wenn die Schlange des Gemüts weit unter der Oberfläche in Sicherheit verborgen liegt und weiterhin ganz unversehrt wächst und gedeiht?
Von diesen Formen der Selbstfolterung abgesehen, strebt der eigentliche ›Hatha Yoga‹ danach, den Körper als ein Werkzeug für höhere Yoga-Arten zu vervollkommnen, und mag von daher einigen Wert haben, indem er den Körper gegen Beanspruchung und Anstrengung, die damit verbunden sind, widerstandsfähig macht. Aber selbst die tägliche Praxis der ›Hatha Yoga Kriyas‹ ist eine zu schwere Übung. Oft führt sie zu inneren Komplikatio-

nen, die sich zeitweise als von ernster und unheilbarer Art erweisen und das Leben gefährden.

Diese ›kriyas‹ haben den Zweck, die Arterien und andere Kanäle des Körpers von angehäuften mineralischen Ablagerungen, wie Kreide, Kalk und Salze usw., zu reinigen, da sie das System belasten und eine Grundursache von Krankheit und Verfall sind. Dieser Prozeß der Entgiftung und Verjüngung wird mittels reinigender Übungen bewirkt, die unter der Bezeichnung ›shat karma‹ bekannt sind.

Es handelt sich um:

1) ›Neti karma‹ (Reinigung der Nase): Ein Stück aus dünnem Musselin von etwa 70 cm Länge wird zu einer Schnur zusammengedreht und diese mit Wachs überzogen. Sie wird abwechselnd durch jedes der Nasenlöcher geführt, und nachdem man ein wenig gerieben hat, um die Nase von Schleim usw. zu reinigen, durch den Mund herausgenommen. Dies hilft bei der Heilung von Nasen- und Halskrankheiten. Es hält den Kopf kühl und verbessert die Sicht. Menschen, die unter Nasen- und Augenkrankheiten oder an Säurebildung leiden, können stattdessen ›jala neti‹ üben: Säuberung der Nasenkanäle mit reinem Wasser.

2) ›Dhoti karma‹ (Magenspülung): Ein etwa $6^1/_2$ m langes und etwa $7^1/_2$ cm breites Stück Stoff wird mit lauwarmem Wasser getränkt und leicht ausgewrungen. So ist es stückchenweise mit Hilfe von warmem Wasser zu schlucken, bis noch etwa 60 cm zurückbleiben. Nachdem man es einige Minuten im Magen gelassen und den Leib geschüttelt hat, wird es ganz langsam wieder herausgezogen. Dies befreit den Verdauungskanal von Unreinheiten wie Schleim, Galle und anderen Rückständen und heilt erweiterte Milz und Husten usw. Diese Übung erfordert äußerste Sorgfalt und Aufmerksamkeit, damit sich der Stoff nicht mit den Eingeweiden verwickelt und Komplikationen ernster Art nach sich zieht, die sich als verhängnisvoll erweisen. Sie sollte nicht durchgeführt werden, wenn man an Halsentzündung, Krankheiten der Bronchien, Magenreizung usw. leidet oder Husten hat.

3) ›Basti karma‹ (Reinigung der Eingeweide): Es ist eine Art Klistierspritze, mit der den unteren Eingeweiden durch den Mastdarm Wasser zugeführt wird. Nachdem es einige Zeit eingehalten wurde, wird es seitwärts geschüttelt und wieder herausgelassen. Dies beseitigt Verstopfung und löst innerlich verhärtete Abfallstoffe, die gewöhnlich zurückbleiben. Wenn man dem lauwarmen Wasser etwas Glyzerin beifügt, ist es vorteilhafter. Es wird bei Leiden angewandt, die mit dem männlichen Organ und dem After in Verbindung stehen und heilt Blähungsstörungen, Galle, Lymphe und Krankheiten der Milz und der Leber. Wer täglich ›basti‹ übt, schwächt die zarten Eingeweide und kann eine innerliche Entzündung hervorrufen. Daher ist eine sorgfältige Anleitung notwendig. Man kann sie, wenn nötig, durch Reinigung mit Luft ersetzen, indem man statt Wasser Luft einzieht und anschließend wieder herausläßt.
4) ›Gaja karni‹ oder ›Kunj karma‹: Diese Übung ist auch unter ›Sankha pashala‹ bekannt. Sie besteht darin, daß man den Magen mit Wasser anfüllt, ihn durch die Muskeltätigkeit durchspült und das Wasser durch den Mund wieder herausläßt, wie es der ›Gaja‹ oder Elefant mit dem Rüssel macht. Auf diese Weise werden zwei oder drei Liter warmes Wasser getrunken und, nachdem man das innere System durch kreisförmiges Bewegen der Muskeln gespült hat, wieder ausgebrochen. Diese Übung hilft besonders jenen, die unter Gallenkrankheiten oder Säurebildung leiden.
5) ›Niyoli karma‹ (Schütteln des Leibes): Diese Übung wird ausgeführt, wenn man im ›sidha‹ oder ›padma asana‹ sitzt und die Hände auf die Knie gelegt hat. Der obere Körperteil mit den Eingeweiden wird in rascher Folge von rechts nach links geschüttelt, um so alle Unreinheiten, die dem Körper innen anhaften, zu entfernen. Diese Übung hilft bei Unterleibsleiden gastrischer oder blähender Art, da sie das System von Verdauungsausscheidungen befreit. Sie ist auch bei der Muskelzusammenziehung von Nutzen, was wiederum bei der Yoga-Atmung oder ›pranayama‹ hilfreich ist.

6) ›Tratak karma‹ (Festhalten des Blickes): Dies ist ein ›drishti sadhan‹: er besteht darin, daß der Blick zunächst auf ein äußeres Zentrum geheftet wird und dann allmählich auf innere Zentren zu verlegen ist, wie auf den vorangegangenen Seiten unter ›Yog Vidya und Yog Sadhna‹, Abschnitt »Pranayama«, ausführlich erläutert wurde. Durch diese Übung wird das Schauen stetig, und wenn es nach innen gekehrt ist, beginnt man die Wunder der inneren Welt von ›Trikuti‹ wahrzunehmen, dem höchsten Himmel solcher Yogis.[1]

Außer den oben genannten gibt es noch zwei weitere Übungen:

1) ›Kapal dhoti‹ (rasches Ein- und Ausatmen) zur Reinigung der Lunge. Diese Übung kann leicht den Platz von »neti« einnehmen, sollte jedoch in der Regenzeit und bei Krankheit gemieden werden. Die Atmung sollte rasch, aber nicht hastig vor sich gehen, damit es nicht die Lunge oder das Atmungssystem angreift.

---

[1] *Baba Garib Das* sagt uns, daß die Yogis ›Til‹ als ›Kshar‹, ›Sahasdal Kamal‹ oder ›Sahasrar‹ als ›Akshar‹ und ›Trikuti‹ als ›Nehakshar‹ betrachten. Die Yogishwars gehen einen Schritt weiter und beginnen von ›Sahasrar‹ aus, um dann in ›Daswan Dwar‹ einzudringen. Nach der Heiligen-Terminologie wird ›Kshar‹ als ›Trikuti‹, ›Akshar‹ als ›Daswan Dwar‹ und ›Nehakshar‹ als ›Bhanwar Gupha‹ bezeichnet, und jenseites davon folgt ›Sat Lok‹.
In den Schriften wird ›Akshar‹ das schöpferische Lebensprinzip genannt und es heißt, daß einer, der sein Wesen erkennt und erfaßt, die Befähigung für den Pfad gottwärts hat. ›Akshar Purush‹ ist mit Hilfe von ›Anhad‹ oder dem immerwährenden Tonprinzip für die Erschaffung der astralen und physischen Ebenen unterhalb ›Trikuti‹ verantwortlich. Dies alles ist der Auflösung unterworfen und ist als ›Kshar‹ bekannt, im Gegensatz zu ›Akshar‹, dem unzerstörbaren ›Kutastha‹ und ›Avyakt‹ (was über dem Verfall und der Auflösung liegt). Jenseits von ›Kshar‹ und ›Akshar‹ ist ›Purshothan‹ oder ›Praram Atma‹ (die Überseele — Gott). Vergl. Bhagavad Gita Kap. 12: 3—4 und Kap. 15: 16—17.
Die spirituellen Regionen, die über ›trikuti‹ liegen, existieren durch ›Sat Shabd‹ (›sphota‹ oder die Essenz des Wortes), und Herr dieser Aufteilungen ist ›Nehakshar‹; aber auch er kann die große Auflösung nicht überdauern. ›Sat Lok‹ oder ›Mukam-i-Haq‹ ist der erste große Bereich, der jenseits der Grenze der großen Auflösung liegt und auf ewig derselbe bleibt (Nehakshar Para), und dies ist wahrlich die Heimstatt der Heiligen und ihr Geburtsland.

2) ›Shankh pashali‹: Diese Übung besteht darin, daß man durch den Mund etwas Wasser aufnimmt und es unmittelbar darauf durch den Mastdarm abführt, nachdem man den Leib ein wenig geschüttelt hat. Dies reinigt das ganze Verdauungssystem, indem es alle Rückstände daraus entfernt.

Wenn diese Übungen insgesamt nicht unter Anleitung, Führung und Kontrolle eines Adepten in den Yoga-Sadhans ausgeführt werden, erweisen sie sich öfter als schädlich denn als nützlich und hilfreich. Man muß auch zugeben, daß sie etwas Gekünsteltes und Unnatürliches an sich haben, und es wurde über Vorfälle berichtet, worin sogar Adepten an den Folgen dieser Übungen zu leiden hatten. Darum ist es besser, zu den natürlichen Mitteln der einfachen, gesunden und frischen vegetarischen Ernährung in ihrer natürlichen Form Zuflucht zu nehmen: Milch und Butter, frisches Wasser, regelmäßige, jedoch nicht ermüdende Übungen, tiefes Atmen usw., was alles frei von den Gefahren ist, die durch ›Hatha Yoga-Übungen‹ hervorgerufen werden können.

So sehen wir, daß man im ›Hatha Yoga‹ zunächst den physischen Körper in Ordnung bringen muß und daß dies durch ›Shat karmas‹ oder die sechs einleitenden Praktiken erfolgt, wie sie oben beschrieben wurden. Danach hat man, um diese Yoga-Art erfolgreich durchzuführen und darin etwas zu erreichen, an folgende Übungen heranzugehen:

- a) Gewissenhaftes Beherzigen der ›yamas‹ und ›niyamas‹;
- b) Beachten von ›sanyam‹ oder Mäßigkeit und Zucht auf allen Gebieten des Lebens und besonders in Gedanken, Worten und Taten;
- c) Körperliche Haltung: ›asanas‹, ›mudras‹ und ›bandhas‹;
- d) ›Pranayama‹ oder Kontrolle und Regulierung des Atmungssystems, was alles unter ›Ashtang Yoga‹ erläutert wurde.

Nun wollen wir sehen, was einige Schriftsteller über den Platz, den der ›Hatha Yoga‹ auf dem spirituellen Pfad einnimmt, zu sagen haben: *Shri Yogindra* spricht in der Einführung zu seinem »(Vereinfachten) Hatha Yoga« wie folgt darüber:

Man muß dieses Yogasystem in der weit zurückliegenden Vergangenheit für notwendig gehalten haben, als die ›Erziehung und Heranbildung des Physischen zu einer wesentlichen Form der Schulung und Beherrschung des Mentalen, Moralischen und Psychischen wurde. In diesem Zusammenhang wird und sollte ›Hatha Yoga‹ als methodische Annäherung an das Höchste im Yoga betrachtet werden. Und da er sich vor allem mit dem Physischen, dem menschlichen Körper in Verbindung mit dem Mentalen befaßt, wird er demgemäß auch als physiologischer Yoga oder »Ghatasya Yoga‹ bezeichnet.

Der Autor *Alain Danielou* beschreibt in seinem Buch *Die Methode der Reintegration* das Verfahren des ›Hatha Yoga‹ als Wiederherstellung durch Kraft und Stärke, weil »das Selbst nicht in Reichweite des Schwachen liegt«, und indem er auf das Thema und die Methode eingeht, sagt er:

»Hatha Yoga ist der Name, welcher der Technik und den Übungen gegeben wurde, durch die der Körper und die Lebensenergien unter Kontrolle gebracht werden können. Obwohl nur eines der Mittel des Yoga, dient er als erste Vorbereitung auf dem Weg zur Wiedervervollkommnung und ist für weitere Erkenntnis wesentlich...«

Alle Abhandlungen über Yoga betonen, daß es der alleinige Zweck der Körperübungen des ›Hatha Yoga‹ sei, das physische Hindernis auf dem spirituellen oder königlichen Pfad der Wiedervervollständigung — ›Raja Yoga‹ — zu übersteigen.
›Hatha‹ bedeutet wörtlich ›Willenskraft‹ oder der unbezähmbare Wille, etwas zu tun oder etwas zu erreichen, wie ungewöhnlich es auch immer scheinen mag. Die Bedeutung des Wortes ›Hatha‹ erklärt Danielou aus dem *Goraksha Samhita*:

Die Silbe ›Ha‹ repräsentiert die Sonne und die Silbe ›Tha‹ den Mond. Die Verbindung (Yoga) von Sonne und Mond ist darum ›Hatha Yoga‹.

Die kosmischen Prinzipien, die sich in der planetarischen Welt als Sonne und Mond offenbaren, kann man in jedem lebenden Wesen vorfinden. Im Menschen erscheinen sie hauptsächlich in zwei Formen; die eine im feinstofflichen Körper und die andere im grobstofflichen. Im feinstofflichen Körper treten sie als zwei Kanäle zutage, die sich zusammen mit unserem Wahrnehmungsvermögen zwischen dem feinstofflichen Zentrum am Ende des Rückgrats und dem Stirnzentrum bewegen. Sie werden ›Ida‹ und ›Pingala‹ genannt. Der eine entspricht dem kalten Aspekt des Mondes und der andere dem warmen der Sonne.
Im grobstofflichen Körper entsprechen das solare und das lunare Prinzip der Atmung, den kühlen, und der Verdauung, den warmen Lebensenergien und werden ›prana‹ und ›apana‹ genannt. Durch Gleichschaltung dieser beiden wirksamsten Lebensimpulse erreicht der Yogi sein Ziel. Im Hinblick auf die Atmung wird die kalte Luft, die man einatmet, ›prana vayu‹ genannt, während die warme, die man ausatmet, als ›apana vayu‹ bezeichnet wird.

Der ›Hatha Yoga‹ hat gewisse, nicht zu leugnende Vorteile, von denen viele bereits in den vorangegangenen Kapiteln beschrieben wurden, als ›asanas‹, ›pranayama‹ oder ›pratyahara‹ zur Sprache kamen. Er stellt die Grundlage eines gesunden Lebens dar und setzt einen in die Lage, durch das Ausscheiden der sich im Körper befindlichen giftigen und unreinen Stoffe vielen physischen Anforderungen standzuhalten. Zu einem Yogi kommt der Tod nicht als das qualvolle Ende eines langen Verfallsprozesses, sondern so, wie das Blatt oder die reife Frucht vom herbstlichen Baum fällt — eine Trennung, die auf natürliche Weise durch die innere Reife bewirkt wird. Das Erlangen der Kontrolle über verschiedene physische Funktionen bringt auch eine gewisse geistige Kontrolle mit sich, denn eine strenge Körperzucht ist nicht möglich ohne gleichzeitige Willensschulung; die Entwicklung des einen führt auch die des anderen herbei.
Nichtsdestoweniger sind auch die physischen und psychischen

Kräfte, die der ›Hatha Yoga‹ dem erfolgreichen ›Sadhak‹ sichert, nicht ohne Fallstricke und Gefahren. Anstatt sie für den weiteren spirituellen Fortschritt strikt verborgen zu halten, oder sie nur für höchst humanitäre Zwecke zu gebrauchen, werden sie nicht selten dazu mißbraucht, um öffentlichen Beifall und Reichtum zu erlangen. So ist es nicht weiter verwunderlich, daß der gewöhnliche Mensch diesen Yoga mit Personen in Verbindung bringt, die auf glühenden Kohlen gehen, Glasscherben oder Metall schlucken, Schlangenköpfe und Nagetiere essen, fahrende Autos anhalten oder sich von einem Lastwagen überfahren und von Elefanten überrennen lassen. Der ernstgesinnte Yogaschüler, der einen solchen Mißbrauch der Kräfte beobachtet, wird seine Übungen ausschließlich als Sprungbrett zum ›Raja Yoga‹ gebrauchen oder sie gänzlich unterlassen als nur eine weitere Ablenkung vom Ziel, als ein anderes Mittel, um das Ego aufzublähen, das eigentlich bezwungen werden sollte. *Huston Smith* hat dieses Thema in *Die Religionen des Menschen* zusammengefaßt:

»Manche Menschen sind hauptsächlich an der Ausrichtung und Auswertung ihres Körpers interessiert. Unnötig zu sagen, daß es in Indien das gleiche gibt — Menschen, deren Hauptinteresse der Bemeisterung ihres Körpers gilt. Wo der Westen Stärke und Schönheit gesucht hat, war Indien an der Genauigkeit und Beherrschung interessiert, einer idealen und vollkommenen Beherrschung des Körpers und jeder seiner Funktionen ... *Julian Huxley* hat vorsichtig zu sagen gewagt, daß Indien einiges von dem entdeckt zu haben scheint, wozu der Körper gebraucht werden kann und wovon der Westen überhaupt keine Ahnung hat. Dieses umfassende Lehrsystem schließt einen authentischen Yoga ein, den ›Hatha Yoga‹. Ursprünglich wurde er als Einleitung für den spirituellen Yoga ausgeübt. Aber da er diesen Zusammenhang heute größtenteils eingebüßt hat, brauchen wir uns an dieser Stelle nicht damit zu befassen. Das Urteil der *Hindu-Weisen* darüber mag auch das unsere sein: Unglaubliches kann mit dem Körper vollbracht werden, falls du daran interessiert und willens bist, daran dein Leben zu setzen. Aber diese Dinge haben kaum etwas mit Erleuchtung zu tun. In Wirklichkeit nähren sie den Wunsch, sich zu brüsten. Ihre Beherrschung trägt zum Stolz bei und ist darum dem spirituellen Fortschritt schädlich.

III. Laya Yoga

Es ist der Yoga der Vertiefung oder der Verschmelzung. ›Laya‹ bedeutet wörtlich, sich an eine überwältigende Idee oder eine vorherrschende Leidenschaft zu verlieren. Durch tiefe anhaltende Versenkung mittels Konzentration kommt man allmählich in ein Stadium, in dem man alles andere vergißt, einschließlich des körperlichen Ich, und man hat nur noch einen vorherrschenden Gedanken in sich — das Ziel der Verwirklichung, das vor einem liegt. Diese Besessenheit gibt es für alle möglichen Dinge — für weltlichen Gewinn, Macht und Geld, Name und Ruhm, oder auch, um ›riddhis‹ und ›siddhis‹ zu erwerben, vor allem aber, um die letzte Wirklichkeit, die wir Gott nennen, zu erreichen. Dies sind verschiedene Formen und Stufen des ›Laya Yoga‹ und die höchsten sind natürlich Versenkung und Kontemplation über Gott. Die Vorstellung der Yogis in dieser Hinsicht ist das Astrallicht, das sie mittels der ›mudras‹ oder geschlossenen Haltungen erreichen, von denen viele in den vorangegangenen Kapiteln beschrieben wurden; denn ›Laya Yoga‹ stimmt direkt mit *Patanjalis* Ansicht über ›dhyan‹ überein. Die höchste Form der Kontemplation im ›Laya Yoga‹ bringt einen über das Körperbewußtsein und führt zum göttlichen Grund der menschlichen Seele, zu ›Sahasrar‹, der Zentralstelle der feinstofflichen Region im tausendblättrigen Lotos, die in pyramidenförmiger Anordnung voller Lichter ist. Alles zu vergessen außer dem Gegenstand fortgesetzter Meditation ist der Schlüssel zum Erfolg bei dieser Yoga-Art. Es ist das natürliche Resultat von ›pratyahara‹ und ›dharna‹, die zu ›dhyan‹ führen und in Verbindung miteinander die Grundlage für den ›Laya Yoga‹ bilden.

Die Yogis glauben an die doppelten Prinzipien von ›purush‹ und ›prakriti‹, das positive Männliche und das negative Weibliche im Menschen wie auch in der Natur. Im Menschen liegt diese Naturkraft zusammengerollt im ›Wurzelzentrum‹ des Körpers, und um sie zu aktivieren, werden ›asanas‹ und ›pranayamas‹ ausgeübt, wodurch sie zum Hauptkanal — ›sukhman‹ — geleitet wird, bis sie das höchste Zentrum — den ›purush‹ in ›sahasrar‹ — erreicht und mit ihm eins wird. Daher wird diese Übung ›Yoga der Verschmelzung‹ genannt. Um im ›Laya Yoga‹ Erfolg zu haben, muß man auf das Licht der verschiedenen Elemente bauen, die in den ›chakras‹ oder Zentren in ›pind‹ oder dem physischen Körper vorherrschen. Da diese Reise zur Verschmelzung des Geistes in ›chid akash‹ nicht ohne Gefahren ist, wird es als notwendig erachtet, sie unter strenger Führung eines Adepten auf dem Gebiet zu unternehmen.

Der ›Laya Yoga‹ unterscheidet sich von den anderen Yoga-Arten wesentlich, da diese in der Hauptsache, durch Konzentration und Kontemplation, sich positiv einem festgelegten Ziel annähern. Beim ›Laya Yoga‹ ist diese Annäherung negativer Art. Statt das Gemüt zu beherrschen, wie es die Yogasysteme gemeinhin machen, konzentriert sich dieses System auf die Kontrolle der Lebensenergie ›Kundalini‹, welche latent im Verborgenen liegt; und vielleicht wird er darum als ›Laya Yoga‹ bezeichnet, weil er sich mit Verborgenem befaßt.

IV. Raja Yoga

Wie der Name schon sagt, bedeutet es ›der königliche Weg zur Vervollkommnung‹ — der Vervollkommnung der Seele, die sich gegenwärtig in einem Zustand der Aufspaltung und Zerteilung befindet, denn sie hat durch den zerstreuenden Einfluß des Gemüts, das durch so viele nach außen gehende Kanäle fließt, ihren inneren Halt verloren. Dieser Weg bietet eine wissenschaftliche Annäherung an Gott und ist bestens geeignet für wissenschaftlich denkende Menschen, die sowohl in der äußeren Welt wie auf dem inneren Weg wissenschaftlich vorgehen. Der ›Raja Yoga‹ beruht auf der Annahme, daß das wahre Selbst im Menschen ganz anders und viel wunderbarer ist als man gewöhnlich annimmt und als es im alltäglichen Leben erscheint, nämlich Begrenzungen unterworfen, die es von allen Seiten bedrücken und belasten, so daß es unter den Anforderungen praktischer Zwecke ein begrenztes Element zu sein scheint und nicht, was es tatsächlich ist, die unbegrenzte Wirklichkeit.

Wiederum muß man die Experimente, die der ›Raja Yoga‹ einschließt, an sich selbst ausführen, ungleich jenen anderen Wissenschaften, bei denen der ganze Vorgang ein Experiment mit der äußeren Natur ist. Von einem Raja Yogi wird nicht erwartet, daß er etwas für selbstverständlich hält oder blindlings eine Autorität annimmt, sei es schriftlich oder anders. Er verfolgt im Wesentlichen einen Pfad der Selbsterfahrung im Laboratorium des Gemüts und er kommt langsam, aber Schritt für Schritt vorwärts und hält nicht an, bis das Ziel erreicht ist.

Nach dem ›Raja Yoga‹ ist der Mensch ein »überdecktes Wesen«, der in viele übereinanderliegende Hüllen gekleidet ist, in den Körper, körperliche Gewohnheiten, angeborene und erworbene Lebensformen, Sinne und Sinneshörigkeit, Lebensenergien, in ein ruheloses Gemüt mit unzähligen mentalen Vibrationen, den immer aktiven Willen, Ichbezogenheit usw., die alle Umhüllungen und Schleier bilden und den ›atman‹ bedecken. In ihrem Innern liegt unter der Erscheinungsform der Persönlichkeit das Kronjuwel des Selbst, das Ewige im Menschen. So besteht die vollkommene Befreiung (mukti) in der gänzlichen Loslösung von all den zahllosen begrenzenden Vorgängen, die das unbegrenzte Meer des schöpferischen Lebensprinzips umgeben, um alle Macht, alles Leben, alle Weisheit, alle Freude, alle Glückseligkeit und alles andere in Fülle zu erlangen. Mit anderen Worten bedeutet es die Entpersönlichung der Seele, indem man die Persönlichkeit oder die Maske, die der Schauspieler trägt, wenn er auf die Bühne kommt, um seine Rolle zu spielen, buchstäblich herunterreißt. Die Arbeit des Raja Yogi ist es, die Wirklichkeit, die in ihm liegt, zu demaskieren, indem die unzähligen Masken oder falschen Identifikationen entfernt werden. Dadurch wird das große »Selbst« von den Hüllen, die es umgeben und behindern, befreit. Der ›Ashtang Yoga‹ oder der achtfältige Pfad des *Patanjali* führt zu dem, was gemeinhin als ›Raja Yoga‹ bekannt ist. Er ist die Leiter, über die man ›Nirbij samadhi, Unmani, Sahaj-awastha oder Turiya Pad‹ erreicht, was die Krone aller Yogasysteme bildet und der Höhepunkt der Yoga-Kunst ist. Er befaßt sich mit der Schulung des Gemüts und der physischen Kräfte, und dies in einem Maße, daß Erleuchtung erlangt wird, wobei man alles in seinem wahren Licht erkennt und man in voller Ausgeglichenheit einen Zustand von wacher Trance erfährt. Die Seele ist dabei unerschütterlich an ihrem Zentrum ›Sam‹ verankert, wenn es auch so scheint, als ob er wie die übrigen Menschen in die weltlichen Dinge vertieft sei. Dieser Zustand ist der Gipfel aller Bemühungen und Übungen des Yogi. Wenn er diesen einmal erreicht hat, ist er, selbst wenn er noch in der Welt lebt, dennoch nicht mehr von der Welt. Auf diese Weise kam es, daß *Raj Rishi Janaka* und *Lord Krishna*, der Herr der Yogis, in der Welt lebten und sich stets mit den weltlichen Dingen befaßten und das Rad der Welt in ihren Händen in beständiger Bewegung hielten, doch mit einem stillen Zentrum, das in der göttlichen Ebene ruhte. Alle ihre Handlungen waren durch Tätigsein im Nichttätigsein gekennzeichnet. Das ist der Höhepunkt im Yogasystem, ein Zustand, in dem die Sinne, das Gemüt und der Intellekt zum Stillstand kommen. In der *Katha Upanishad* ist darüber gesagt:

Wenn alle Sinne ruhig sind und das Gemüt stetig ist,
wenn der Intellekt sich nicht bewegt — das, sagt der
Weise, ist der höchste Zustand —
Kaivalya Pad (der Zustand höchster Verwirklichung).

Er strebt nach ›samadhi‹ (die letzte Stufe in *Patanjalis* Yogasystem), wobei das Individuum als solches aufgehoben wird und in sich die unbegrenzte und unverkörperte, schrankenlose und freie Ganzheit erfährt, die gleich dem Äther alles durchdringt. Man sieht alle Dinge im Aspekt der Ewigkeit.

Ein paar Worte über ›samadhi‹ sollen hier nicht fehlen. Der ›samadhi‹ kann sowohl bewußt wie auch überbewußt sein. In dem einen bleibt sich der Geist der Dinge bewußt, während sich im anderen eine innere Ruhe zeigt, in der man die Dinge sieht, wie sie wirklich sind, und blitzartig wirkliche Einsicht in sie bekommt. Es ist ein Schauen mit der Seele (oder dem inneren geistigen Auge), wenn unsere körperlichen Augen geschlossen sind. Dies ist unmittelbares und direktes Wissen, zum Unterschied vom mittelbaren Wissen, welches durch das Medium der rauchgeschwärzten Gläser der Sinne, des Gemüts und des Verstandes gewonnen wird. Es ist ein Zustand »völligen Schweigens«, der weit über dem betäubenden Gewühl der äußeren Welt liegt. Es ist ein mystischer Zustand, in welchem ›chit‹, ›manas‹, ›buddhi‹ und ‹ahankar› ihre Funktionen eingestellt haben und das losgelöste und entpersönlichte ›Selbst‹ allein in seinem eigenen Glanz erstrahlt. Über diesen Zustand sagt uns *Vyasa:* »Yoga kann am besten durch Yoga erkannt werden, denn Yoga wird durch Yoga offenbar.« (Yoga Bhasya 111—6)

Die heiligste Silbe bei den Raja Yogis ist *Aum.* Die *Mandukya Upanishad* enthält einen ausführlichen Bericht über dieses Wort. Es ist dasselbe wie das heilige Wort des Johannes-Evangeliums. Es ist das ›Kalma‹ oder ›Bang-i-Qadim‹ der Moslems, ›Akash Bani‹ oder ›Vak Devi‹ der alten *Rishis,* ›Udgit‹ oder ›Naad‹ der *Upanishaden,* ›Sarosha‹ des Zoroaster und ›Naam‹ oder ›Shabd‹ der Meister. Die Welt und die *Veden* stammen von dieser Silbe *Aum* ab. In der *Bhagavad Gita* heißt es: »Der Brahmane, der *Aum* wiederholt und darüber sinnt, wandelt, den Körper verlassend, auf der höchsten Bahn.« *Lord Krishna* sagt von sich: »Ich bin ›Omkar‹, ich bin ›Pranva‹ in all den *Veden;* in der Rede bin ich ›Ek-Ashra‹ (die eine Silbe).« In den *Upanishaden* lesen wir: »*Aum* ist der Bogen und der Geist ist der Pfeil; *Brahman* ist das Ziel. Erkennt das *Brahman* durch Konzentration, erreicht das Ziel durch ungeteilte Schau (Ekagrata) und werdet dann wie der Pfeil, eins mit dem Ziel — die individuelle Seele wird sich mit *Brahman* eins wissen.«

Eine einzige Vibration in ›Brahman‹ — Eko Aham Bahusiam —

verursachte alle ›Lokas‹ und schuf alle Ebenen, die spirituellen, kausalen, astralen und physischen mit ihren zahllosen Aufteilungen und Unterteilungen. Die physischen Vibrationen im Menschen stehen im Einklang mit der Urvibration, die zur Projektion der ›Srishti‹ führte oder dem Universum samt seinen Trinitäten wie ›Brahma, Vishnu und Shiva‹; ›Satva‹, ›Rajas‹ und ›Tamas‹; ›jagrat, swapan und sushupti‹, die alle in ›Aum‹, dem Herrn der drei Welten, enthalten sind.

›Yama‹, der Todesgott, erklärte *Nachiketa:* »Vom Ziel, das alle *Veden* uns verkünden, das zu erreichen, sich die Menschen Bußen und Opferdienste auferlegen und ein Leben der Enthaltsamkeit (tapas), von diesem will ich kurz dir sprechen. Es ist ›Aum‹.«

So bedeutet auch der Begriff ›pranva‹ etwas, das ewig, immer neu, unwandelbar und beständig ist (kutastha nitya) wie das Verhältnis zwischen ›Shabd‹ und seiner Bedeutung — im Gegensatz zu ›parinama nitya‹, das sich immer wandelt.

Durch obiges ersehen wir, daß jede der vier klassischen Yoga-Formen nur ein Bestandteil des Yogasystems in seiner Ganzheit ist, wie es von *Patanjali* kundgetan wurde, doch mit besonderer Betonung des einen oder anderen Aspekts und wir sehen, daß diese eine fortschreitende Entwicklung zeigen, vom ›Mantra siddhi‹ zum ›Raja Yoga‹, wobei jeder Schritt den Weg zur nächsthöheren Stufe auf dem Yogapfad bahnt.

Um den Yoga gangbarer zu machen, wurden in späteren Zeiten für verschiedene Menschentypen, dem individuellen Temperament und der beruflichen Tätigkeit entsprechend, unterschiedliche Formen geschaffen. Während sich Personen, die sehr intellektuell waren und alles durchdachten, häufig dem ›Jnana Yoga‹ oder dem ›Yoga des Wissens‹ zuwandten, wurden mehr gefühlsbetonte Menschen von ›Bhakti Yoga‹ oder dem ›Yoga der Hingabe‹ angezogen, der in ergebungsvollen Übungen, wie dem Singen von Hymnen und Psalmen (so wie es Prinzessin *Mira* und *Chaitanya Mahaprabhu* taten) besteht. Wiederum waren jene, die sich hauptsächlich mit äußeren weltlichen Tätigkeiten befaßten, am besten für ›Karma Yoga‹ oder den ›Yoga des Handelns‹ geeignet, der aus Härten und Bußen, Fasten und Nachtwachen, Ableisten von ›yajnas‹ und anderen wohltätigen Werken besteht, und aus verdienstvollen Taten, wie Wallfahrten zu heiligen Orten, Lesen der Schriften usw., und vor allem dem Pfad des selbstlosen Dienstes. Auf diese Weise entstanden drei Arten des ›Volkstümlichen Yoga‹, nämlich der des Kopfes, der des Herzens und der der Hand — ›Jnana Yoga‹, ›Bhakti Yoga‹ und ›Karma Yoga‹. Diese Yogas finden ihre erste klare und unzweideutige Darlegung in der *Bhagavad Gita;* und *Lord Krishna* steht mit ihnen auf gleiche Weise in Verbindung wie *Patanjali* mit den vier traditionellen Arten.

Es muß jedoch gesagt werden, daß man diese drei Yoga-Arten nicht in enge und abgegrenzte Klassen aufteilen kann. Keine von ihnen kann nur für sich selbst und unter völliger Ausschließung des anderen ausgeübt werden. Sie weisen lediglich auf die vorherrschenden und angeborenen Charakterzüge im Wesen eines Strebenden hin. Bloßes theoretisches Wissen über Yoga, ohne Hingabe und Handeln, gleicht einem Baum, der des Laubes und der Früchte beraubt und somit gerade gut genug für des Holzfällers Axt ist. Wiederum ist Hingabe an sich bedeutungslos, wenn man die Sache nicht verstandesmäßig begriffen und eine tatsächliche Erfahrung von ihr hat und tätig danach strebt. Die Handlungen an sich, seien sie gut oder schlecht, ohne Hingabe und Kenntnis, halten einen in beständiger Gebundenheit gleich Fesseln aus Gold oder aus Eisen, wie der Fall gerade liegt, denn beiden wohnt dieselbe bindende Kraft und Wirkung inne. Diese Welt ist ein ›Karma Kshetra‹ oder ein Bereich des Handelns, und alles Tun auf der Sinnesebene ohne das unterscheidende Wissen und die liebevolle Hingabe, trägt Frucht, die der Handelnde, ob er will oder nicht, notgedrungen ernten muß. Nur solche Handlungen, denen man nicht verhaftet ist und die ohne den Wunsch nach den Früchten ausgeführt werden, können Befreiung bringen. Darum muß man in diesem ›Karma Bhoomi‹ ein ›Neh Karma‹ werden, damit man dem Rad der karmischen Knechtschaft entgeht. Das karmische Gesetz ist hart und unerbittlich, und deswegen sollte man nicht unnötig endlose ›Karmas‹ anhäufen, weil man dadurch ständig gebunden bleibt.

*Nur der ist frei von der bindenden Wirkung der Karmas,
der sich mit dem heiligen Wort verbindet.*

Guru Amar Das

So ist das Yogasystem seinem Wesen nach ein vollständiges Ganzes und kann nicht in künstliche Sparten aufgeteilt werden. In der *Bhagavad Gita* oder dem Hohen Lied, das im überragenden Maße ein ›Yoga Sutra‹ ist, gibt *Lord Krishna*, der Herr der Yogis, dem *Kshatriya*-Prinzen *Arjuna* eine klare Darstellung der verschiedenen Yoga-Arten, um ihm die Bedeutung des ›Swadharm‹ oder des Pfades vom Dienen klarzumachen, und dies von verschiedenen Standpunkten aus gesehen; denn Arbeit ist im wahren Sinne des Wortes nichts anderes als Gottesdienst, wenn man sie als solchen verrichtet und man frei ist von der Bindung an den Lohn dafür.

V. Jnana Yoga oder der Yoga des Wissens
(Rechte Unterscheidung)

Der Pfad des ›Jnana Yoga‹ ist für diejenigen geeignet, die mit einem starken Verstand oder geistigen Fassungsvermögen ausgestattet sind, eine sehr klare Einsicht haben und fähig sind, in das Warum oder Wofür der Dinge einzudringen, um zum Kern der Wirklichkeit zu gelangen. Es bedeutet rechte Unterscheidung und Erkenntnis, das Allerwichtigste auf dem Pfad der Rechtschaffenheit, wie er durch *Buddha* verkündet wurde. Versteht man die wirklichen Werte des Lebens, läuft auch alles andere in der rechten Richtung, denn ohne die richtige und genaue Kenntnis der Wahrheit gehen alle Bestrebungen trotz bester Absicht schief und bringen uns früher oder später in Schwierigkeiten.

Die Bedeutung des wahren Wissens wird tatsächlich in allen Aspekten des Yoga-Lebens empfunden, sei es nun ›Karma Yoga‹ oder ›Bhakti Yoga‹. Im ›Karma Yoga‹ erfährt und erkennt man, daß man ein Recht zum Handeln und Wirken hat, nicht so jedoch auf die Früchte, die sich daraus ergeben. Da man nicht umhin kann, zu wirken, sollte es im Geist der Pflichterfüllung getan werden, dem Herrn geweiht und den Geist auf Ihn gerichtet. Wenn man darauf verzichtet, an den Früchten zu haften, gelangt man zu innerer Ausgeglichenheit; und in der Stille der Selbsthingabe liegt der wahre Yoga der Kontemplation, ein vollkommener Frieden, der aus der völligen Hingabe des eigenen Lebens an Gott geboren wird.

Auch im ›Bhakti Yoga‹ muß der ›Bhakta‹ oder Ergebene zunächst die wahre Bedeutung von ›Bhakti‹, der Hingabe an den Herrn, verstehen, dann die richtige Perspektive zu bekommen, die es ihm ermöglicht, das Licht seines ›Isht-Deva‹ nicht nur in den menschlichen Wesen zu sehen, sondern in allen Lebensformen.

Kurzum, der Pfad des ›Jnana Yoga‹ legt Nachdruck auf das wirkliche Erkennen der innersten Wirklichkeit oder der wahren Natur des ›atman‹. Die Betrachtung des Selbst ist der Grundton eines wahren ›Jnani‹, der durch die Ausübung genauer Unterscheidung das anscheinend riesige kleine Selbst (den äußeren Menschen) vom kleinen großen Selbst im Innern (den inneren Menschen) zu trennen sucht; denn das kleine äußere Selbst ist der Feind des großen inneren Selbst, aber dieses kleine Selbst wird, wenn es richtig geschult ist, zum Freund des großen Selbst. Ziel dieses Yoga ist, das Dunkel der Unwissenheit durch die Fackel der Erkenntnis zu vertreiben. Es ist der Pfad des genauen Analysierens, und um ihn erfolgreich gehen zu können, muß man an dreierlei Dingen eifrig festhalten:

1) ›Shrawan‹ oder Hören — aus den Schriften, philosophische Vorträge, und vor allem von den lebenden Lehrern der Spiritualität mit Ersthand-Erfahrung von der Wirklichkeit, die ihren Lebensimpuls auf diejenigen übertragen können, die mit ihnen in Verbindung kommen; denn nur in Gemeinschaft mit einer wahrhaft erwachten Seele, kann man aus dem langen Schlaf erwachen.

2) ›Manan‹ oder Denken — es besteht in der intensiven und gedankenvollen Kontemplation über das, was man gehört und verstanden hat, um das Abstrakte konkret und greifbar zu machen und sich vom Pulsschlag des von einem Augenblick

zum anderen bestehenden Lebens verstandesmäßige Begriffe zu machen, indem man genaue Unterscheidung walten läßt und auf Schritt und Tritt das Wahre vom Falschen sondert. Es gipfelt darin, die Seele aus der Schlinge des Egoismus mit allen einem zu Gebote stehenden Mitteln zu befreien. Diese Übung gleicht dem Kirnen der Butter aus der Buttermilch.

3) ›Nidhyasan‹ oder Praxis — sie besteht darin, daß man das Zentrum der Schwerkraft vom vergänglichen, sich wandelnden Selbst, ein für allemal auf das stetige und immerwährende Selbst verlegt; vom Umkreis zum Mittelpunkt des Seins. Dies bringt nach und nach die Loslösung von den Gegensätzen, wie Reichtum und Armut, Gesundheit und Krankheit, Ruhm und Schmach, Freude und Leid, Stolz und Vorurteil, wovon alle im gewöhnlichen Lebensablauf berührt werden.

Der Pfad des ›Jnana Yoga‹ ist eine Abkürzung des Yogaweges, aber er ist ungeheuer steil, und nur sehr wenige können ihn gehen. Er erfordert die seltene Kombination eines messerscharfen Verstandes und eines starken spirituellen Verlangens, das nur ein paar wenige wie *Buddha* und *Shankara*, besitzen.

Der Pfad wird jedoch geebnet, wenn jemand durch ein besonders gutes Schicksal einer Meisterseele begegnet. Ein *Sant Satguru* kann mit seinem langen und starken Arm den Strebenden aus dem grundlosen Wirbel des Sinneslebens herausziehen, ohne daß sich dieser zu viel dem ›sadhan‹ hingeben muß.

VI. Bhakti Yoga oder der Yoga liebender Hingabe

Wer sich mit reinem Herzen mir ergibt und
Tag und Nacht sich meinem Dienste weiht,
den werd' ich sicher aus der Sturmflut heben.
Im Wogenschall des Lebensmeeres soll er
nicht versinken; denn ich errette ihn.

Bhagavad Gita

Es ist ein Yoga der Verehrung mit liebevollem und lebendigem Glauben, der unbeschränkt und unerschütterlich in dem ›Ishtdeva‹ oder den Gegenstand der ehrerbietigen Verehrung gefestigt ist. Es ist ein sehr populärer Weg und bestens geeignet für jene, die ein gefühlsbetontes Gemüt haben. Selbstlose Hingabe ist der Schlüssel zum Erfolg auf diesem Pfad. Ein ›Bhakta‹ oder Ergebener erfreut sich an berückenden Weisen und singt ständig Hymnen zum Ruhme des Herrn, ohne je dabei zu ermüden. Er unterscheidet sich von einem ›Jnani‹ sowohl im Hinblick auf seine Lebensanschauung wie auch hinsichtlich seiner Annäherung an Gott; denn statt das wahre Selbst zu suchen, das ebensogut ›Brahman‹ ist, stellt er zwischen sich und seinem Gott einen Dualismus auf und verehrt Ihn als getrenntes und höchstes Wesen. Dieser Dualismus braucht aber nicht notwendigerweise endgültig zu sein, denn der ›Bhakta‹ weiß um das Geheimnis, daß man zu dem wird, was man verehrt.

Der Kult des ›Bhakti‹ nimmt einen bedeutenden Platz in der Yogaschulung ein. Dem ›Jnani‹ gibt er eine wesentliche Stütze in Form der Hingabe an die Sache — der Sache der Selbsterkenntnis. Dem ›Karma Yogi‹ offenbart er sich in Form des Wirkens und gelangt zur Blüte in den Werken der liebevollen Ergebenheit für das allgemeine Wohl aller Geschöpfe, denn sie sind Gottes Schöpfung.

Der Pfad des ›Bhakti‹ ist durch drei hervorstechende Kennzeichen bestimmt: durch ›Japa‹, ›Prem‹ und die symbolische Darstellung des Gegenstandes der Verehrung.

1) ›Japa‹ — es bedeutet die beständige Erinnerung und Wiederholung von Gottes Namen; zu Beginn mündlich mittels der Zunge und später geistig. Alle Ergebenen üben diese Praxis aus, ungeachtet ihrer Religionszugehörigkeit. Die Ausübung des Perlen-Zählens ist auf der Welt weitverbreitet. Die Hindus nennen es ›Mala‹, die Christen ›Rosenkranz‹ und die Moslems ›Tasbih‹. Wenn dies nicht mit Hingabe und Konzentration ausgeführt wird, ist der Zweck verfehlt, da es der Gefahr unterliegt, rein mechanisch zu werden. In manchen Ländern ist diese ganze Praxis zum bloßen Rotieren eines Rades

geworden, in das die verschiedenen Gebete eingeschrieben wurden. Nur die Hand ist dabei in Bewegung, der Geist jedoch, anstatt auf Gott gerichtet zu sein, unterhält weiterhin weltliche Gedanken.

2) ›Prem bhava‹ — oder die liebevolle Einstellung nimmt beim ›Bhakta‹ zahlreiche Formen an. Manchmal nimmt sie die Rolle eines Kindes an und hält sich an Gott, wie man es bei einem Vater oder einer Mutter tut, und ein anderes Mal wird es ganz anders gehalten und unterhält sich mit Ihm wie mit einem Kind. Zuzeiten nimmt sie die Haltung eines Freundes oder eines Kameraden (sakha-bhava) an, oder eines Liebhabers, der sich nach dem geliebten Partner sehnt, eines seinem Meister ergebenen Dieners, eines Zechbruders, der nach ›saqi‹ verlangt, wie wir aus den Vierzeilern *Omar-i-Kayyams* ersehen. All dies hängt von der jeweiligen unterschiedlichen Stimmung und Vorliebe ab. *Christus* hat von Gott immer als dem »Vater« gesprochen, *Paramhansa Ramakrishna* verehrte Ihn als die »Mutter«, *Prinz Arjuna*, der Krieger, und die *Rajput-Prinzessin Mira* betrachteten ihn als einen ›Sakha‹ oder Freund und Kameraden; die *Gopis* wiederum sangen leid- und kummervolle Lieder, wie sie jedes von Liebe ergriffene Mädchen ihrem Liebhaber singen würde.

3) Als nächstes kommt das erwählte Symbol des Herrn. Jeder hat seine eigene Vorstellung von Inkarnationen und göttlichen Manifestationen. Wie der Namenlose viele Namen hat, so erscheint auch der Formlose in vielen Formen, je nach Wunsch seines Ergebenen. Der eine findet Ihn als einen Stein, wie ›Sadhna‹, ein anderer in einem Idol; denn Er wohnt allen Formen inne und antwortet auf alle Gebete Seiner Ihn aufrichtig ergebenen ›Bhaktas‹ und läßt sie niemals im Stich. Man kann dem Herrn natürlich in menschlicher Gestalt dienen, wenn Er als Gottmensch oder als Menschheitslehrer erscheint, wie *Buddha, Christus, Kabir* und *Guru Nanak*, die durch ihre bloße Gegenwart die Welt erleuchten.

Der Vorgang von ›bhakti‹ weitet den Ausblick eines ›Bhakta‹, bis er das Licht seines erwählten Idols in ihm und um ihn alles durchdringen sieht und er sich durch seine Liebe ausdehnt, bis er Gottes Schöpfung völlig umfaßt. Dies ist dann der Höhepunkt, zu dem ihn die Liebe bringt. Es wurde vor allem in unserer Zeit durch das Leben von *Shri Ramakrishna* besonders veranschaulicht. Zuerst verehrte er die göttliche Mutter als das Idol im Tempel von *Dashineswar;* dann als das Prinzip, das sich in allen guten und heiligen Dingen offenbart, und zuletzt als den Geist, der alles durchdringt, das Üble nicht minder als das Gute, und betrachtete selbst eine Buhlerin als seine Manifestation. Die Stufenfolge des Fortschritts eines wahren ›Bhakta‹ vom Dualismus zum Monismus, von der begrenzten Einzelpersönlichkeit zum Allumfassenden, sind wie nachfolgend benannt:

a) ›Salokya‹: Die Stufe, auf welcher der Ergebene in der gleichen Region wie der Geliebte weilen will.
b) ›Sampriya‹: Die Stufe, auf der er nicht allein in derselben Region, sondern in unmittelbarer Nähe seines Geliebten sein möchte.
c) ›Saroop‹: Die Stufe, auf der der Ergebene die gleiche Form wie sein Geliebter haben will.
d) ›Sayuja‹: Die letzte Stufe, auf der der Ergebene mit nichts anderem zufrieden ist, als mit der Gottheit eins zu werden.

Wenn ein ›Bhakta‹ das Ziel seiner Reise erreicht hat, sieht er keine Dualität mehr, sondern erblickt die Gottheit in allem. Er spricht wohl weiterhin über sie, so wie er es gewohnt war, als ›Vater‹ oder ›Mutter‹ usw., aber sieht in Wirklichkeit nun keinen Unterschied mehr zwischen diesem Wesen und sich selbst; und so sagte *Christus:* »Ich und der Vater sind eins.«

VII. *Karma Yoga oder der Yoga des Handelns*

Karma ist das Wesen des Daseins von Mensch wie von Gott, dem Herrn des Karmas. Wenn die ›Karmas‹ (Handlungen) im Geiste des Dienens für das Göttliche richtig ausgeführt werden, können sie zu spiritueller Befreiung führen.

Es gibt ›Karmas‹ oder Handlungen von zweierlei Art: gute und üble. Gute Taten sind solche, die uns dem spirituellen Ziel näher bringen; wohingegen uns üble Taten weiter von diesem entfernen. Es gibt keine Freude, die höher und dauerhafter wäre als die, welche aus der Wiederentdeckung des wahren Selbst herrührt, was in Wirklichkeit bedeutet, daß man seine Identität findet mit der Welt rings umher.

Das Leben in all seinen Formen ist durch Tätigkeit gekennzeichnet, und die Wandlung ist des Lebens Gesetz. Kein Mensch kann auch nur für den Bruchteil einer Sekunde ohne Tätigkeit sein. *Wordsworth* hat den Zustand unablässigen Tätigseins folgendermaßen beschrieben:

> *Die Augen können nicht anders als schauen,*
> *dem Ohr kann nicht geboten werden, taub zu sein.*
> *Der Körper fühlt, wo immer er ist,*
> *mit oder entgegen unserem Willen.*

So ist es tatsächlich, und was wir zu tun haben, ist, unsere Handlungsweise immer mehr zu veredlen, auf daß sie vom Schmutz niedriger und gemeiner Wünsche und sinnlicher Beziehungen gereinigt werden. Selbstloser Dienst an der Menschheit ist die höchste Tugend. »Dienen vor Eigennutz« sollte das Leitprinzip unseres Lebens sein. Da alles Leben von Gott, dem Ursprung allen Lichts und Lebens ausgeht, müßte Ihm dieses Leben für immer gewidmet sein, ohne einen Wunsch nach den Früchten unseres Tuns. ›Brahmasthiti‹ oder die Verankerung in ›Brahman‹ kommt nicht dadurch zustande, daß man der Arbeit entsagt (saivyas), sondern dadurch, daß man das Verlangen nach den Früchten aufgibt (tyaga). Es ist nicht die Arbeit als solche, die uns bindet und das Ego verwöhnt, vielmehr der Beweggrund, der dahintersteckt. Wenn Karma als Mittel für ›moksha‹ oder die Befreiung von Gemüt und Materie dienen soll, müssen drei Bedingungen erfüllt werden:

1) Wirkliches Wissen um die höheren Werte des Lebens: Das Leben selbst ist ein ununterbrochenes Prinzip, das allen Schöpfungsformen innewohnt und ist darum aller Achtung und Verehrung würdig. Dies ist der realistische Aspekt des Karma.

2) Aufrichtige und liebevolle Gefühle allen lebenden Geschöpfen gegenüber, vom sogenannten niedrigsten bis zum höchsten. Dies ist der empfindungsmäßige Aspekt des Karma.
3) Karma muß mit einem aktiven Willen ausgeführt werden, ohne Furcht vor Bestrafung oder Hoffnung auf Belohnung. Es sollte mit anderen Worten spontan sein und unwillkürlich aus unserem Wesen hervorgehen (swadharma), das heißt durch ein Pflichtgefühl — arbeiten um der Arbeit willen und nicht unter Zwang und Beschränkung. Der Mensch ist nicht nur ein Geschöpf der Umstände, sondern er hat einen Willen, durch den er seine Umwelt ändern und sein Schicksal lenken kann. Dies ist der willensmäßige Aspekt des Karma.

Ein Mensch, der ganz für die andern lebt, existiert gar nicht für sich, noch würde er seinem Ego erlauben, sich mit Gedanken an Besitz aufzublähen. Mit einem völlig losgelösten Geist lebt ein ›Karma Yogi‹ vollständig getrennt von seinem erfahrungsmäßigen Selbst.

> *Wer nicht auf Tatenfrucht bedacht*
> *die pflichtgemäße Tat vollbringt,*
> *der ist ein Yogi.*
>
> Bhagavad Gita

Kurz, selbstlose Hingabe an die Pflicht ist der Grundton zum Erfolg auf dem Pfad des Handelns. Im Erfüllen der Pflicht muß man sich über die Sinnesgegenstände, die Sinne selbst, das Gemüt und den verstandesmäßigen Willen erheben, damit das, was immer aus der Fülle unseres Wesens heraus getan wird, ein unwillkürliches Handeln im Lichte des ›Atman‹ ist und eine rechtschaffene Tat, die es ermöglicht, Tätigsein im Untätigsein und Untätigsein im Tätigsein zu sehen, und ein Ruhepunkt ist im ständig sich drehenden Lebensrad, das sich bewegt und zugleich stille steht. Auf diese Weise führt beides, die »richtig ausgeführte Handlung‹ und diejenige, der »auf die rechte Weise entsagt« wurde, zum gleichen Ziel, denn es ist das richtige Verstehen der Natur des Handelns, das den Yogi ausmacht.

Dies sind also die drei Haupt-Arten des Yoga, die entsprechend der Natur des Menschen erdacht und gestaltet wurden. Jeder erhält den mystischen Ruf, der seiner Wesensart gemäß ist. Zum nachdenklichen Philosophen, der mit Logik begabt ist, kommt er als: »Gib alles andere auf und erkenne mich.« Der mehr gefühlsmäßig veranlagte spirituelle Aspirant erhält ihn als: »Gib alles andere auf und verliere dich in meiner Liebe«; indes ein sehr praktischer und aktiver Mensch hört: »Gib alles andere auf und diene mir.«

Wie bereits gesagt, greifen diese drei Methoden ineinander über und lassen sich nicht völlig trennen. Im wahren ›Jnana‹ ist sowohl etwas vom ›Bhakta‹ wie auch vom ›Karma Yogi‹ zu finden; im wahren ›Bhakta‹ ist etwas vom ›Jnani‹ und ›Karma Yogi‹, und im wahren ›Karma Yogi‹ ist etwas vom ›Jnani‹ und vom ›Bhakta‹. Die vorherrschende Tendenz ist von Bedeutung und nicht das Ausschließliche.

VIII. Andere Yoga-Arten, die in der Bhagavad Gita erwähnt werden

Außer den bekannten und populären Yoga-Arten gibt *Lord Krishna* noch ein paar weitere an, die sich auf verschiedene Weise voneinander unterscheiden.

Yoga der Meditation

Dies ist der Yoga zielbewußter Aufmerksamkeit gleich dem ›Licht einer Lampe an einem windstillen Ort‹. Er ist für den Selbstbeherrschten, der hart kämpfen kann. Den Geist stets auf den ›atman‹ gerichtet, zieht sich der Mensch mit Hilfe des vernunftbegabten Willens von der Zerstreutheit des Gemüts allmählich zurück und erkennt sich als lebendige und selbstleuchtende Seele; von da an geht er der Vervollkommnung entgegen. Zu diesem Zweck muß er sich aller anderen Bestrebungen, Wünsche, Hoffnungen und Besitztümer ledig machen und sich an einen einsamen Ort zurückziehen, um Kontrolle über Gemüt und Körper zu üben.

Yoga der spirituellen Erfahrung
Diese Erfahrung erhält man, wenn man das dreidimensionale Ei der ›gunas‹: ›satva‹, ›rajas‹ und ›tamas‹ durchbricht und das Physische und Mentale übersteigt. Es erfolgt durch das Begreifen der wahren Natur der Dinge, das heißt durch ›vivek‹ oder das Unterscheidungsvermögen. Sein Wert ist größer als wenn sich einer Riten und Ritualen, Opferhandlungen und Zeremoniell, dem Studium der Schriften und Singen von Psalmen hingibt, oder Härten und Bußen auf sich nimmt, Almosen gibt, barmherzige Werke tut, was alles notgedrungen auf der Sinnesebene geschieht und mit ihr in Zusammenhang steht und was einen nicht darüber hinaus bringen kann.

Yoga der Mystik
Es ist eine Zufluchtnahme zum Herrn, indem man sich Ihm völlig unterwirft. Sie kommt dadurch, daß man Gottes wahres Wesen erkennt, und durch die direkte Schau. Auf diese Weise befreit man sich von den guten und üblen Auswirkungen seines Handelns, das man ganz und gar zu den Lotosfüßen des Herrn niederlegt.

Die *Bhagavad Gita* ist wahrhaftig ein Kompendium der Yogasysteme, die zur Zeit ihrer Enthüllung vorherrschten, und benennt tatsächlich nicht weniger als achtzehn von ihnen: ›Vikhad Yoga‹ (Kap. I), ›Sankhya Yoga‹ (Kap. II), ›Karma Yoga‹ (Kap. III), ›Gyan Karma Sanyas Yoga‹ (Kap. IV), ›Karma Sanyas Yoga‹ (Kap. V), ›Atam Sanyam Yoga‹ oder ›Dhyan Yoga‹ (Kap. VI), ›Gyan Vigyan Yoga‹ (Kap. VII), ›Akshara Brahma Yoga‹ (Kap. VIII), ›Raja Vidya Raj Guhya Yoga‹ (Kap. IX), ›Vibhuti Yoga‹ (Kap. X), ›Vishva Rup Darshan‹ (Kap. XI), ›Bhakti Yoga‹ (Kap. XII), ›Kshetra Kehetragya Vibhag Yoga‹ (Kap. XIII), ›Gun Trai Vibhag Yoga‹ (Kap. XIV), ›Purshottam Yoga‹ (Kap. XV), ›Devasura Sampad Vibhag Yoga‹ (Kap. XVI), ›Shradha Trai Vibhag Yoga‹ (Kap. XVII) und ›Makshar Sanyas Yoga‹ (Kap. XVIII).

Aus obiger Analyse wird klar ersichtlich, daß die Unterschiede, die zwischen den verschiedenen Aspekten der Yogasysteme bestehen, eher in der Gewohnheit des menschlichen Geistes zu suchen sind, indem dieselbe Sache auf verschiedene Weise gesehen wird, als in einer tatsächlich bestehenden Andersartigkeit der einen oder anderen Methode. Es sind lediglich verschiedene Spiegelungsflächen desselben Gegenstandes, und nicht selten überschneidet eine die andere und greifen sie ineinander über. Und wenn man die *Bhagavad Gita* gründlich studiert und liest, wie *Lord Krishna* über die verschiedenen Yogas mit ihren variierenden Annäherungsarten an das Göttliche spricht, erkennt man, daß die praktische esoterische Schulung, von der sie begleitet sind, dieselbe ist. Als er *Arjuna* in die mystische Wissenschaft einweihte, öffnete er sein ›Divya Chakshu‹, das dritte Auge, und erst danach konnte dieser ihn in seiner Universalen Form oder ›Vishva Roop‹ schauen (Kap. XI). Zuletzt empfahl ihm der große königliche Yogi als Guru, alles andere zu lassen und sich ihm völlig hinzugeben, ›Sarva Dharman parityajya mam ekam sharanam vraja‹ (Kap. XVIII). Es fehlt in der *Gita* nicht an weiteren Hinweisen auf den inneren Pfad. So erfahren wir in Kap. I, daß der *Lord* ganz zu Anfang das fünftönige Muschelhorn erklingen ließ. Doch da es uns an einem Lehrer fehlt, der diese Wissenschaft selbst praktisch gemeistert hat, neigen wir dazu, dies entweder auf rein verstandesmäßiger Ebene zu diskutieren oder nur als rituellen Gesang zu betrachten, wodurch wir den inneren Sinn verfehlen.

Es soll erwähnt werden, daß die dualistische Auffassung nicht nur die erste Stufe des ›Bhakti Yoga‹, sondern auch aller anderen Yoga-Arten kennzeichnet. Sie beginnen damit, daß sie ›jiva‹ (die Seele) von ›Brahman‹ unterscheiden; das eine ist unvollkommen, endlich und begrenzt, das andere vollkommen, unendlich und unbegrenzt. Die Schöpfung selbst ist das Werk des positiven und des negativen Prinzips: ›Sat‹ und ›sato‹ in der rein spirituellen Welt, ›Purush‹ und ›prakriti‹ in den höheren Bereichen von ›Brahmand‹, ›Brahma‹ und ›shakti‹, im mittleren ›Brahmand‹, ›Kal‹ und ›maya‹ noch weiter unten und ›Jyoti‹ und ›niranjan‹ am untersten Ende von ›Brahmand‹. Die Vereinigung dieser Prinzipien bringt auf der jeweiligen Stufe die verschiedenen Formen zustande, vom kleinsten Atom bis zum größten Universum. Der Begriff ›Brahman‹ entstammt zwei Wurzeln, nämlich ›vireh‹, was Wachstum oder Ausdehnung bedeutet, und ›manan‹, das soviel wie ›erkennen‹ heißt. Beim Schöpfungsvorgang spiegelt sich die Einheit in Formen der Zweiheit und Vielheit wider, und der Rückweg läuft in umgekehrter Richtung, nämlich von der Zweiheit und Vielheit zur Einheit. Doch solange der Mensch im Körper bleibt, kann er nach der Lehre der Yogis nicht immer im Zustand des ›samadhi‹ sein, in der Vereinigung mit ›Adi Purush‹ oder dem Ersten Wesen. Das Yogasystem glaubt daher an ›videh mukti‹ oder die letzte Befreiung nach dem Tod. Der höchste Himmel der Yogis ist ›Sahasrar‹, die Region des tausendblättrigen Lotos, und der der Yogishwars ist ›Trikuti‹, der Mittelpunkt von ›Brahmand‹, der Ursprung oder das Ei des ›Brahman‹. Die meisten Propheten der Welt kommen aus dieser Region, die gerade in der Mitte zwischen dem physischen und den rein spirituellen Bereichen liegt, und beziehen sich teilweise auf das Jenseits, indem sie nur von ›Par Brahm‹ sprechen. Der Pfad der Heiligen und der Meister reicht jedoch über diese Bereiche hinaus, denn sie sprechen ausdrücklich von ›Sat Lok‹, der Wohnstatt des Wahren Einen, der Region des reinen Geistes, und von Bereichen, die selbst noch über diese hinausgehen, wie ›Alakh‹, ›Agam‹ und ›Anami‹.

IX. Der Yoga in den Schriften Zoroasters

Es mag von Interesse sein, zu wissen, daß in den *Gathas* von *Zoroaster* ein fünffältiges System der beseligenden Vereinigung mit ›Ahura Mazda‹ zu finden ist, das genau mit den Yogasystemen, die wir durchgegangen sind, übereinstimmt (Jnana, Bhakti, Karma, Raja usw.). Wir zitieren aus *Praktische Metaphysik der Zoroaster-Anhänger* von *Mr. Minochehr Hormusji Toot,* einem führenden Gelehrten dieses Systems:

1) *Gatha Ahura Vaiti* — der Pfad des göttlichen Wissens:
Schaue nach innen mit dem durchdringenden erleuchteten Geist und suche die Wahrheit für dein persönliches Selbst, um das niedrige Selbst und das grobe physische, selbstsüchtige Ego ›akeen‹ durch die Entwicklung des besseren und höheren Selbst ›vahyo‹ zu überwältigen, um schließlich das beste Absolute Wesen (Vahisht Ahura) und das höchste Selbst von ›Ahura Mazda‹ oder der letzten Wirklichkeit des Universums ›Asha Vahishta‹ zu erkennen.

Die Polarität des ›Höheren und Niederen‹, der ursprünglichen spirituellen Feinheit (Subtilität) und der gröbsten Tätigkeit, wird durch die beiden spirituellen Kräfte der Entfaltung (spento) und der Beschränkung (angoo) geschaffen, die ›Mazda‹ hervorbringt. Sowohl das Leben wie auch die Materie, die durch die harmonische Vereinigung dieser beiden Geisteskräfte erzeugt wurden, entwickeln sich durch ihre Gegenaktivität zur Vollkommenheit. Dies ist der metaphysische Pfad des spirituellen Wissens von ›Ahura Vaiti Gatha‹. *(siehe unter ›Jnana Yoga‹)*

2) *Gatha Ushta Vaita* — der Pfad der Liebe und Hingabe:
Der Pfad ›Armaiti‹ der göttlichen Liebe und Hingabe wird durch beharrliches Festhalten an dem wahrhaftigen geliebten Meister *Ratu Zarathustra* erreicht. Wenn man den geliebten Meister betrachtet, der mit dem Allesdurchdringenden verbunden ist, der Unendlichen Wirklichkeit, dem Alles-in-Allem, dem Alpha und Omega — dann bleibt der Ergebene unberührt von den weltlichen Bindungen und erwirbt göttliche Liebe, welche die beseligende Vereinigung mit der Allesdurchdringenden Wirklichkeit nach dem Schöpfer ›Ahura Mazda‹ sucht.

So erklärt *Ratu Zoroaster* in dieser *Gatha:*
Somit enthülle ich das Wort, das mich der Allgegenwärtige gelehrt hat; das Wort, dem die Sterblichen am meisten lauschen sollten.
Wer auch immer mir Gehorsam leistet und unerschütterliche Aufmerksamkeit zeigt, wird das Allumfassende Vollkom-

mene Sein und Unsterblichkeit erlangen; und durch den Dienst des heiligen göttlichen Geistes wird er ›Ahura Mazda‹ verwirklichen.

Ha. 45—8
(siehe ›Bhakti Yoga‹)

3) *Gatha Spenta Mainyu* — der Pfad des selbstlosen Dienens:
Selbstloser Dienst wird geleistet für Förderung, Wachstum und Wohlwollen des gesamten Universums mit all seinen lebenden Wesen.
Das Wissen um die Einheit ist das beste für die Menschen von Anbeginn an; möge dem Universum selbstloser Dienst geleistet werden; denn dieses Universum muß für unsere Veredlung gedeihen.

Ha. 8—5

Wir müssen das endliche Selbst, das Ego oder die Individualität auf dem Altar wohlwollenden, menschenfreundlichen Dienstes für das gesamte Universum opfern, damit wir die unendliche Schau der Einheit allen Lebens und der Immanenz der alles durchdringenden Wirklichkeit erlangen durch die Verehrung von ›Ahura Mazda‹, dem Schöpfer, dem Ursprung und Ziel von allem. Diese *Gatha* endet mit dem seelenbewegenden Lebensgrundsatz:
Das Erhabenste, das Willen und Wollen veredelt, ist das rechtschaffene Dienen, das der Schöpfer des individualisierten menschlichen Seins mit dem erleuchteten höheren Geist krönt.

(siehe ›Karma Yoga‹)

4) *Gatha Vahu* — ›Khshetra‹ oder der Pfad der Selbstbeherrschung:
Wenn man die niederen mentalen Neigungen und den niederen Hang der physischen Natur beherrscht, wenn die Willenskraft veredelt wird und man danach verlangt, mit dem göttlichen Reich und dem alles durchdringenden ›Ahura Mazda‹ vereint zu werden, dann erlangt man mit ruhigem und gelassenem Gemüt die Selbstbeherrschung.

Die heilige Selbstbeherrschung ist die hilfreichste und eine absolute Macht.
Durch selbstprüfendes, verehrungsvolles Dienen wird sie innerlich durch die alles durchdringende Wirklichkeit hervorgebracht.
O Mazda! Laß uns nun das Beste erreichen.

Ha. 51—1
(siehe ›Raja Yoga‹)

5) Als nächstes haben wir die *Gatha* von ›Vahishto Ishtish‹, die sich mit dem Pfad der Selbstveredlung befaßt. Er besteht in der physischen, mentalen und spirituellen Schulung, wobei man die höheren und edleren Eigenschaften von Kopf und Herz kultiviert und versucht, das eigene wahre Selbst im Hinblick auf das höchste Selbst von ›Ahura Mazda‹ zu erkennen, und indem man das begrenzte Selbst und das bedingte Sein ›Ahura Mazda‹ weiht.

Das Erdenleben ist ein großes Opfer, ›Yajna‹ (yagna) — das freiwillige Opfer seiner selbst für das Wohlergehen seiner Mitgeschöpfe.

Es ist die Selbstveredlung, in der alle menschlichen Bemühungen schließlich enden und es ist tatsächlich das Ziel, dem alle Wege, wie oben beschrieben, zustreben. Ohne wirkliches Wissen über die beiden Geisteskräfte, die höhere und die niedere, und ohne die liebevolle Hingabe des Strebenden an die große Sache und den selbstlosen Dienst kann man das sich selbst behauptende Ich im Innern nicht bemeistern und sich dadurch nicht über das Körperbewußtsein erheben, um sich so für den spirituellen Pfad, der vor einem liegt, bereit zu machen.

In der Philosophie des *Zoroaster* bilden die beiden Prinzipien, die ›höheren und die niederen spirituellen Kräfte‹, das fundamentale Gesetz des relativen Seins, das sich im Universum offenbart. Diese Polarität ist für die Evolution des Lebens, von den gröbsten niederen bis zu den feineren und höheren Stufen der Spiritualität wesentlich, bis dorthin, wo man das unendliche Gute und höchste Wohlwollen des Absoluten Wesens, das über ihnen liegt, verwirklicht hat. Ohne diese Polarität des Höheren und des Niederen kann das Erhabenste des Absoluten Jenseits niemals verwirklicht und das unpersönliche Höchste Wesen nicht begriffen werden.

> *In der Tat, für uns selbst gilt als das Höchste von allem,*
> *der Selbststrahlende möge Selbsterleuchtung verleihen,*
> *auf daß Du Dich, o allwissender ›Mazda‹, offenbarst*
> *durch Deinen großmütigen Geist, und Du gewähren mögest*
> *die wonnevolle Weisheit des heiligen Geistes*
> *durch die alles durchdringende Wirklichkeit.*
>
> Gatha Ushtavaiti

Im *Vanidad* versichert uns der höchste ›Ahura Mazda‹:
In der Tat werde ich den beiden gegensätzlichen Geistformen nicht gestatten, sich im Wettkampf gegen den Übermenschen zu stellen, der zum höchsten Absoluten Sein vordringt.
Die Sterne, Sonne und Mond, o Zarathustra, rühmen einen solchen Menschen. Ich rühme ihn, ich, der Schöpfer ›Ahura Mazda‹, das Heil der Seligkeit sei dir, o Übermensch! Der du vom Vergänglichen zum Unvergänglichen gelangtest.

X. Yoga und die äußeren Wissenschaften

Indem wir uns bis zu einem gewissen Grade mit den verschiedenen Yoga-Methoden befaßt haben, wollen wir uns zum Abschluß der Warnung *Shankaras* erinnern:
Der dreifältige Weg: der Weg der Welt, der Weg der Wünsche und der Weg der Schriften — ist weit davon entfernt, das Wissen um die Wirklichkeit zu vermitteln, sondern hält einen immerfort im Gefängnis des Universums gebunden. Befreiung ist nur möglich, wenn man sich selbst von diesen eisernen Ketten löst.
Die Freiheit kann nur erlangt werden, wenn man die Identität des menschlichen Geistes mit dem Universalen Geist erkennt.

Man kann sie weder durch Yoga, noch durch Sankhya, auch nicht durch religiöse Zeremonien oder bloße Gelehrsamkeit erzielen.
Um *Shankaras* Botschaft, daß wahres Wissen eine Sache direkter Wahrnehmung und nicht bloßes Zeremoniell, Ritual oder Schlußfolgerung ist, zeitgemäß zu ergänzen, wollen wir hinzufügen, daß es auch nicht durch äußere Wissenschaften zu erwerben ist. Die Entdeckungen der neuzeitlichen physikalischen Wissenschaften sind tatsächlich großartig und haben viele Auffassungen über die Natur des Kosmos und des Daseins bestätigt, die in den Yogasystemen enthalten sind. Sie haben unstrittig festgestellt, daß im Universum alles relativ ist und daß alle Formen im Grunde durch die Wechselwirkung der positiven und negativen Kräfte ins Dasein gebracht wurden. Diese Entdeckungen haben jedoch manche zu der Annahme verleitet, daß uns die physikalischen Wissenschaften zu derselben Erkenntnis führen können und werden, welche die Yogis in der Vergangenheit durch Yoga zu erlangen suchten — kurz, daß die Wissenschaften den Yoga ersetzen und ihn belanglos machen werden.
Ein Blinder kann, auch wenn er nicht sieht, die Hitze und Wärme der Sonne spüren. Das Bewußtwerden einer Erscheinung, die er nicht direkt wahrnimmt, kann ihn dahin bringen, eine Reihe von Experimenten zu ersinnen und auszuführen, um durch sie ihre Natur kennenzulernen. Diese Experimente können ihm eine Menge wertvolle Daten einbringen. Er vermag den Lauf der Sonne, ihren jahreszeitlichen Wechsel und die variierende Stärke ihrer Strahlung womöglich genauer festzustellen als der Durchschnittsmensch. Aber kann all das Wissen, das er gesammelt hat, ein Ersatz dafür sein, die Sonne für einen einzigen Augenblick mit eigenen Augen zu sehen?
Was für den Blinden und den Menschen mit normaler Sicht gilt, gilt auch für den Wissenschaftler und den Yogi. Die physikalischen Wissenschaften mögen uns eine Menge wertvollen indirekten Wissens über das Universum und seine Natur liefern, aber dieses Wissen kann niemals die Stelle der direkten Wahrnehmung und Erkenntnis einnehmen; denn genau wie das gefolgerte Wis-

sen des Blinden nicht das Hauptattribut der Sonne, das Licht, erreichen kann, so ist es auch dem Wissenschaftler in seinem Laboratorium nicht möglich, an das Hauptattribut der kosmischen Energie, die Bewußtheit heranzukommen. Er mag viel über das Universum wissen, aber sein Wissen kann niemals zur universalen Bewußtheit führen. Diese Bewußtheit kann einzig durch die innere Wissenschaft, die Wissenschaft des Yoga, erlangt werden, die, indem sie das innere Auge öffnet, uns der kosmischen Wirklichkeit gegenüberstellt. Der, dessen inneres Auge geöffnet ist, braucht nicht länger auf Schriften, auf Erklärungen seines Lehrers oder auf bloße philosophische oder wissenschaftliche Folgerungen zu bauen. Er kann Gott selbst sehen, und das übertrifft alle Beweise. Er kann mit *Christus* sagen: »Sehet den Herrn!«, oder mit *Guru Nanak:* »Den Herrn von Nanak sieht man überall«, und mit *Sri Ramakrishna:* »Ich sehe Ihn genau wie ich dich sehe, nur viel intensiver« (auf die Frage von *Naren*, dem späteren *Vivekananda*, bei seinem ersten Besuch: »Meister, habt Ihr Gott gesehen?«)

4. Kapitel

DER ADVAITISMUS

Yoga ist genau so zeitlos wie ›Brahman‹ selbst. Da dem Menschen mit jedem neuen Zyklus das alles Durchdringende ins Bewußtsein gelangt, sucht er Mittel und Wege zu finden, um es zu verwirklichen. Wie uns überliefert ist, war es *Hiranyagarbha*, der als erster Yoga oder den göttlichen Weg lehrte; jedoch haben ihn erst seine Nachfolger *Gaudapada* und *Patanjali* zu einem regulären System entwickelt. Wie wir aus den vorangegangenen Kapiteln schon ersehen konnten, beginnt jeder echte Yoga mit der dualistischen Ansicht, endet aber in einer nicht-dualistischen. Es ist daher keineswegs überraschend, daß viele Schüler der inneren Wissenschaft durch dieses Paradoxon verwirrt wurden. Und im Verlaufe der Zeit war diese Verwirrung die Ursache von Streitfragen, und nicht selten wurden Halbwahrheiten irrtümlicherweise für die volle Wahrheit genommen. Es war in einer solchen Zeit, als *Shankara*, das Wunder von Südindien, seine Stimme erhob und die wahre Philosophie des *Advaitismus* predigte.

Er war mit erstaunlichen Kräften des Verstandes, der Logik und Einsicht begabt und nur wenige sind zu der Tiefe, Feinheit und Folgerichtigkeit einer Schau gelangt, wie sie *Shankara* in seinen Schriften erkennen läßt. Er untersuchte alle großen Schriften, wie sie aus der Vergangenheit überliefert waren, legte eindeutig ihren Sinn dar und wies die Gleichheit ihres Inhalts nach. Er zeigte auf, daß es nur eine Wirklichkeit gibt, die in ihrer letztgültigen Analyse keine Zweiheit oder Vielheit gelten lassen kann. Zwar möge die individuelle Seele (jiva) als von ›Brahman‹ getrennt beginnen, aber wenn sie zur vollen Erkenntnis gelangt sei, wisse sie um ihre Einheit mit dem Absoluten alles Durchdringenden. Ausgerüstet mit hellsichtiger Verstandeskraft, reinigte er das indische

Denken von allen scheinbaren Widersprüchen, die seine freie Entfaltung hemmten.

Hier wollen wir nun einige grundlegende Begriffe untersuchen, die er gelehrt hat:

Das Selbst ist die Grundlage des bewußten Lebens

Er betrachtet das auf Erfahrungstatsachen beruhende Leben des individuellen Bewußtseins nur als einen Wachtraum, und wie jeden anderen Traum — als unwirklich. Diese Unwirklichkeit kommt ans Licht, wenn man vom begrenzten Bewußtsein zum kosmischen Bewußtsein gelangt oder über die relative Natur der physischen Bewußtheit nachdenkt, die sich vom Wachsein (jagrat) zum Traum (swapan) und vom Traum zur Traumlosigkeit (sushupti) verändert. Wenn schon die Erfahrung relativen Charakters ist, worin liegt dann ihre Realität? Die Antwort, die von *Shankara* gegeben wurde, ist, daß man sie im denkenden Gemüt zu suchen hat, das wiederum nur das Licht des ›atman‹, des ewigen Selbst, des Unwandelbaren und Absoluten, des wahren Zeugen (sakshi), widerspiegelt.

Das Prinzip der Kausalität ist eine Bedingtheit des Wissens. Die Dinge scheinen wirklich zu sein, solange wir innerhalb der Grenzen von Ursache und Wirkung operieren. Aber in dem Augenblick, wo wir uns über diese Begrenzungen erheben, lösen sie sich alle in nichts auf. Der wahren Natur der Wirklichkeit nach gibt es keinen Raum für eine Ursächlichkeit, weil kausale Deutungen immer unvollständig sind und letzten Endes zu nichts führen. Die Dinge erscheinen vorübergehend wie Blasen oder Wellengekräusel auf der Oberfläche des Wassers und lösen sich im nächsten Moment wieder darin auf, so daß nichts mehr von ihnen zu sehen ist. Das Wasser allein verbleibt als die wirkliche Substanz der ganzen Erscheinung. Auf genau dieselbe Weise umfaßt und übersteigt das Wirkliche alle Erscheinungsformen und ist frei von jeder Beziehung von Raum, Zeit und Kausalität. Die ganze Welt lebt in des Menschen Geist, und nur die Bewegung des bewußten Geistes unterscheidet zwischen der Wahrnehmung, dem

Wahrnehmenden und dem Wahrgenommenen — eine Unterscheidung, die es in Wirklichkeit nicht gibt, da alles ein Teil vom gewaltigen Meer der Einheit ist. Dieser Zustand kennt keine Unterschiede zwischen dem Erkennenden, dem Erkannten und der Erkenntnis, was alles nur relative Begriffe ohne jede Endgültigkeit sind. Ähnlich sind die drei Zustände menschlicher Erfahrung: Wachen, Träumen und Traumlosigkeit unwirklich, denn keiner von ihnen ist von langer Dauer, und jeder gibt abwechselnd dem anderen Raum, da sich das Gemüt von einem Zustand zum anderen bewegt. Jeder hat einen Anfang und ein Ende und existiert nur so lange, wie der andere ausbleibt. Der Begriff ›Relativität‹ läßt in sich ein Entgegengesetztes zu, die ›Realität‹, und jenseits dieser drei Zustände liegt ›Atman‹ als Grundlage von allem, (sakshi) oder der reine Zeuge, der allein *ist* und beständig hinter dem sich ewig wandelnden Panorama des Lebens verbleibt, der ewig Ungeborene, immer Wache, der Traumlose und Selbstleuchtende, der durch sein bloßes Wesen reine Erkenntnis ist, zum Unterschied von der Nichterkenntnis des Schlafzustandes.

Die Natur der Schöpfung

Die Schöpfung an sich besteht nicht aus sich selbst heraus. Das Tatsächliche und das Wirkliche sind immer dasselbe und nicht der Veränderung unterworfen. Das Unbedingte kann nicht bedingt sein, so wie das Unendliche nicht begrenzt sein kann. Alles, was besteht, ist ›Brahman‹, und es gibt nichts, das von der absoluten Einheit getrennt sein könnte. Sie spiegelt sich in mannigfaltigen Formen wider, die ein Ausdruck ihrer Kraft sind. Wenn wir sie auch in Begriffen der Vielheit oder der Zweiheit und Begrenzung wahrnehmen, so heißt das nicht, daß diese Eigenschaften auch dem Absoluten anhaften; vielmehr daß unsere eigene Wahrnehmung durch das enge menschliche Alltagsbewußtsein begrenzt ist. Wer von ›avidya‹ zu ›vidya‹, vom Nichtwissen zum Wissen gelangt ist, erkennt die Welt des Relativen als eine einzige Täuschung oder ›maya‹ und sieht das Absolute in allem; so wie jemand, der die wahre Natur des Eises erkennt, dieses nur als eine andere Form des Wassers sieht. Die Kraft des Absoluten, die gewöhnlich als ›Ishvar‹ bekannt ist und der Schöpfer genannt wird, ist die Grundursache allen Bewußtseins. Die Welt der Vielheit oder der Zweiheit ist lediglich ›maya‹ (ein Werkzeug, um die Dinge auf der Verstandesebene zu bemessen), wohingegen der wahre Eine nicht zweifach und darum ohne Maß und zugleich unmeßbar ist. Um das bekannte Gleichnis zu brauchen: »Die Vielheit liegt im ›Atman› wie die Schlange im Seil oder der Geist im Baumstumpf.« Wie ein erfahrungsmäßiges Erlebnis weder mit dem ›Atman‹ identisch noch aber getrennt und unabhängig von ihm ist, so ist auch die Welt weder eins mit dem ›Atman‹ noch verschieden von ihm.

Es gibt nur einen ›Atman«, der allumfassend ist, unbedingt und grenzenlos wie der Raum; aber wenn er durch Gemüt und Materie bedingt ist, gleicht er dem ›ghat akash‹ oder dem Raum, der in einem Krug eingefangen ist. Er wird jedoch eins mit dem universalen Raum, sobald der Krug bricht. Alle Unterschiede bestehen nur dem Namen, dem Fassungsvermögen und der Form nach. ›Jiva‹ und ›Atman« sind ein und desselben Wesens. *Kabir* sagt in diesem Zusammenhang, daß der Geist ein wesensmäßiger Teil von ›Ram‹ oder der alles durchdringenden Kraft Gottes ist. Die Moslem-Heiligen beschreiben es (rooh) als ›Amar-i-Rabbi‹ oder den Befehl (den Willen) Gottes. Während der ›Jiva‹ durch das begrenzende, physische, mentale und kausale Beiwerk bedingt und beschränkt ist, ist der ›Atman‹ oder entkörperte ›jiva‹ von all diesen beschränkenden Dingen frei und somit grenzenlos und unbedingt.

Das Selbst und der Atman

Die Grundlage der Wahrheit liegt in der Selbstgewißheit. Das Selbst geht allem anderen in der Welt voran. Es kommt sogar noch vor dem Bewußtseinsstrom und allen Begriffen von der Wahrheit und Unwahrheit, Wirklichkeit und Unwirklichkeit und allen physischen, moralischen und metaphysischen Betrachtungen. Bewußtheit, Weisheit und Verstand, setzen eine Energie-Art voraus, die als ›Selbst‹ bekannt ist und der sie dienstbar sind; und in Wirklichkeit gehen sie von ihr aus. Alle physischen und mentalen Fähigkeiten, ja selbst die Lebensenergien und die erfahrungsmäßigen Erlebnisse erscheinen im Licht des strahlenden Selbst, des selbstleuchtenden ›Atman‹. Alle haben sie einen Zweck und ein Ziel, das weit tiefer liegt als sie selbst und welches das Sprungbrett für jede Art von Tätigkeit ist, sei sie physisch, mental oder übersinnlich. Ihnen allen fehlt jedoch das Begreifen der wirklichen Natur des Selbst, weil sie sich selbst in einem Zustand beständiger Veränderung befinden. Da das Selbst die Grundlage aller Beweise ist, und also *vor* dem Beweis besteht, kann es nicht bewiesen werden. Wie soll das Erkennende erkannt werden und durch wen? Es ist tatsächlich die wesentliche Natur von jedem, auch die des Atheisten. Dieses Selbst ist ewig, unveränderlich, vollkommen und vollendet und seinem Wesen nach immer und zu allen Zeiten, unter allen Bedingungen und in jedem Zustand dasselbe.

Das Wesen des Selbst

Obwohl uns bekannt ist, daß es das Selbst gibt, wissen wir doch nicht, was es ist; denn selbst das Erkennen kommt durch das Selbst und aufgrund des Selbst zustande. Die wahre Natur des Selbst kann jedoch nur durch das Selbst selber begriffen werden, wenn es aller Hüllen — Sinne, Gemüt, Verstand und Wille — die es umgehen und in die es gekleidet ist, entledigt wird. Was dann übrig bleibt, wird unterschiedlich als »nicht differenziertes Bewußtsein«, das »immerwährende Wissen« oder als »reine Bewußtheit« beschrieben und wird durch das Licht der großen Leere gekennzeichnet. Es ist das höchste Prinzip, dessen wesentliche Natur das Strahlen aus sich selbst ist. Es ist unendlich, transzendental und die Essenz des absoluten Wissens. Es hat drei Attribute: ›Sat‹, ›Chit‹ und ›Anand‹, das heißt, reines Sein, reine Erkenntnis und reine Glückseligkeit. Da das Selbst oder der ›Atman‹ vollkommen und vollendet in sich selbst und durch sich selbst ist, hat es keine Eigentätigkeit, bedarf ihrer auch nicht und braucht somit auch keine Vermittlung dafür. Alles durchdringend und selbst-existent, kennt es weder Grenzen noch Beweggründe.

Individuelle Erkenntnis und Bewußtheit

Wenn auch die letzte Wirklichkeit der nicht dualistische Geist ist, so setzt bestimmtes Erkennen und erfahrungsmäßiges Erleben dennoch die Existenz von 1. dem Erkennenden oder dem Subjekt voraus, das getrennt vom inneren Organ erkennt, das hinter den Sinnen und dem wahrgenommenen Objekt liegt. Das erkennende Gemüt ist nur ein reflektierender Spiegel, der den Glanz des ›Atman‹ widerstrahlt, in dem die Erkenntnis zustande kommt. 2. den Prozeß des Erkennens, wie er durch die Veränderungen im inneren Organ bestimmt wird: die ›vritis‹ oder Wellenbewegungen, die das Gekräusel und die Blasen im Bewußtseinsstrom verursachen. Diese ›vritis‹ sind vierfacher Art: Das Unbestimmte (›manas‹, der Gemütsstoff), das Bestimmte (›buddhi‹ oder der intelligente Wille), der Ichsinn (›ahankar‹ oder das sich selbst behauptende Ego) und das Unterbewußte (›chit‹ oder die tiefverborgenen Kräfte). 3. das durch das Licht des ›Atman‹ erkannte Objekt, wie es durch das innere Organ (›antahkaran‹) reflektiert wird.

Die Erkenntnis und ihre Quellen

Es gibt zweierlei Art von Erkenntnis: die letzte und endgültige und die erfahrungsmäßige oder relative. In seiner letzten Wirklichkeit ist das Erkennen ein Seinszustand, der niemals erst wird oder sich bilden muß. Er besteht bereits und wird durch das Licht des ›Atman‹ enthüllt, das sowohl das wahrnehmende Subjekt wie auch das wahrgenommene Objekt übersteigt und außer dem es nichts gibt.

›Wahres Erkennen‹ ist eine reine Tätigkeit der Seele, vollkommen in sich und unabhängig von den Sinnen und den Sinnesorganen. »Ein alles erkennender Geist«, sagt *Professor J. M. Murray*, »umfaßt die Gesamtheit des Seins unter dem Aspekt der Ewigkeit. So wir Zugang in die Welt des Seins erlangen, ist uns vollkommene Einsicht gegeben.« Nach *Shankara* ist »die höchste Erkenntnis der unmittelbare Zeuge der Wirklichkeit«, denn dann werden das Erkennende und das Erkannte wirklich eins. Aber das wirkliche Selbst, die reine Bewußtheit, kann nicht Gegenstand des Erkennens sein.

Das erfahrungsmäßige Wissen um die äußere Welt gleicht dem Wissen eines Tieres. Es ist von den Sinnen und den Sinnesorganen abgeleitet und darauf begründet und nimmt als solches Gestalten und Formen an, die alle durch das Fehlen wahren Wissens auffallen. Aber nichts wird wirklich, solange es nicht erfahren ist. Auch ein Sprichwort ist kein Sprichwort, solange es nicht im wirklichen Leben und in der Praxis veranschaulicht wird.

Alles erfahrungsmäßige Wissen tritt entweder durch eigene Wahrnehmung oder durch schriftliches Zeugnis zutage. Die menschliche Wahrnehmung ist niemals als wirklich, vollkommen und fehlerfrei angesehen worden. Man kann in einem Seil eine Schlange und in einem Baumstumpf einen Geist sehen; und für gewöhnlich sind die Dinge nicht das, was sie zu sein scheinen. Die Farben der Dinge, die wir sehen, sind nicht von ihnen absorbiert oder aufgenommen, sondern werden zurück und nach außen geworfen. Das Rot der Rose ist nicht Teil dieser Blume, sondern etwas ihr Fremdes. Wiederum sind Folgerungen und schriftliche Zeugnisse durchaus nicht unfehlbar. Die Quelle der Schlußfolgerung ist eine frühere Erfahrung, die in sich selbst fehlbar ist, und selbst, wenn sie es nicht wäre, braucht eine neue und andere Situation nicht unbedingt die gleiche Erkenntnis hervorrufen wie die, die man in der Vergangenheit gemacht hat. So ist es auch der Fall mit der Intuition, die die Gesamtsumme aller unserer Erfahrungen im Unterbewußtsein ist. Eine Rauchwolke auf der Spitze eines entfernten Berges mag an ein Feuer denken lassen, aber es kann auch Nebel sein. Auf ähnliche Weise kann auch ein schriftliches Zeugnis, obschon als unfehlbar und sichere Wissensquelle angenommen, nicht immer als solche behandelt werden.

Die *Veden*, die das göttliche Wissen bilden, erscheinen und schwinden mit dem Beginn und dem Ende eines jeden Zeitzyklus. Sie werden für eine unerschöpfliche Fundgrube universalen und vollendeten Wissens gehalten. Aber der Begriff ›Wissen‹ deutet auf eine Aufzeichnung spiritueller Erfahrungen hin, die auf den übersinnlichen Ebenen gemacht worden sind. Im Augenblick, wo die so gewonnenen Erfahrungen in die menschliche Sprache gebracht und schriftlich niedergelegt werden, erlangen sie Form und System, und in dem Moment, wo sie diese angenommen haben, verlieren sie ihre Frische und ihr Leben, ihre Eigenheit und ihr grenzloses Sein. Was nicht beschränkt und definiert werden kann, wird als etwas Bestimmtes und Begrenztes behandelt, und somit neigen die Schriften dazu, statt lebendiges Wissen zu geben, die Menschen davon abzulenken, indem sie lediglich abstrakte Begriffe darbieten. Sie können bestenfalls nur auf die Wahrheit hinweisen, aber sie können sie niemals geben. Die Begriffe des Universalen, wie sie darin enthalten sind, bleiben bloße Begriffe, denn sie können weder empfangen, noch gefolgert oder korrekt vermittelt werden. Sie erhalten erst dann ihre Bedeutung, wenn man lernt, sich über die Sinnesebene zu erheben und so die Wahrheit selbst erfährt.

Aus obigem kommt man unvermeidlich zu dem Schluß, daß ›Sehen‹ oder direkte und unmittelbare Wahrnehmung über allen Beweisen und Zeugnissen steht. Es ist ein Sehen im reinen Licht des ›Atman‹, das auch nicht den geringsten Schatten einer noch anderen Beziehung aufweist. Es ist nichts als direkte, wesenseigene Erfahrung der Seele. ›Sruti‹ oder die offenbarte Schrift ist ohne die innere Ersthand-Erfahrung wie ein Ton ohne Bedeutung. Alle Gedankenflüge, Vorstellungen, Phantasien und alles erfahrungsmäßige Wissen sind unzulänglich und können der Wahrheit oder der letzten Wirklichkeit nicht gerecht werden. ›Anubhava‹ ist wahrlich das wirkliche und vollkommene Wissen, das Wissen über das Absolute. Es ist die sich selbst bestätigende Erfahrung der Seele, die zugleich für die von den Weisen in den ›Srutis‹ niedergelegten spirituellen Erfahrungen Zeugnis ablegt.

Das Wesen von Brahman

Die bloße Idee einer ›Begrenztheit‹ zeigt die Existenz eines Unbegrenzten an, so wie das Wort ›unwirklich‹ etwas Wirkliches einschließt — die Grundlage aller Intelligenz und Vorstellungskraft. Auch haben wir das überragende Zeugnis der Schriften, die von der religiösen Erfahrung der ›Seher‹ aller Zeiten und Länder sprechen.

Das Wesen von ›Brahman‹ kann nicht in Worte gefaßt werden. Es ist die Grundlage von allem, was existiert. Es breitet sich überall aus und ist dennoch nirgends an etwas Bestimmtes gebunden. Es ist eine paradoxe Erscheinung von Sein und Nichtsein zugleich. Man kann dieses Problem auf zweierlei Weise betrachten: auf eine positive und eine negative. Zum einen ist Gott der unbegreifliche Absolute, zum anderen der Erschaffende und Wirkende, die erste Ursache alles Seienden: der Logos oder der heilige Geist, ›Kalma‹ oder ›Bang-i-Qadim‹, ›Nad‹ oder ›Udgit‹, ›Naam‹ oder ›Shabd‹. Die letztgenannten Begriffe weisen auf das Lebensprinzip hin, auf das ›Wort‹ oder die Gotteskraft, die allem innewohnt und in allem vibriert, vom Höchsten bis zum Untersten im Universum. Es ist die materielle wie auch die wirkende Ursache der Welt. Es ist das Prinzip der Wahrheit und des Gottesgeistes (der waltende Gott — *Ekankar*). Von dieser Gotteskraft sagt uns das Evangelium: »Das Licht scheinet in der Finsternis und die Finsternis hat's nicht begriffen.« Diese Kraft ›Brahmans‹ (Ishvar) oder der Gottheit ist der Mittler zwischen ›Brahman‹ und dem Universum und hat an der Natur beider Anteil. Ihre Einheit wird jedoch durch den Selbstausdruck in der Vielheit (Eko aham bahusiam) nicht berührt. Beide existieren als Wirklichkeit und Erscheinung, und der Unterschied entsteht nur durch die begrenzte Einsicht des Menschen.

Zusammenfassend kann gesagt werden: Die höchste Wirklichkeit ist die Grundlage der Welt, wie wir sie kennen, von ihr sprechen und sie sehen. Die Vielheit oder Mannigfaltigkeit in der Einheit ist eine Folge irriger Beurteilung. Die Welt ist zwar unwirklich, aber keine subjektive Täuschung. Das Absolute ist in der Welt, aber die Welt ist nicht im Absoluten; denn ein Schatten kann nicht den Platz der Wirklichkeit einnehmen. Etwas, das auf dem Wirklichen fußt, kann nicht selbst das Wirkliche sein. Die Welt ist nur die äußerliche Erscheinung der Wahrheit, aber nicht die wesentliche Wahrheit der einen Wirklichkeit oder der zentripetalen Kraft im Kern ihres Wesens.

Das individuelle Selbst ist eine Verflechtung von Neigungen und Abneigungen, Bevorzugungen und Vorurteilen, Absichten und Plänen, Erinnerungen und Assoziationen. Die bedingte individuelle Seele (jiva) ist ihrem Wesen nach der unbedingte ›Atman‹. Dieses erfahrungsmäßige Selbst oder der individuelle Verstand ist durch Unkenntnis über seine wirkliche Natur der aktiv Handelnde, der, welcher sich freut und leidet im reinen Licht des ›Atman‹, von dem er weder Wissen noch Erfahrung hat. Im physischen Körper, der aus fünf Elementen (Äther, Luft, Feuer, Wasser, Erde) zusammengesetzt ist, befindet sich der feinstoffliche Körper, der aus siebzehn Grundbestandteilen gebildet (fünf Wahrnehmungsorgane: Auge, Ohr, Nase, Zunge und Haut; fünf Tätigkeitsorgane: Gesicht, Gehör, Geruch, Geschmack und äußeres Fühlen; fünf Lebensenergien sowie ›manas‹ und ›buddhi‹) und darin eingeschlossen ist und zuletzt der Kausal- oder Ursachenkörper. Das begrenzte Selbst folgt dem unerbittlichen karmischen Gesetz, indem es auf dem gewaltigen Lebensrad von einem Körper zum anderen wandert. Dieses begrenzende Beiwerk — das physische, mentale und kausale — bringt den ›Atman‹ auf die Ebene des ›jiva‹ (individuelles Bewußtsein) herunter und bestimmt sein Schicksal, indem er in den endlosen Kreislauf hineingezogen wird. Im Innersten des ›jiva‹ ist das bezeugende Selbst, das lediglich auf den gesamten Schauplatz niederblickt und sein Licht darüber verbreitet, welches das Ego, das Gemüt, die Sinne und die Sinnesgegenstände beleuchtet und dennoch weiterhin in seinem eigenen Glanz erstrahlt, auch wenn der Schauplatz wieder geräumt ist. Letzterer ist einem silbernen Bildschirm vergleichbar, auf dem allein sich diese ganze Schau abspielt.

Diese Stufe zu erlangen, auf der der ›Atman‹ weiß, was seine Bestimmung ist, und erkennt, daß er und ›Brahman‹ eins sind, ist das Ziel des *Advaitismus*. Dieser Zustand besteht in der direkten Erfahrung, und wie *Shankara* deutlich klargemacht hat, kann er nicht durch bloßen Vernunftschluß, Lesen von Schriften oder durch Vollziehen von Ritualen erreicht werden. Er kann nur zustandekommen, wenn man Yoga übt. Es ist wesentlich, sich zu vergegenwärtigen, daß der *Advaitismus* an sich kein Yoga ist, sondern streng genommen, die Philosophie des Yoga in ihrem Feinsten und Tiefsten darstellt. Wie *Shankara* selbst erklärte, sprach er von nichts Neuem. Er befaßte sich lediglich mit der Aufgabe, das, was in den *Upanishaden* und der *Gita* bereits zum Ausdruck gebracht war, neu zu formulieren. Mit einem außergewöhnlichen Verstand und einem verblüffenden Sinn für Logik begabt, ging er daran, die in den *Srutis* enthaltenen Einsichten (Erkenntnisse) in zusammenhängender und systematischer Form von neuem zu erklären, die Einsichten, die in der Folgezeit durcheinandergebracht wurden und zu viel unnötigem Wortstreit geführt haben. Er hat ein für allemal nachgewiesen, daß jeder Versuch einer Beschreibung von ›Brahman‹, der es versäumt, von einer nicht-vielfältigen und nicht-dualistischen Wirklichkeit auszugehen, seiner Natur nach unlogisch sei und daß der *Advaitismus* in der Tat das logische Ergebnis des Yogagedankens ist. Darin einbezogen war die Ansicht, daß von allen ›Samadhi‹-Zuständen derjenige, in dem der individuelle ›Atman‹ seine Identität in ›Brahman‹ verliert — ›Nirvikalpa‹ — der höchste sei. Dieser Zustand sollte hier und jetzt erreicht werden, damit man in diesem Leben die Befreiung (jiwan mukti) erlangt. Wer einmal durch die Welt, wie sie sich uns zeigt, zum Absoluten vorgedrungen ist, wird sich nie mehr von den Erscheinungsformen gefangen nehmen lassen. Er ist ein befreiter Geist, der im Lichte wahren Wissens lebt. Die frühere Antriebskraft mag ihn weiter zum physischen Dasein bringen, aber wenn sie sich einmal erschöpft hat, geht er gänzlich in ›Brahman‹, der reinen Erkenntnis auf.
Shankara war wirklich ein bemerkenswerter Mensch, dem Gelehrsamkeit und Einsicht eigen waren, und sein Beitrag zum indi-

schen Denken ist ein dauerhafter. Indem er dieses zu seinem logischen Schluß führte, gab er ihm den Glanz beständiger Klarheit. Aber genau wie Ritual und Schriften eine unmittelbare innere Erfahrung nicht ersetzen können, so vermag auch das bloße Wissen, daß das Selbst und ›Brahman‹ eins sind, nicht die Stelle tatsächlicher Erfahrung von dieser Einheit auszufüllen. Die Philosophie des Yoga ist nicht das gleiche wie Yoga selbst. Sie kann bestenfalls unser Denken aus der gegenwärtigen Verwirrung befreien, aber das übrige muß eine Sache praktischer persönlicher Verwirklichung durch Yoga bleiben.

Die umseitige Tafel zeigt eine Zusammenkunft des Meisters Sant Kirpal Singh mit Schülern und Interessierten aus vielen Ländern am Jahresende 1972 im Hotel Reale in Rom.

Zweiter Teil

DER SURAT SHABD YOGA
(Der Weg der Meister-Heiligen)

5. Kapitel

SURAT SHABD YOGA

Der Yoga des himmlischen Tonstromes

Im vorangehenden Teil dieser Studie haben wir erfahren, wie seit undenkbaren Zeiten durch die indischen Weisen gelehrt wurde, daß hinter dem offenbarten Selbst, dessen wir uns im alltäglichen Leben bewußt sind, dem Selbst, das dem Leid ausweicht und die Freuden sucht und das sich von einem Augenblick zum anderen wandelt und der Auswirkung von Zeit und Raum unterworfen ist, ein dauerhaftes und beständiges Selbst existiert, der ›Atman‹. Der ›Atman‹ bildet die grundlegende Wirklichkeit, die letzte Substanz, das Wesen des Wesentlichen. Es ist im Lichte seines Seins, daß alles andere Bedeutung annimmt. Wir haben ferner gesehen, wie die indischen Mystiker die Natur des Universums analysiert haben. Bei oberflächlicher Betrachtung scheint unsere Welt eine wunderliche Zusammensetzung gegensätzlicher Elemente zu sein. Mit diesen Widersprüchen vor Augen, sieht sich der Mensch gezwungen, nach einem Schöpfer auszuschauen, der die gegensätzlichen Kräfte im Gleichgewicht hält und die Dauerhaftigkeit hinter dem beständigen Wechsel des Seins darstellt. Aber indem er tiefer und tiefer eindringt, entdeckt er, daß die Widersprüche nur scheinbar und nicht wirklich sind; daß sie weit davon entfernt, gegensätzlicher Natur zu sein, unterschiedliche Offenbarungen derselben Kraft darstellen und daß sie schließlich nicht einmal Offenbarungen sind, wie man sie gewöhnlich bezeichnet, vielmehr Täuschungen des unwissenden Gemüts, die im Lichte der Erkenntnis zerstreut werden, wenn man anfängt, zu wissen, daß das Meer unveränderlich ist, obgleich es sich stets zu verändern scheint.

Diese beiden Einsichten dienen als Grundlage für das indische

Denken und bei genauer Betrachtung wird man finden, daß sie sich nicht voneinander unterscheiden, sondern eins sind. Wenn man die absolute Natur des inneren Selbst erkennt, den ›Atman‹, erkennt man auch die wahre Natur vom Sein des ›Paramatman‹, den ›Brahman‹. Wenn man umgekehrt die Natur des ›Paramatman‹ oder ›Brahman‹ versteht, versteht man auch die Natur des ›Atman‹. Wenn es hinter dem veränderlichen, zeitgebundenen Selbst ein unveränderliches, ewiges und zeitloses Selbst gibt und wenn es hinter der beständigen Veränderung der Schöpfung wie wir sie normalerweise kennen, eine absolute, unveränderliche Wirklichkeit gibt, dann müssen die beiden verwandt sein, ja sie müssen irgendwie dasselbe sein, denn wie könnte es das Absolute zweifach geben; wie kann der ›Atman‹ von ›Brahman‹ verschieden sein, wenn alles, was es gibt, nur eine Widerspiegelung des ›Brahman‹ ist?

In dem Augenblick, wo wir diese Wahrheiten über die Natur des Selbst und des Überselbst oder die eine Wahrheit über das Wesen der Wirklichkeit erkennen, erhebt sich unweigerlich die Frage: Warum erfahren wir im täglichen Leben die Welt in Begriffen der Zweiheit und der Vielheit, indem wir uns selbst getrennt von jedem anderen und vom Leben im allgemeinen empfinden; und welches sind die Mittel und Wege, durch die wir diese unnötige Einengung unserer Selbst überschreiten können, um mit diesem Meer der Bewußtheit, das unser wirkliches Sein ist, eins zu werden? Die Antwort auf den ersten Teil dieser Frage ist, daß der Geist während seines Abstiegs von einer Hülle nach der anderen, mentaler und stofflicher Art, bedeckt wird, die ihn zwingen, das Leben in Begriffen, die ihrer Begrenzung entsprechen, zu erfahren, bis er sich seiner innewohnenden Natur nicht mehr bewußt, mit ihrem Bereich von Zeit und Raum — nam-rup-prapanch — identifiziert. Und die Antwort auf den zweiten Teil lautet, daß sich die Seele selbst bezeugen kann, wenn sie sich des begrenzenden Beiwerks entledigt. Die vielen Formen und Variationen des Yoga, die wir untersucht haben, sind nichts weiter als verschiedene Methoden, um diesen Vorgang der Befreiung oder die spirituelle Wendung nach innen zu verwirklichen.

Das eine immer wiederkehrende Thema in den Lehren aller großen *Rishis* und Mystiker war, daß ihre Einsichten nicht auf überliefertem Wissen fußen und auch nicht auf philosophischen Spekulationen oder logischer Schlußfolgerung, sondern auf einer inneren Ersthand-Erfahrung oder ›anubhava‹ — ein Wort, dessen Klarheit des Ausdrucks sich jeder Übersetzung entzieht. Sie erklären, daß die scheinbaren Unterschiede nicht auf eine Widersprüchlichkeit ihrer Aussagen zurückzuführen sei, sondern darauf, daß die Menschen in ihrer Gemütsart sehr verschieden sind. Was für einen Menschen mit gebildetem und verfeinertem Verstand möglich ist, ist es nicht für den unverbildeten Bauern und umgekehrt. Es sind viele Flüsse, die ihren Weg durch verschiedene Ebenen nehmen, aber sie münden alle in das Meer. *Patanjalis* achtfältiger Pfad ist der erste größere Versuch, die vielen vorhandenen Wege zu einem einzigen zusammenhängenden System für spirituelle Vervollkommnung zu verbinden. Spätere *Rishis* und Lehrer leiten viele Anweisungen von ihm ab, aber ihre Lehren müssen zu der Erkenntnis führen, daß sein System zu streng und anspruchsvoll ist und dazu neigt, dem Durchschnittsmenschen ein spirituelles Vorwärtskommen zu versagen. Außerdem ist es so kompliziert, daß die Mehrheit der ›sadhaks‹ (Aspiranten) dadurch leicht verwirrt wird und sich demzufolge verirrt und die dazwischenliegenden Ziele fälschlicherweise für die letzte Bestimmung hält. Und während ›Mantra Yoga‹, ›Laya Yoga‹, ›Hatha Yoga‹ und besonders ›Raja Yoga‹, die Tradition *Patanjalis* in veränderter Form fortsetzen, tauchen drei andere bedeutende Formen auf, die im Gegensatz zum ›Ashtang Marg‹ eine große Vereinfachung und Spezialisierung darstellen. Der Jnana-Yogi, der Karma-Yogi und der ›Bhakta‹ brauchen sich nicht weiterhin von der Welt zurückzuziehen oder sich strengen psychophysikalischen Schulungen unterziehen. Jeder nähert sich dem Ziel von seinem besonderen Gesichtspunkt aus und erreicht es durch eine zielbewußte Konzentration.

Wie *Shankara* erklärte, ist das Endziel aller Yogas das Aufgehen in ›Brahman‹. Deswegen streben alle diese Wege zu ›samadhi‹, weil man in diesem Zustand eine solche Erfahrung erlangen kann.

Doch wenn auch *Patanjalis* System und seine Verzweigungen gewisse ernst zu nehmende Nachteile haben, ist es noch immer fraglich, ob die drei anderen Hauptformen völlig frei davon sind. Wenn für den Karma-Yoga Freiheit nur in der Loslösung und der Wunschlosigkeit besteht, kann er sie dann überhaupt vollständig erreichen? Sucht er nicht, indem er seinen Pfad verfolgt, Befreiung und ist das nicht erneut eine Form des Wunsches? Ist es weiterhin, rein psychologisch gesehen, dem menschlichen Geist möglich, sich von seinem gewöhnlichen Erfahrungsgebiet völlig loszusagen, ohne daß er sich zuerst in einem anderen und höheren verankert? Es ist allgemein kennzeichnend für den Menschen, daß er Beziehung zu etwas sucht, das außerhalb von ihm liegt. Dies ist das Gesetz seines Lebens und die Quelle all seiner großen Leistungen. Das Kind hängt an seinem Spielzeug, der Erwachsene an seiner Familie und der Gesellschaft, und genau wie man ein Kind nicht ohne Schaden seines Spielzeugs berauben kann, solange es ihm nicht psychologisch entwachsen ist, so ist es auch ein Schnitt in die Wurzel des Lebens, wenn man von einem ›sadhak‹ erwartet, daß er seine sozialen und familiären Bindungen aufgibt, ohne ihnen erst dadurch entwachsen zu sein, daß er etwas Größeres und Umfassenderes entdeckt hat. Es wäre kein Fortschritt, vielmehr ein Rückschritt, denn derjenige, der es als eine aufgezwungene Schulung unternimmt statt einer, die von einer höheren Erfahrung herrührt, erreicht nur, daß er seine natürlichen Wünsche unterdrückt. Die Folge davon ist, daß sich das Bewußtsein nicht erhebt, sondern erstarrt und schwindet. Kurzum, es bedeutet keine Loslösung, sondern Gleichgültigkeit, die, wie *T. S. Eliot* sagte, »völlig abweicht« von »Verhaftung« und »Loslösung«. Es gleicht, wie es heißt

»... *dem anderen wie der Tod dem Leben, der zwischen zwei Leben steht — unfruchtbar, zwischen der lebenden und der tauben Nessel.*«

Die Schulung des ›Karma Yoga‹ ist notwendig, aber wenn sie ihren Zweck erfüllen soll, muß sie durch eine weitere Schulung esoterischer Art vervollständigt werden, ohne die sie Gefahr läuft, der sinnlose Versuch zu bleiben, sich am eigenen Zopf emporzuziehen.

Was den ›Jnana Yogi‹ betrifft, so kann ihn ›Jnana‹ tatsächlich sehr weit führen. Es kann ihn über die großstoffliche physische Ebene in die spirituellen Ebenen hineinbringen. Aber kann ›Jnana‹ ihn über sich selbst hinaustragen? Und wenn es, wie wir gesehen haben, eine der ›koshas‹ bildet, die den ›Atman‹ umgibt, wenn auch eine sehr verfeinerte, wie kann es dann absolute Freiheit mit sich bringen? ›Jnana‹ ist eine Hilfe, und dennoch erweist es sich als ein Hindernis. Es hat unzweifelhaft die Macht, die Seele von allen Behinderungen, die gröber sind als sie selbst, zu befreien, aber hier angelangt, neigt es dazu, den weiteren Fortschritt zu hemmen. Und da es nicht vom wahren Wesen der Seele, nicht das Absolute ist, kann es nicht gänzlich über der Reichweite des Zeitlichen liegen. Die Mystiker unterscheiden zwischen zwei Bereichen des Zeitlichen: ›Kal‹ und ›Mahakal‹. Der erste bezieht die physische Welt und die weniger grobstofflichen Regionen ein, die unmittelbar darüber liegen; und der zweite erstreckt sich auf alle höheren Ebenen, die nicht rein spirituell sind. Aus dem Grunde können auch die Ziele, zu denen ein ›Jnani‹ gelangt, wohl über der Reichweite des Zeitlichen liegen, wie wir es normalerweise sehen (kal), aber sie liegen nicht völlig über der Reichweite der größeren Zeitlichkeit (mahakal). Man braucht kaum darauf hinzuweisen, daß das, was für ›Jnana‹ gilt, auch für die Yogaformen Gültigkeit hat, die von den Prana-Kräften abhängen. Auch sie sind nicht vom Wesen des ›Atman‹ und können als solches nicht zu einem Zustand absoluter Reinheit führen, der jenseits vom Bereich der Relativität liegt.

Abgesehen davon, daß er keine absolute Freiheit sichern kann, ist der ›Jnana Yoga‹ ein Pfad, der dem gewöhnlichen Menschen unzugänglich ist. Er verlangt außergewöhnliche Verstandeskräfte und Ausdauer, die nur wenige besitzen. Es galt diesen Schwierigkeiten zu begegnen, wie auch denen, die beim ›Karma Yoga‹ auftraten, wenn er für sich selbst ausgeübt wurde, und so gelangte ›Bhakti Yoga‹ zu Ansehen. Jemand, der normalerweise nicht imstande war, sich von der Welt zu lösen, und dem die geistigen

Kräfte fehlten, um das wirkliche Selbst vom unwirklichen zu trennen, könnte kraft der Liebe die Kluft überspringen oder überbrücken und das Ziel erreichen. Aber wie kann der Mensch das lieben, was weder Form noch Gestalt hat? Und so festigt sich der ›Bhakta‹ in der Liebe zu einem ›Isht-deva‹, einer bestimmten Offenbarung der Gottheit. Doch indem er diese praktische Schwierigkeit umgeht, setzt er sich denselben Begrenzungen aus wie der ›Jnani‹. Der erwählte ›Isht-deva‹ stellt seiner Natur nach eine Begrenzung des namenlosen und formlosen Absoluten dar. Aber selbst wenn der ›Bhakta‹ die Ebene dieser Offenbarung erreicht, kann ihn dann dieses begrenzte Wesen über sich hinaus und dorthin bringen, wo es keine Begrenzung gibt? Ein Studium vom Leben bekannter Vertreter dieses Systems klärt den Punkt. *Ramanuja*, der bekannte Mystiker des Mittelalters, vermochte die Lehren seines Vorgängers *Shankara* nicht zu begreifen. Er verstand, was in der indischen Philosophie als *Vasisht-Advaita*-Schule bekannt ist, das heißt, daß der ›Atman‹ den ›Ishwar‹ erreichen kann (nämlich Gott als den offenbarten Schöpfer des Universums); er kann vom kosmischen Bewußtsein durchdrungen sein, aber niemals eins mit Ihm werden, ganz zu schweigen von Gott als dem ungeoffenbarten, namenlosen ›Brahman‹. Die Erfahrung von *Sri Ramakrishna*, der in unserer Zeit lebte, zeigt diese Begrenzung noch einmal auf. Er war immer ein Verehrer der göttlichen Mutter gewesen, und sie segnete ihn des öfteren mit ihren Visionen. Aber er sah sie immer als etwas von ihm Getrenntes, als eine Kraft, die außerhalb von ihm lag und als eine, für deren Wirken er oftmals als Medium diente; jedenfalls als eine solche, mit der er nicht eins werden konnte. Als er später *Totapuri*, einem ›Advaita-sanyasin‹, begegnete, erkannte er, daß er über diese Stufe hinauskommen mußte, zu einer, wo es weder Name noch Form gab und auf der das Selbst und das Überselbst eins wurden. Als er jedoch diesen Zustand zu erlangen suchte, entdeckte er, daß das, was er bisher erreicht hatte, sich trotz all seiner Versuche als Hindernis erwies. Er läßt wissen:

> Es war mir nicht möglich, den Bereich von Name und Form zu überqueren und meinen Geist zum unbedingten Zustand

zu bringen. Ich hatte keinerlei Schwierigkeit, ihn von allen Dingen zurückzuziehen bis auf eines, und dies war die allzuvertraute Form der wonnevollen Mutter — strahlend und vom Wesen reiner Bewußtheit — die mir als lebendige Wirklichkeit erschien und die mir nicht erlaubt, den Bereich von Name und Form zu übersteigen. Immer wieder versuchte ich, den Geist auf die Advaita-Lehre zu konzentrieren, aber jedesmal stand mir die Form der Mutter wieder im Weg. Voller Verzweiflung sagte ich es dem ›Nackten‹ (sein Meister *Totapuri*): »Es ist hoffnungslos, ich kann meinen Geist nicht zu dem unbedingten Zustand erheben, um den ›Atman‹ von Angesicht zu Angesicht zu sehen.« Er wurde zornig und sagte streng: »Was, du kannst nicht? Du mußt!« Er schaute nach etwas aus und entdeckte ein Stück Glas, hob es auf und drückte seine Spitze zwischen meine Augenbrauen, indem er sagte: »Konzentriere deinen Geist auf diesen Punkt.« Ich setzte mich wieder mit festem Entschluß, zu meditieren, und sobald die gütige Form der göttlichen Mutter erschien, benutzte ich meine Unterscheidungskraft als Schwert und trennte sie in zwei Teile. Nun gab es kein Hindernis mehr für meinen Geist, der sich sogleich über die relative Ebene erhob, und ich verlor mich im ›Samadhi‹.

Aussprüche von Sri Ramakrishna
Mylapore — Madras 1954, S. 313

Es ist somit klar, daß der ›Bhakta‹ spirituell sehr weit gehen und sein Bewußtsein sehr erhöhen kann, wunderbare Kräfte erwirbt und sich, in einer höheren Liebe verankert, über die Liebe dieser Welt erhebt. Es ist ihm aber nicht möglich, über die Ebene von »Name und Form«, das heißt, über die Relativität hinauszugelangen. Er kann sich in der Kontemplation über die Gottheit mit ihren erstaunlichen Attributen verlieren, doch er kann sie nicht in ihrem ›nirguna‹, ihrem ›anami‹ oder in ihrem ›unbedingten‹ und ›namenlosen‹ Zustand erfahren. Er kann sich voll des kosmischen Bewußtseins finden, aber es kommt zu ihm wie etwas, das außerhalb von ihm liegt, als ein Gnadengeschenk, und er ist nicht in der Lage, sich darin zu verlieren und sich mit dem Meer des Seins zu verschmelzen. Sucht er diesen Zustand zu erlangen, wird ihn seine Vollendung als ›bhakta‹ eher hemmen, anstatt ihm weiterzuhelfen.

Die beiden Dinge, die sich bei einer Untersuchung der allgemeinen Yogaformen, wie sie nach *Patanjali* entwickelt wurden, zeigen, sind: 1. daß sich die Seele über das Körperbewußtsein erheben kann, wenn die Mittel gegeben sind, womit sie ihre Energien im Brennpunkt sammelt, ohne zu der mühseligen Kontrolle der ›pranas‹ Zuflucht nehmen zu müssen; und 2. daß vollkommene spirituelle Verwirklichung oder echter ›samadhi‹ nicht nur eine Sache des Überschreitens des Physischen ist (obgleich dies als erster Schritt notwendig ist), sondern das Ende einer komplizierten inneren Reise, bei der es viele Zwischenstationen gibt, deren Erreichen unter gewissen Umständen irrtümlicherweise für das letzte Ziel gehalten werden kann, was jeden weiteren Fortschritt ausschließt. Das Problem, das sich für den wahren Sucher angesichts einer solchen Situation erhebt, ist, andere Hilfsmittel zu entdecken als die der ›pranas‹, des ›jnana‹ oder der Hingabe (bhakti) an einen ›Isht-deva‹. Es gilt nicht nur, die Geistesströme von der gegenwärtigen physischen Gebundenheit zu befreien, sondern auch die Seele in die Lage zu setzen, unbehindert nach oben und von einer spirituellen Ebene zur anderen zu gelangen, bis sie alle Bereiche des Relativen, von ›naam‹ und ›rup‹, ›kal‹ und ›mahakal‹, völlig übersteigt und somit ihr Ziel erreicht: die Einswerdung mit dem Namenlosen und Formlosen.

Der Tonstrom

Im Zusammenhang mit diesem Problem erhält der Surat Shabd Yoga oder der Yoga des himmlischen Tonstromes seine einmalige Bedeutung. Diejenigen, welche diesen Yoga gemeistert haben, lehren, daß das Absolute, obgleich in seinem ursprünglichen Zustand frei von allen Attributen, sich selbst in die Form projiziert und zwei erste Attribute annimmt: Licht und Ton. Es ist kein bloßer Zufall, daß in den Offenbarungsschriften aller bedeutenden Religionen häufige Hinweise auf das *Wort* zu finden sind, das eine Hauptstellung in ihren Lehren innehat. So lesen wir im Evangelium:

> *Im Anfang war das Wort, und das Wort war bei Gott,*
> *und Gott war das Wort.*
>
> Joh. 1, 1

In den alten indischen Schriften lesen wir wiederholt von ›Aum‹, dem heiligen Wort, das die drei Bereiche ›bhur‹, ›bhuva‹ und ›swah‹ (das Physische, das Astrale und das Kausale) durchdringt.

Guru Nanak sagte:

> *Himmel und Erde bestehen nur aus* Shabd *(dem Wort);*
> *aus* Shabd *allein ward das Licht geboren;*
> *einzig aus* Shabd *entstand die ganze Schöpfung;*
> Shabd *ist des Wesens Kern in allem.*
> Shabd *ist die richtungweisende, wirkende Kraft Gottes,*
> *der Ursprung aller Schöpfung.*
>
> Prabhati

Die *Moslem Sufis* erklären:

> *Die Schöpfung kam durch* Saut *(Ton oder Wort)*
> *ins Dasein, und aus* Saut *ging alles Licht hervor.*
>
> Shamas-i-Tabrez

> *Der Große Name ist das Wesen und das Leben aller*
> *Namen und Formen;*
> *seine offenbarte Form erhält die Schöpfung.*
> *Er ist das große Meer, von dem wir nur die Wellen sind.*
> *Der allein kann dies fassen, der unsere Wissenschaft*
> *gemeistert hat.*
>
> Abdul Razaq Kashi

Moses hörte die Gebote Gottes inmitten von Donner und Feuer. Im Gedankengut von *Zoroaster* und im *Tao* gibt es ebenfalls Hinweise auf das »Schöpferische Wort«, das »Göttliche Licht« und auf das »Wortlose Wort«: das verschwiegene Wort. Einige gelehrte Schüler und Theologen der späteren Zeiten haben zufolge ihrer eigenen begrenzten Erfahrung diese Schilderungen als bildliche Hinweise auf intuitive und intellektuelle Erleuchtung hingestellt. Aber bei näherer Prüfung erweist sich eine solche Darstellung als unhaltbar. Den Begriffen »Wort« und »Logos«, wie sie die Griechen, Europäer und Hebräer angewandt haben, mag die Bedeutung »Ursache« oder »Ordnung« aufgezwungen worden sein, und »Licht« mag auf diese Weise nichts anderes besagen als »mentale Erleuchtung«, aber ihre Entsprechungen in der religiösen Literatur — *nad, udgit, akash-bani, shabd, naam, saut, bang-i-illahi, nida-i-asmani, sarosha, tao,* und *jyoti, prakash, tajalli, nur-i-yazdani* usw. — lassen es nicht zu, ein solches Zerrbild für ihre ursprüngliche mystische Bedeutung zu dulden. Überdies haben einige Seher ihre wirkliche Bedeutung auf eine Weise dargelegt, daß es keinen Spielraum für eine Zweideutigkeit oder auch für einen Zweifel geben kann, daß das, was die Begriffe enthalten, keine bildliche Schilderung von einer gewöhnlichen mentalen Erfahrung ist, sondern eine transzendente innere Wahrnehmung und Erkenntnis. So finden wir in der Offenbarung:

> *Seine Augen waren wie eine Feuerflamme...*
> *Seine Stimme wie großes Wasserrauschen...*
> *Sein Angesicht leuchtete wie die helle Sonne...*   I

> *Und ich hörte eine Stimme vom Himmel als eines*
> *großen Wassers und wie eine Stimme eines großen*
> *Donners; und die Stimme, die ich hörte, war als*
> *der Harfenspieler, die auf ihren Harfen spielen.*   XIV

Und aus der *Nad Bind Upanishad* wissen wir:
> *Zuerst gleichen die brausenden Töne jenen der*
> *Meereswogen, dem Fallen des Regens, dem Rauschen*
> *des Baches, und dann wird* Bheri *gehört, unter*
> *mischt mit den Tönen der Glocke und der Muschel.*

Der *Prophet Mohammed* hörte eine himmlische Musik, die allmählich die Gestalt von *Gabriel* annahm und sich in Worte formte. Und *Baha U'llah* erklärte:

> *Myriaden von mystischen Zungen finden Ausdruck in einer*
> *Sprache, und Myriaden Seiner verborgenen Mysterien wer-*
> *den in einer einzigen Melodie enthüllt; aber leider gibt es*
> *kein Ohr, das ihr lauscht, kein Herz, das sie versteht.*

Blind sind deine Augen, daß du mögest schauen Meine Schönheit; verstopfe deine Ohren, damit du die süße Melodie Meiner Stimme hören kannst.

Diese Hinweise auf Licht und Ton sind nach den Meistern des ›Surat Shabd Yoga‹ nicht bildlich, sondern buchstäblich zu nehmen; und sie beziehen sich nicht auf die äußere Beleuchtung oder die Töne dieser Welt, sondern auf die inneren transzendenten Welten. Dieser transzendente Ton und dieses transzendente Licht, lehren sie, sind die ersten Offenbarungen Gottes, wenn Er sich in die Schöpfung hineinprojiziert. In Seinem namenlosen Zustand ist Er weder Licht noch Dunkelheit, weder Ton noch Stille; aber wenn Er Form und Gestalt annimmt, erheben sich Licht und Ton als Seine ersten Attribute.

Diese Geisteskraft — *Wort, Naam, Kalma* — oder der waltende Gott, ist für alles, was ist, verantwortlich. Doch die physischen Universen, die wir kennen, sind nicht die einzigen, die sie hervorgebracht hat. Sie hat Myriaden Regionen und Myriaden Schöpfungen ins Leben gerufen. In der Tat ist das Ganze eine großartige, unergründliche, grenzenlose Gestaltung, worin der positive Pol (Sach Khand oder Sat Lok) durch eine Ebene aus reinem, unvermischtem Geist gebildet ist, während der negative (Pind) aus grober, physischer Materie besteht, mit der wir in dieser Welt vertraut sind. Dazwischen liegen unzählige Regionen, welche diejenigen, die von einem Ende zum anderen gelangt sind, oftmals in drei unterschiedliche Ebenen aufteilen, entsprechend dem besonderen Ausgleich von positiv-spirituellen und negativ-materiellen Kräften.

Die Meister lehren, daß das eine dauerhafte Prinzip, das alle diese Ebenen aus reinem Geist bis zur groben Materie verbindet, das Prinzip des flammenden Tones oder der tönenden Flamme ist. Das Wort oder Shabd nimmt während seines Abstiegs eine unterschiedliche Dichtigkeit von spirituell-materiellen Kräften an. Die Mystiker sprechen von purpurnem Licht, von Mittagslicht oder von dem der untergehenden Sonne, und sie beziehen sich auf den Ton von Flöten, Harfen, Violinen, Muschelhörnern,

Donner, Glocken, fließendem Wasser usw.; aber obgleich er sich auf den verschiedenen Ebenen unterschiedlich offenbart, bleibt er dennoch in sich selbst unverändert.

Ein Strom, der auf den schneeigen Gipfeln gewaltiger Berge entspringt, erfährt während seines Laufs zum Meer viele Veränderungen: die der Richtung, der Form, der Bewegung und Erscheinung, aber sein Wasser bleibt dasselbe.

Könnte man diesen hörbaren Lebensstrom[1] in sich selbst entdekken, könnte man seine untersten Enden finden, so könnte man ihn als einen Pfad benutzen, der unweigerlich zu seiner Quelle führt. Die Ströme mögen an bestimmten Stellen in Schluchten und Stromschnellen hineinkommen, aber sie sind nichtsdestoweniger der sicherste Weg für die Aufwärtsreise. Mag eine Bergkette auch noch so unwegsam sein, so schneiden die Wasser doch einen Pfad und bahnen einen Durchgang; und einer, der sich ihre Führung zunutze macht, findet immer den Weg. Und seit dieses ›Naam‹ oder der Wort-Strom aus ›Anaam‹ oder dem Wortlosen hervorgegangen ist, wird der, welcher daran festhält, in jedem Fall zum Ausgangspunkt gelangen, wenn er eine Ebene variierender Bedingtheit nach der anderen überschreitet, bis er am Ursprung von Name und Form ankommt und sich mit dem verschmelzt, das weder Name noch Form hat.

Die Ecksteine

Der Tonstrom bietet dem Menschen zweifellos den sichersten Weg, um von der Form zum Formlosen zu gelangen; aber die Frage, die sich da erhebt, ist: Wie kann sich der Mensch Zugang zu ihm verschaffen, um auf diese Weise seine innere Reise zu beenden? Jene, die auf diesem Pfad kundig sind, sagen immer, daß es drei Bedingungen gibt, die erfüllt werden müssen, bevor man in diesem echtesten und eigentlichen Yoga Erfolg haben kann.

---

1 Für Einzelheiten wird auf das Buch ›Naam oder das Wort‹ vom selben Autor verwiesen.

1. Der Satguru

Die erste Bedingung ist, daß man einen *Satguru* oder wahren Lehrer findet, der ein Adept in dieser mystischen Wissenschaft ist. Sie ist eine Sache der praktischen Selbstverwirklichung und nicht die einer philosophischen Erörterung oder einer intuitiven Empfindung. Wenn es eine der bloßen Theorien wäre, dann würden Bücher und Schriften ausreichen für unseren Zweck, und wenn es eine der bloßen Empfindung wäre, dann könnte jeder einfach auf die Eingebungen seines Gemüts bauen. Das Problem, welches vor uns liegt, ist jedoch, daß wir einen ›sechsten Sinn‹ erschließen müssen, den der direkten transzendenten Wahrnehmung, des inneren Hörens und Sehens. Dies kann aber nicht lediglich durch das Lesen von Büchern kommen. Wenn einer blind und taub geboren ist, kann er mittels der Blindenschrift die ausführlichsten Erklärungen lesen über die verschiedenen und reichen Erfahrungen des Hörens und Sehens, die der Mensch gemacht hat. Aber sein Studium kann ihm niemals die direkte Erfahrung einbringen. Er kann durch die Bücher höchstens die Vorstellung von einer umfassenden Erfahrungsebene bekommen, die ihm völlig unbekannt ist, und dies kann in ihm den inneren Drang erzeugen, Mittel und Wege zu finden, durch die er seine körperlichen Beschränkungen überwinden kann. Allein der erfahrene Arzt oder Chirurg kann Heilung bringen, vorausgesetzt, daß seine Krankheit überhaupt heilbar ist. Fällt er einem Scharlatan in die Hände, wird sein Zustand nur schlimmer und noch komplizierter. Gleicherweise muß der Strebende, der innere spirituelle Meisterschaft sucht, nach der Hilfe eines solchen Ausschau halten, der den Weg bereits kennt. Alles Lesen der Schriften, all sein Überlegen kann ihn bestenfalls (wenn er für das darin Enthaltene empfänglich ist) zu dem einzigen Schluß bringen: Der Notwendigkeit eines lebenden Meisters. Ohne einen solchen kann er nicht einmal die wahre Bedeutung der offenbarten Schriften verstehen. Sie sprechen von Erlebnissen, die über seiner Erfahrungsebene liegen, und wenn sie seine Sprache gebrauchen, können sie nur in Bildern und Gleichnissen sprechen; denn wie könnte die

Redeweise des Blinden das Geschaute direkt ausdrücken? Der Versuch, das reiche spirituelle Erbgut unseres religiösen Schrifttums völlig in Begriffen, die unserer begrenzten Erfahrung entsprechen, zu erklären, kann nur zu einer Verzerrung und Verdrehung ihres wirklichen Sinnes führen. Wir können viel an psychologischer Weisheit anhäufen, aber die innere Bedeutung geht uns verloren, und unser ganzes verstandesmäßiges Theoretisieren kann uns lediglich in endlose theologische Widersprüche verwickeln, mit denen die verschiedenen institutionellen Religionen heutzutage überladen sind.

Nur einer, der selbst erfahren hat, was die großen Schriften beschreiben, vermag uns ihren wirklichen Sinn zu vermitteln. Aber die Aufgabe eines spirituellen Lehrers hört hier nicht auf. Die Aufklärung über die wahre Bedeutung der Religion ist nur ein erster Schritt. Nachdem der Strebende die wahre Natur seines Ziels verstanden hat, muß er es praktisch und vernunftmäßig befolgen. Etwas zu erkennen, ist die eine Seite, und es zu tun, eine ganz andere. Erst wenn dem Aspiranten das Ziel, das es zu erreichen gilt, erklärt ist, beginnt die Aufgabe des Meisters. Es ist nicht genug damit, daß ein Arzt die Ursache der Krankheit des Blinden erkennt und bestimmt, er muß auch die Operation vornehmen. So gibt der spirituelle Führer dem Schüler bei der Initiation eine Ersthand-Erfahrung des inneren Lichts und des inneren Tons. Er bringt ihn in Verbindung mit dem göttlichen Strom, sei es auch an dessen unterstem Ende, und unterweist ihn im spirituellen ›sadhan‹ (Übung), dem er nachkommen muß, um diese innere Erfahrung in vollem Umfang zu festigen und zu entwickeln.

Wer einen solchen Lehrer findet, ist wahrhaft gesegnet. Aber ihn ausfindig zu machen und von ihm initiiert zu werden, reicht nicht aus. Die noch im Keimen begriffene spirituelle Erfahrung, die er gibt, muß genährt und zur vollen spirituellen Blüte entwickelt werden. Um dazu imstande zu sein, muß man das, was man hört, aufnehmen und versuchen, es in die Praxis umzusetzen. Einen solchen Menschen zu kennen, heißt, ihn zu lieben; und ihn zu lieben heißt, seine Gebote zu halten. Solange man nicht lieben, gehorchen und sein Leben umformen kann, bleibt die Gabe des Meisters wie eine in der Stahlkammer verschlossene Saat, die nicht gedeihen und zur Frucht gebracht werden kann.

2. Sadachar

Es ist die Notwendigkeit der Selbstdisziplin, die ›Sadachar‹ zum zweiten Eckstein der Lehre macht. Das Wort ›Sadachar‹ ist nicht leicht zu übersetzen. Es gibt zwar viele begriffliche Entsprechungen, aber keine von ihnen bringt seine ausgedehnte und vielseitige Bedeutung wirklich zum Ausdruck. Kurz gesagt, bedeutet es ein gutes und reines Leben. Es schließt keine strengen Gesetze oder festgelegten moralischen Vorschriften ein, legt aber Reinheit und Einfachheit nahe, die sich von innen her strahlend nach außen verbreiten und alles Tun, jedes Wort und jeden Gedanken durchdringt. Es betrifft ebenso die persönlichen Gewohnheiten, ob sie gut oder hygienisch sind, wie auch die individuelle und soziale Ethik. Von seiner ethischen Seite her bezieht es sich nicht allein auf den Umgang mit den Mitmenschen, sondern mit allem, was lebt, das heißt der Harmonie. Dies folgt aus der Erkenntnis, daß alles gleichen Wesens ist und darum genau so einen Teil des ›Brahman‹ bildet wie die mächtigste der Gottheiten, *Indra*.
Die erste Lektion, die von einem wahren Meister gegeben wird, ist die von der ›Gleichheit des Wesenskerns‹; wer diese Wahrheit begriffen hat, wird sein Leben dementsprechend führen. Er wird nicht die Beute seiner zügellosen Wünsche sein; sein einziges Ziel wird sein, den Ruhepunkt zu erreichen, der alles Tun in sich schließt, den Punkt, wo nichts zu haben ebensoviel heißt, wie alles zu besitzen. Er wird dann wissen, daß der einzige Weg der Erfüllung durch Verzicht kommt, und der einzige Weg, um den Allmächtigen zu erreichen, dadurch, daß man sich aller anderen Bindungen entledigt:

Um dahin zu kommen, Freude in allem zu finden,
wünsche, Freude in nichts zu haben.

Um dazu zu kommen, alles zu besitzen,
wünsche, nichts zu besitzen.
Um dahin zu gelangen, alles zu sein,
wünsche, nichts zu sein.

Johannes vom Kreuz

Reinige das Gemach deines Herzens,
damit der Geliebte Einzug halten kann.

Tulsi Sahib

Wo nichts ist, da ist Gott.

W. B. Yeats

Befreit vom Dämon des Wunsches (kama), wird er frei vom Dämon des Zornes (krodh), der dem vereitelten Wunsche folgt. Von diesen losgekommen, wird er auch von Gier (lobh), Verhaftetsein (moha) und Stolz (ahankar) frei, die nur Ausweitungen des Wunsches sind.

Er würde ein von allem losgelöstes Leben führen (nishkama). Diese Loslösung würde jedoch für ihn nicht ein gleichgültiges Leben oder eines des asketischen Verzichts bedeuten. Alles Leben zu kennen heißt, zwischen sich und der übrigen Schöpfung ein neues Band zu finden. Wer dies erkennt, kann nicht »gleichgültig« sein. Er muß zwangsläufig bis zum Überfließen von Sympathie für alles, das ihm begegnet, erfüllt sein, und Sympathie für das Ganze muß einen gewissen heiligen Gleichmut dem Teil gegenüber enthalten. Er wird nicht weiter nur an seinen eigenen, engen persönlichen Interessen festhalten, sondern seine Liebe und Hilfe allen zukommen lassen. Er wird langsam, aber sicher, etwas vom Mitleid des *Buddha* und von der Liebe von *Christus* entwickeln. Er wird sich nicht veranlaßt fühlen, die Welt zu verlassen, um in die Einsamkeit der Wälder und Berge oder in eine Einöde zu gehen. Die Loslösung muß eine innere sein, und einer, der sie nicht zu Hause erlangen kann, wird sie auch nicht in den Wäldern erreichen. Er wird erkennen, welchen großen Nutzen es hat, sich gelegentlich von den weltlichen Angelegenheiten und Kümmernissen in die Stille einer einsamen Konzentration und

Meditation zurückzuziehen; aber er wird nicht versuchen, dem Leben und seinen Verpflichtungen zu entgehen. Er wird ein liebevoller Ehemann und ein guter Vater sein, aber er wird dabei niemals den eigentlichen Zweck des Lebens vergessen und immer dem Kaiser geben, was des Kaisers ist, und Gott bewahren, was Gott gehört. Er wird auch wissen, daß er nicht dadurch über den Wunsch hinausgelangt, daß er ihn unterdrückt, sondern indem er ihm entsprechend begegnet und ihn überwindet. Für ihn ist ›sanyasa‹ nicht eine Sache äußeren Ausweichens oder Entkommens, vielmehr eine der inneren Freiheit, ein Begriff, den *Guru Nanak* sehr gut zum Ausdruck gebracht hat, als er sagte:

> *Möge Genügsamkeit euer Ohrring sein*
> *und Streben nach dem Göttlichen und Achtung*
> *für das höhere Selbst euer Beutel.*
> *Ständige Meditation über Ihn sei eure Asche.*
> *Bereitschaft für den Tod soll euer Umhang sein,*
> *und euer Körper sei wie eine reine Jungfrau.*
> *Eures Meisters Lehren mögen der Stab sein,*
> *der euch stützt.*

Jap Ji

Die beiden Haupttugenden, die ein solcher Mensch pflegt, sind Nächstenliebe und Keuschheit. Er hat ein weites Herz und ist freigebig und er ist mehr um die Leiden anderer besorgt als um seine eigenen; darum wird es ihm nie schwer fallen, denen zu vergeben, die ihm Unrecht getan haben. Er wird einfach und zurückhaltend sein; er braucht wenig und ist leicht zufriedengestellt; denn einer, der zuviele Wünsche hat und an zu vielen Dingen haftet, kann nicht reinen Herzens sein. Seine Reinheit wird sich sogar so weit ausdehnen, daß er Fleisch und Alkohol meidet. Denn wenn alles Leben nur eines ist, hieße es, sich selbst zu verunreinigen, wenn man sich vom Fleisch anderer Lebewesen nährt. Und wenn es des Menschen Ziel ist, höhere Bewußtseinsbereiche zu erlangen, bedeutet seine Zuflucht zu Narkotika und berauschenden Getränken, einen Rückschritt heraufzubeschwören. Es ist nicht eine besondere Eigenheit indischer Seher, daß sie die Enthaltsamkeit von Fleisch und Alkohol zu einem notwendigen Teil der spirituellen Schulung gemacht haben. Der *Koran* und die *Bibel* schärfen ähnliches ein. So finden wir in den Sprüchen 23, 20:

> *Sei nicht unter den Säufern und Schlemmern.*

Und:

> *Es ist besser, du essest kein Fleisch und trinkest keinen Wein und tuest nichts, daran sich dein Bruder stößet, oder ärgert, oder schwach wird.*
>
> Römer 14, 21

Weiter ist gesagt:

> *Die (Fleisch-)Speise dem Bauche und der Bauch der (Fleisch-)Speise; aber Gott wird diesen und jene zunichte machen. Der Leib aber nicht der Hurerei, sondern dem Herrn, und der Herr dem Leibe.*
>
> 1. Kor. 6, 13

Im Essäischen Johannes-Evangelium (der direkten Übertragung aus dem Aramäischen, mit den reinen und ursprünglichen Worten *Jesu*) lesen wir:

> *Aber sie antworteten ihm: »Wohin sollen wir gehen, Herr ... denn mit dir sind die Worte des ewigen Lebens? Sagt uns, welches sind die Sünden, die wir meiden müssen, damit wir niemals mehr Krankheit sehen mögen?«*

Jesus antwortete: *»Es geschehe nach eurem Glauben«*, und er setzte sich in ihre Mitte und sprach:

> *»Es ward den Alten gesagt: ›Ehre deinen himmlischen Vater und deine irdische Mutter und erfülle ihre Gebote, damit du lange lebest auf Erden.‹ Und danach wurde dieses Gebot gegeben: ›Du sollst nicht töten‹, denn das Leben ist allen von Gott gegeben, und was Gott gegeben hat, soll der Mensch nicht wegnehmen, denn ich sage euch, wahrlich, von einer Mutter stammt alles, was auf der Erde lebt. Wer also tötet,*

der tötet seinen Bruder. Und von ihm wird die irdische Mutter sich abwenden und ihre erquickenden Brüste von ihm wegnehmen. Und er wird von ihren Engeln gemieden werden, und Satan wird in seinem Körper Wohnung nehmen. Und das Fleisch der geschlachteten Tiere in seinem Körper wird zu seinem eigenen Grab. Denn, wahrlich, ich sage euch, der, welcher tötet, der tötet sich selbst, und wer das Fleisch der geschlachteten Tiere ißt, ißt vom Körper des Todes ... Und ihr Tod wird zu seinem Tode ... Denn der Sünde Sold ist der Tod. Tötet nicht, noch eßt das Fleisch eurer unschuldigen Beute, damit ihr nicht Sklaven des Satans werdet. Denn das ist der Pfad des Leidens und er führt zum Tod. Aber tut den Willen Gottes, damit Seine Engel euch dienen mögen auf dem Weg des Lebens. Befolgt daher die Worte Gottes: Seht, ich habe euch gegeben jegliches Kraut, welches Samen trägt, das sich überall auf der Erde befindet, und jeden Baum, in dessen Frucht der Same eines Baumes steckt. Dies soll zu eurer Speise sein; und auch jedem Tier auf der Erde und allen Vögeln in der Luft, und allem, was da kriecht auf der Erde, worin der Atem des Lebens ist, gebe ich jegliches grüne Kraut zur Speise. Auch die Milch von allem Getier, das sich bewegt und lebt auf der Erde, soll für eure Speise sein; ebenso wie ich das grüne Kraut ihnen gegeben habe, gebe ich euch ihre Milch. Aber Fleisch und Blut, welches ihnen Leben gibt, sollt ihr nicht essen ...‹.«

Und Jesus fuhr fort:

»Gott gebot euren Vorvätern: ›Ihr sollt nicht töten.‹ Aber ihre Herzen waren verhärtet und sie töteten. Dann wünschte Moses, daß sie zumindest keine Menschen töten sollten, und er erlaubte ihnen, Tiere zu töten. Und dann wurde das Herz eurer Vorväter noch mehr verhärtet, und sie töteten Menschen und Tiere gleicherweise. Aber ich sage euch: Tötet weder Menschen noch Tiere, noch was ihr sonst zur Nahrung nehmt. Denn wenn ihr lebendige Speise nehmt, wird sie euch erquicken, wenn ihr aber eine Speise tötet, wird die tote

Speise auch euch töten. Denn Leben kommt nur von Leben, und vom Tod kommt immer nur der Tod. Denn alles, was eure Speise tötet, das tötet auch euren Körper. Und alles, was euren Körper tötet, das tötet auch eure Seele. Und euer Körper wird so, wie eure Speise ist, genau wie euer Geist wird, was eure Gedanken sind ...«

Zusammen mit der Reinheit in Speise und Getränk geht eine andere Art der Reinheit, jene, die sich auf das Geschlecht bezieht. Ein ergebener Schüler wird nicht sein ganzes sexuelles Verlangen unterdrücken, denn dies kann nur eine Neurose erzeugen und den Weg für einen Sturz bereiten; er wird stattdessen immer versuchen, es zu veredeln. Er wird verstehen, daß es, was diesen Trieb anbelangt, die Absicht der Natur ist, die Rasse zu erhalten, und er wird ihn so lenken, daß diese Absicht erfüllt wird, und macht ihn niemals zu einem Selbstzweck, das heißt, zu einer Quelle physischer Freude. Denn wenn es dazu kommt, wird er zu einem Rauschgift, das den Geist betäubt und die Zeugung, die von der Natur beabsichtigt ist, vereitelt, indem er die Erfindung und den Gebrauch empfängnisverhütender Mittel unterstützt. Kurzum, der aufrichtige und gewissenhafte Aspirant wird seine ganze Lebensweise neu ordnen: Essen und Trinken, Denken, Handeln und Empfinden usw. Er wird nach und nach die nebensächlichen und ungesunden Wünsche seines Gemüts ausmerzen, bis er allmählich den Stand der Reinheit und Einfachheit erlangt, der dem Kinde eigen ist, denn

> *Wahrlich, ich sage euch: Es sei denn, daß ihr euch umkehret, und werdet wie die Kinder, so werdet ihr nicht ins Himmelreich kommen.*
>
> Matth. 18, 3

Die religiösen Lehrer der ganzen Welt legten größten Nachdruck auf die höheren moralischen Werte, und diese bildeten in der Tat die Grundlage ihrer Lehren. Ein wahrer Meister besteht immer darauf, daß man seine Fehltritte in Gedanken, Worten und Taten im Hinblick auf die fünf Haupttugenden aufzeichnet:

Nicht-Schädigen, Wahrhaftigkeit, Keuschheit, universale Liebe und selbstloses Dienen allen gegenüber, da diese den Weg zur Spiritualität bahnen. Nur wenn wir unsere Fehler erkennen, können wir sie ausmerzen und nach der rechten Richtung streben. Während dieses ganzen Vervollkommnungsprozesses wird er inspiriert durch das Beispiel seines Meisters und die innere Erfahrung, die er von ihm erhält. Das Leben seines Meisters wird für ihn ein lebendiges Vermächtnis sein, das ihn zu den Idealen des ›sadachar‹ aufruft; und die Erfahrung, die er vom inneren *Wort* hat, wird ihm ein Beweis der Wahrheit dessen sein, was sein Meister ihn lehrt. ›Sadachar‹ ist keine trockene Disziplin, die dadurch erlangt wird, daß man gewissen festgelegten Formeln folgt. Es ist eine Lebensweise, und in solchen Dingen kann nur Herz zum Herzen sprechen. Das ist es auch, was den Satsang oder die Gemeinschaft mit einem wahren Meister so wesentlich macht. Der Satsang dient nicht nur dazu, den Schüler beständig an das Ziel, das vor ihm liegt, zu erinnern, sondern durch die magische Berührung des persönlichen Kontaktes wandelt er allmählich den Schüler in seiner ganzen Art und Weise des Denkens und Empfindens um. Da sein Herz und sein Gemüt unter diesem heilsamen und gütigen Einfluß nach und nach immer reiner wird, verankert sich sein Leben mehr und mehr im Göttlichen. Kurz, indem er in zunehmenden Maße das Ideal von ›sadachar‹ in der Praxis verwirklicht, werden seine verstreuten und wandernden Gedanken Gleichgewicht und Vollkommenheit erlangen, bis sie so ganz verfeinert am Brennpunkt zusammenkommen, daß dadurch die Schleier der Dunkelheit zunichte werden und die innere Glorie enthüllt wird.

3. Sadhan

Und nun kommen wir zum dritten Eckstein des spirituellen Gebäudes: dem der spirituellen Übungen oder der ›sadhans‹. Das eine immer wiederkehrende Thema eines ›Puran Guru‹ oder vollendeten Lehrers ist, daß ein gutes Leben, obgleich sehr wünschenswert und unerläßlich, nicht das Ziel in sich ist. Das Ziel des

Lebens ist etwas anderes, etwas Inneres: das Übersteigen dieser Ebene der Bedingtheit und des physischen Daseins in eine des absoluten Seins. Einer, der das erkennt, wird sein Leben dementsprechend ausrichten. Erstens darum, weil eine solche Erkenntnis zu einem Gemütszustand führt, der frei von Ego und Verhaftetsein, sich in seinem tugendhaften und schöpferischen Tun ausdrückt, und zweitens, weil man ohne einen solchen Gemütszustand und die sich daraus ergebende Lebensweise nicht die Ausgeglichenheit und Konzentration gewinnen kann, die für die innere Erhebung unerläßlich ist.

So liegt die Hauptbetonung eines erleuchteten Lehrers immer auf dem transzendenten Ziel. Er lehrt, daß die pranischen und vigyanischen Energien nicht vom Wesen des ›Atman‹ sind, sondern daß sie aus Ebenen stammen, die unterhalb denen des reinen Geistes liegen. Wer sie als Leiter benutzt, kann durch sie das körperliche Bewußtsein übersteigen und die Ebenen erreichen, von denen sie ausgehen, aber er kann nicht über diese hinausgelangen. Da der Geist in allen der nämliche ist, sollten auch die Mittel zur spirituellen Erleuchtung allen gleicherweise zugänglich sein. Aber wie wir bereits gesehen haben, stellen Yoga-Arten, die auf ›pranas‹ oder ›jnana‹ begründet sind, besondere Anforderungen, die nicht alle erfüllen können. Die Prana-Systeme sind für die alten und die ganz jungen Menschen wie auch für solche, die unter Atmungs- und Verdauungsbeschwerden leiden, nicht geeignet. Der Pfad des ›Jnana‹ setzt mentale und intellektuelle Fähigkeiten voraus, mit denen die Natur nur sehr wenige bedacht hat. Wenn diese Wege der Annäherung an Gott wirklich die natürlichen wären, die uns offen sind, dann würde die logische Schlußfolgerung die sein, daß die Natur in ihren Segnungen sehr parteiisch ist, weil sie zwischen den einzelnen Menschen Unterschiede macht. Wenn die Sonne für alle scheint und der Wind für alle weht, warum sollten dann die inneren Schätze nur für wenige Auserwählte sein? Sie sind ebenfalls für alle, seien sie gebildet oder ungebildet.

Yogas, die in der Auswahl ihrer Anhänger so sehr unterscheiden und so anspruchsvoll sind, können nicht ganz natürlich sein. Die

Methode, die von den Meistern des ›Surat Shabd Yoga‹ gelehrt wird, ist eine andere. Dem Sucher wird die Natur der Schöpfung erklärt wie auch der Weg zurück zu der Quelle, wo das Leben seinen Anfang nahm. Bei der Initiation wird ihm eine innere Ersthand-Erfahrung gegeben, die er weiter zu entwickeln hat. Der Sitz der Seele liegt hinter und zwischen den Augenbrauen. Dies wird von allen Yogas anerkannt. Es ist dieser Punkt, auf den sich die Mystiker beziehen, wenn sie von ›Shiv netra‹, ›divya chakshu‹, ›tisra til‹, ›brahmrendra‹, ›triambka‹, ›trilochana‹, ›nukta-i-sweda‹, ›koh-i-toor‹, ›drittes Auge‹ und ›Einzelauge‹ sprechen, das bildlich »der Ruhepunkt«, der »Berg der Verklärung« usw. genannt wird. Auf diesen Punkt muß der ›Sadhak‹ mit geschlossenen Augen seine Aufmerksamkeit konzentrieren, aber die Bemühung der Konzentration muß ohne Anstrengung geschehen, und es darf keine physische oder mentale Anspannung zu spüren sein. Um bei dieser Bemühung behilflich zu sein, gibt der Lehrer dem Schüler ein Mantram oder eine geladene Wort-Formel, welche für die Reise, die vor ihm liegt, symbolisch ist. Wenn man diese langsam und liebevoll mit der ›Zunge der Gedanken‹ wiederholt, hilft sie dem Schüler, die verstreuten Gedanken nach und nach an einem einzigen Punkt zu sammeln. Was dieser Formel ihre Kraft gibt, ist nicht etwas Magisches, das den Worten als solchen anhaftet, sondern die Tatsache, daß sie von einem gegeben worden sind, der sie durch seine eigene spirituelle Praxis und Meisterschaft mit der inneren Kraft geladen hat. Wenn nun der Schüler durch Konzentration und die mentale Wiederholung dieser geladenen Worte dahin gekommen ist, seinen inneren Blick scharf auf diesen festen Brennpunkt einzustellen, wird er merken, daß die Dunkelheit, der er sich zunächst gegenübergesehen hat, allmählich durch sich verändernde Lichtpunkte erhellt wird. Sowie seine Konzentrationsfähigkeit zunimmt, hören die Lichter zu flackern auf und entwickeln sich zu einem einzigen strahlenden Punkt.
Dieser Konzentrationsvorgang oder das Sammeln des ›surat‹ zieht die Geistesströme, die normalerweise über den ganzen Körper verteilt sind, automatisch zum spirituellen Zentrum hinauf.

Dieses Zurückziehen wird durch ›simran‹ oder die Wiederholung der geladenen Worte sehr erleichtert, und die Wahrnehmung des inneren Lichts, was zu ›dhyan‹ oder der zielbewußten Konzentration führt, beschleunigt den Vorgang noch mehr. ›Dhyan‹ wiederum führt, wenn es völlig entwickelt ist, zu ›bhajan‹ oder dem inneren Hören. Das innere Licht beginnt zu klingen.

In dir ist ein Licht und in ihm der Ton, und dieser wird dich an den Wahren Einen gebunden halten.

Gurbani

Wenn der Übende seine leiblichen Ohren schließt, wird er schnell in diese Musik vertieft sein. Es ist eine allgemeine Erfahrung, daß das Licht, obgleich es vom Auge aufgefangen wird, von diesem nicht sehr lange festgehalten werden kann und daß ihm keine sehr große Anziehungskraft eigen ist. Ganz anders ist es bei der Musik. Wer sie im Schweigen der tiefen Stille hört, wird von ihr unweigerlich sozusagen in eine andere Welt hineingezogen, in einen anderen Erfahrungsbereich. Und so wird der Vorgang des Zurückziehens, der mit ›simran‹ beginnt, durch ›dhyan‹ weitergeführt und durch ›bhajan‹ sehr rasch ausgedehnt. Die spirituellen Ströme, die sich bereits langsam bewegen, werden nach oben gebracht und sammeln sich schließlich im dritten Auge — dem Sitz der Seele. Das Übersteigen des physischen Bewußtseins durch den Geist, oder der Tod im Leben, wird so mit einem Minimum an Mühe und Arbeit erreicht.

Wenn Schüler anderer Yoga-Arten nach langer Zeit und anstrengender Arbeit die verschiedenen niedrigen ›chakras‹ gemeistert haben und das Physische vollkommen übersteigen, nehmen sie allgemein an, daß sie am Ziel ihrer Reise angelangt sind. Die innere Ebene, auf der sie sich befinden, der Bereich von ›sahasrar‹ oder ›sahasdal kamal‹, der häufig durch das Sonnenrad, den Lotos oder die vielblättrige Rose symbolisiert wird, ist wirklich unvergleichlich schöner als alles, was auf der Welt ist, und scheint im Vergleich dazu zeitlos. Aber wenn sich der Schüler des ›Surat Shabd Yoga‹ über das Körperbewußtsein erhebt, wird er, ohne suchen zu müssen, von der strahlenden Form seines Meisters empfangen, der ihn dort erwartet. Es ist in der Tat an dieser Stelle, wo die wirkliche ›guru shishya‹ oder Verbindung zwischen Lehrer und Schüler hergestellt wird. Bis dahin ist der Meister wenig mehr als ein menschlicher Lehrer, aber nun wird er als göttlicher Führer oder ›gurudev‹ gesehen, der den inneren Weg zeigt.

Die Füße meines Meisters haben sich in meiner Stirne offenbart; und alles Wandern und jede Trübsal hat nun ein Ende.
Guru Arjan

Beim Erscheinen der strahlenden Form des Meisters im Innern bleibt kein Geheimnis, das im Schoße der Zeit liegt, verborgen.

Auch *Christus* sagt:
Es ist nichts verborgen, das nicht offenbar werde, und es ist nichts heimlich, das man nicht wissen werde.
Matth. 10, 26

Unter Führung dieses himmlischen Wegweisers lernt die Seele den ersten Freudenschock zu überwinden, und sie erkennt, daß ihr Ziel noch weit vorne liegt. Begleitet von der strahlenden Form des Meisters und durch den hörbaren Lebensstrom vorangebracht, überquert sie eine Region um die andere, eine Ebene um die andere und legt nacheinander alle ›koshas‹ ab, bis sie zuletzt aller Hüllen, die nicht ihrer wahren Natur entsprechen, ledig ist und sie, so gereinigt und geläutert, das Reich betreten kann, wo sie sieht, daß sie vom selben Geist wie das höchste Wesen ist und daß dieses, der Meister in seiner strahlenden Form und sie selbst nicht getrennt, sondern eins sind, und daß es nichts gibt außer dem großen Meer des Bewußtseins, der Liebe und der unaussprechlichen Glückseligkeit. Wer vermag die Herrlichkeit dieses Reiches zu beschreiben?

Die Glückseligkeit derer, die das Mystische kennen, kann nur von Herz zu Herz besprochen werden; kein Bote kann davon berichten, und kein Sendschreiben kann es enthalten.
Hafiz

*Als die Feder ansetzte, dieses Reich zu schildern,
brach sie in Stücke und die Seite zerriß.*

Persischer Mystiker

Wenn der Sucher am Ende der Reise angelangt ist, geht er im *Wort* auf und zählt zu den Befreiten. Er mag weiterhin wie die anderen Menschen in dieser Welt der menschlichen Wesen leben, aber sein Geist kennt hinfort keine Grenzen mehr und ist unendlich wie Gott selbst. Das Rad der Wiederverkörperung kann ihm nichts mehr anhaben und sein Bewußtsein ist ohne jede Beschränkung. So wie sein Meister vor ihm, ist er ein bewußter Mitarbeiter am göttlichen Plan geworden. Er tut nichts für sich selbst, sondern wirkt im Namen Gottes. Wenn es tatsächlich einen ›Nehkarmi‹ gibt (einer, der frei ist von bindenden Handlungen), so ist er es, denn es gibt kein mächtigeres Mittel zur Freiheit als die Kraft des Wortes.

*Nur der ist nicht gebunden durch die Tat,
der sich mit dem Wort verbindet.*

Gurbani

Für ihn bedeutet Freiheit nicht etwas, das nach dem Tode kommt (videh mukti), sondern etwas, das während des Lebens erreicht wird. Er ist ein ›Jivan mukti‹ (frei im Leben), und gleich wie eine Blume ihren Duft von sich gibt, verbreitet er die Botschaft der Freiheit, wohin immer er geht.

*Jene, die sich mit dem Wort verbunden haben,
deren Mühen werden enden,
und ihr Antlitz wird voll Glanz erstrahlen.
Nicht nur werden sie erlöst sein, o Nanak,
sondern viele andere werden mit ihnen die Freiheit finden.*

Jap Ji

In der wirklichen Praxis der spirituellen Schulung wird auf ›simran‹, ›dhyan‹ und ›bhajan‹ besonderer Nachdruck gelegt, denn jede dieser Übungen spielt eine ausschlaggebende Rolle bei der Entfaltung des Selbst. Der Meister gibt ›simran‹ oder die Wiederholung der geladenen Worte, die das Sammeln der wandernden Verstandeskräfte des Schülers am stillen Punkt der Seele, hinter und zwischen den Augenbrauen, erleichtert, und wohin die Sinnesströme, die den Körper jetzt von Kopf bis zu den Füßen durchdringen, zurückgezogen werden, wodurch man sich desselben nicht mehr bewußt ist. Wird dieser Vorgang erfolgreich zu Ende geführt, leitet er aus sich selbst zu ›dhyan‹ oder Konzentration. ›Dhyan‹ ist von der Sanskritwurzel ›dhi‹ abgeleitet, was soviel heißt wie ›binden‹ und ›festhalten‹. Mit dem geöffneten inneren Auge sieht der Aspirant nun schimmernde Streifen himmlischen Lichts in sich, und dies hält seine Aufmerksamkeit verankert. Dieses Licht wird nach und nach stetiger, was ihn in seinem ›sadhan‹ sicher werden läßt, denn er wirkt gleich einem Notanker für die Seele. Wenn ›dhyan‹ oder die Konzentration vervollkommnet ist, führt dies zu ›bhajan‹, das heißt, man stimmt sich auf die Musik der Seele ab, die vom Mittelpunkt des heiligen Lichts ausgeht. Diese bezaubernde Melodie hat eine magnetische ›Anziehungskraft‹, der man nicht widerstehen kann, und die Seele kann nicht umhin, ihr zu der spirituellen Quelle zu folgen, von der sie ausgeht. Dieser dreifache Prozeß hilft der Seele, den Fesseln des Körpers zu entgleiten, um in der himmlischen Strahlung ihres Selbst (des ›Atman‹) verankert zu sein und so in die Heimat des Vaters zu gelangen.

Wiederum wird dieser ganze Vorgang durch *Sat Naam,* den *Satguru* und *Satsang* gewährleistet, die in der Tat gleichbedeutend mit der wirkenden Meisterkraft sind. *Sat Naam* ist die Kraft des Absoluten, zum Mitleid bewegt, und wenn sie sich verkörpert, nimmt sie die Gestalt des Meisters an (das Wort wurde Fleisch) und wirkt durch ihn mittels des inneren und äußeren Satsang, und dies wiederum hilft den ›Jivas‹, die für die Wiedergeburt reif sind. Diese Kraft wirkt, entsprechend den Bedürfnissen des einzelnen, auf allen Ebenen gleichzeitig: mündlich als *Meister* in menschlicher Gestalt, der alle Freuden und Sorgen der Menschen teilt; durch die innere Führung als *Gurudev,* in seiner leuchtenden oder strahlenden Astralform, und schließlich als *Satguru,* als ein wahrhaftiger Meister der Wahrheit.

Es gibt zwei innere Wege: ›Jyoti marg‹ und ›sruti marg‹, den Weg des Lichts und den Weg des Tones. Das heilige Licht hält die Seele fest und in sich vertieft, und führt sie bis zu einem gewissen Grade; aber das heilige Wort zieht sie nach oben und bringt sie, trotz der verschiedenen Behinderungen auf den Weg, wie blendendes und verwirrendes Licht oder dichte, pechschwarze Dunkelheit usw., von einer Ebene zur anderen, bis sie ihre Bestimmung erreicht hat.

Eine vollkommene Wissenschaft

Selbst der vorangehende kurze Überblick über das Wesen und die Reichweite des ›Surat Shabd Yoga‹ vermittelt einige seiner einmaligen Merkmale. Wer ihn im Hinblick auf andere Yogaformen studiert, kann nicht umhin, die Vollständigkeit zu bemerken, mit der er alle Probleme löst, denen der Sucher gegenübersteht, wenn er andere Systeme verfolgt. Auf dem äußeren Tätigkeitsgebiet fußt er nicht auf einer trockenen und starren Disziplin, die vielfach seelische Hemmungen zur Folge hat. Er sagt, daß eine bestimmte Schulung notwendig ist, fügt aber hinzu, daß sie letzten Endes durch innere spirituelle Erfahrung inspiriert und spontan gelebt werden muß und nicht die eines strengen Asketentums und allzu bedachter Selbstverleugnung sein soll. Der Sucher muß nach Ausgeglichenheit streben und hat darum die Tugend der Mäßigung in Gedanken und Taten zu üben. Die Sammlung, die er dadurch erreicht, befähigt ihn zu größerer Konzentration und somit zu höherer innerer Erfahrung; und diese innere Erfahrung muß wiederum eine Rückwirkung auf das äußere Denken und Handeln haben. Die Beziehung zwischen ›sadachar‹ und innerem ›sadhan‹ wirkt wechselseitig: das eine belebt das andere und gibt ihm Bedeutung, und das eine ist ohne das andere wie ein Vogel mit nur einem Flügel. Wie kann der Geist zu vollkommener Zielstrebigkeit gebracht werden ohne die Reinheit des Herzens und des Körpers? Und wie kann die Seele aller menschlichen Bindungen und Unvollkommenheiten ledig werden, ohne daß sie in der Liebe des Göttlichen verankert ist?

*Als sich die Eigenschaften des Urewigen offenbarten,
verbrannte Moses alle Eigenschaften der vergänglichen
Dinge.*

Maulana Rumi

Der ›Surat Shabd Yoga‹ liefert nicht nur Mittel und Wege, um das schwierige Ideal von ›sadachar‹ in der Praxis zu verwirklichen, sondern er bietet auch eine Lebensweise, die uns, während sie uns über diese physische Ebene erhebt, doch nicht dem Bereich von Name und Form versklavt. Die Meister dieses Pfades wissen nur zu gut, daß abstrakte Spekulationen über den eigenschaftslosen Aspekt des Absoluten nicht zu ihm führen können. Wie kann der durch Name und Form beschränkte Mensch direkt zu dem gezogen werden, was jenseits davon liegt? Liebe sucht etwas, das sie begreifen und dem sie sich verbinden kann. Und somit muß Gott Form und Gestalt annehmen, um dem Menschen zu begegnen. Es ist diese Erkenntnis, durch welche die Hingabe des ›Bhakta‹ an *Shiva, Vishnu,* oder *Kali* — die göttliche Mutter — inspiriert wird. Aber diese göttlichen Wesen stellen bestimmte Offenbarungen Gottes dar, und wenn der Ergebene ihre Ebene einmal erreicht hat, verhindert diese bestimmte Offenbarung, wie wir bereits gesehen haben, den weiteren Fortschritt. Die Meister des ›Surat Shabd Yoga‹ übersteigen diese Begrenzung völlig, indem sie den Sucher nicht mit einer festgelegten oder bestimmten, sondern mit der alles durchdringenden Offenbarung Gottes verbinden: den strahlenden Tonstrom. Es ist ›Anhat‹ oder ›Anhad Naam‹ — dieses unübertreffliche und unergründliche Wort, das die verschiedenen Schöpfungsebenen erhält, die sich von Pol zu Pol und vom reinen Geist bis zur groben Materie erstrecken. Seine Weisen durchdringen jeden Bereich, jede Region; und er durchläuft sie gleich einem Fluß, der durch die Täler fließt, die er entstehen ließ. Sein Zustand ist fließend wie der des Flusses; er ändert sich auf jeder Ebene und bleibt dennoch stets derselbe. Der Sucher, der durch die Liebe des Wort-Stromes inspiriert wurde, ist in der Tat gesegnet, denn er kennt nicht die Begrenzungen, welche jene erfahren, die Gott in anderen Formen verehren. Sowie er sich diesem Strom zuwendet und durch seine beseligende Kraft nach oben gezogen wird, merkt er, daß dieser sich wandelt, verändert, immer stärker und reiner wird, und ihn zu immer größerer Anstrengung anspornt, die ihm niemals erlaubt, anzuhalten oder zu zaudern, sondern ihn von Ebene zu Ebene, von Tal zu Tal führt, bis er an der Quelle anlangt, wo das Unoffenbarte offenbar wird, das Formlose Form annimmt und das Namenlose einen Namen. Es war diese Vervollständigung der inneren Reise, möglich gemacht durch den Yoga des Tonstromes, die *Kabir* zu der Erklärung veranlaßt:

*Alle Heiligen sind der Verehrung würdig,
aber ich verehre nur einen, der das Wort
gemeistert hat.*

Der ›Surat Shabd Yoga‹ ist nicht nur der vollkommenste der verschiedenen Yogawege, sondern ist vergleichsweise auch leicht zu praktizieren und zudem einer, der für alle gangbar ist. Wer diesem Pfad folgt, erreicht nicht nur das letzte Ziel, sondern er bewältigt es auch mit weit weniger Anstrengung als es durch andere Methoden möglich wäre. Das Übersteigen des physischen Bewußtseins, das der Yogi mittels der ›pranas‹ zu erreichen sucht, gelingt nur nach einer langen und anstrengenden Schulung; wohingegen es bei denen, die sich auf den Pfad des ›Surat Shabd Yoga‹ verlegen, manchmal schon bei der Initiation erreicht wird. Dies ist jedoch kein bloßer Zufall. Tatsache ist, daß der ›Surat Shabd Yoga‹ auf wissenschaftlichere und natürlichere Art an die spirituellen Dinge herangeht. Warum, fragt sich, sollte es notwendig sein, jedes dieser Chakras der Reihe nach zu meistern, wenn der spirituelle Strom die Körperchakras nicht von unten, sondern von oben her erreicht? Ein Mensch, der in der Mitte eines Tales steht, wird, wenn er die Quelle des Flusses erreichen möchte, nicht erst dorthin gehen, wo er mündet, um dann die ganze Strecke zurückzulaufen. Er ist weiter der Meinung, daß ›prana‹ und Gemüt (auch in ihrem verfeinerten Zustand) wenn sie nicht vom wahren Wesen des Geistes sind, auch nicht die geeigneten

Mittel sein können, um ihn von seinen Hüllen zu befreien. Könnte er mit etwas, das von seinem Wesen ist in Verbindung gebracht werden, dann würde er davon angezogen und das erwünschte Ziel mit einem Minimum an Anstrengung erreicht. Von ›Tisra til‹, dem ›dritten Auge‹ aus, verbreitet sich der spirituelle Strom im Körper. Das einzige, dessen man somit bedarf, ist, sein Abwärtsfließen an dieser Stelle aufzuhalten, indem man die Sinne unter Kontrolle bringt; denn dann sammelt er sich von selbst und fließt zu seinem Ursprung zurück.

Verschließe deine Lippen, deine Ohren und deine Augen;
und wenn du dann die Wahrheit nicht entdeckst, steht
es dir frei, mich zu verhöhnen.

Hafiz

Der Sucher hat es nicht nötig, am untersten Ende zu beginnen; alles, was er tun muß, ist, den spirituellen Strom in eine andere Richtung zu lenken und alles weitere wird folgen.

Wodurch können wir den Herrn erreichen?
Man braucht nur das Herz umzupflanzen.

Inayat Shah

Diese Einfachheit der Annäherung, verbunden mit nur geringer Anstrengung, hat viele bewogen, den ›Surat Shabd Yoga‹ als den ›Sahaj Marg‹ oder den leichten Weg zu bezeichnen. Er beginnt dort, wo die anderen Yogas normalerweise enden. ›Sahasrar‹, die Region des tausendfältigen Lichts, die das Ziel der gewöhnlichen Yogi-Reise kennzeichnet, nachdem die verschiedenen Körperchakras durchquert sind, ist in etwa die erste Stufe, die der Übende des ›Surat Shabd Yoga‹ nehmen muß. Weiter vermindert dieser Yoga die Anstrengung beim Übersteigen des Physischen in hohem Maße, weil er davon abläßt, auf die ›Prana‹- und ›Kundalini‹-Energien störend einzuwirken. Durch die Berührung mit dem Tonprinzip werden die Sinnesströme automatisch nach oben gezogen, ohne daß der Übende dieses Ziel bewußt anstrebt und die motorischen Ströme beeinträchtigt würden. Dies vereinfacht nicht nur das Eingehen in den ›Samadhi‹-Zustand, sondern ebenso den des Zurückkehrens. Der Adept auf diesem Pfad braucht keine äußere Hilfe, um wieder zum physischen Bewußtsein zu gelangen, wie es bei einigen anderen Yogaformen der Fall ist, denn der spirituelle Aufstieg wie auch der Abstieg kann aus völlig freien Stücken erfolgen und in Gedankenschnelle erreicht werden.

Die Methode des transzendenten Hörens ist nur eine Ausweitung dessen, was wir normalerweise täglich tun. Wenn wir einem verwickelten Problem gegenüberstehen, sammelt sich unsere ganze bewußte Energie an einem einzigen Punkt — dem Sitz der Seele —, ohne daß dabei die pranisch-motorischen Energien, die automatisch in unserem Körper wirksam sind, beeinträchtigt würden. Einer, der den ›Surat Shabd Yoga‹ übt, erlangt diese Konzentration willentlich und zielbewußt durch ›simran‹ und ›dhyan‹, und sobald er sich mit dem tönenden Wort verbunden hat, wird der sensorisch-spirituelle Strom, der noch im Körper ist, unweigerlich aufwärts gezogen und dadurch ist das vollständige Übersteigen des Physischen erreicht.

Diese Natürlichkeit und Leichtigkeit des ›sahaj‹ macht den ›Surat Shabd Yoga‹ allen zugänglich. Die Musik des göttlichen Wortes vibriert in allen gleich, und einer, der diesen Pfad verfolgt, bedarf keines speziellen physischen oder intellektuellen Rüstzeugs. Er steht den Alten genauso offen wie den Jungen, Frauen und Kindern wie den Männern. In der Tat machen Frauen und Kinder dank der ihnen eigenen einfacheren Denkweise und ihrem spontanen Vertrauen anfangs oft schnellere Fortschritte bei dieser Methode als ihre mehr weltklugen Brüder. Ein voller Erfolg auf diesem Gebiet hängt jedoch von einer unerschütterlichen Ausdauer und Bemühung ab, die nicht immer in Erscheinung treten. Da keine strenge und umfassende Schulung hinsichtlich der Ernährung und keine körperlichen Übungen verlangt werden, ist ein ›Sanyasa‹ oder völliger Verzicht auf die Welt nicht notwendig. Der ›Surat Shabd Yoga‹ kann von den ›grehastis‹, den Verheirateten, genauso verfolgt werden wie von den ›brahmacharis‹, die das Zölibatsgelübde abgelegt haben. Wenn die ›pranischen‹

und ›vigyanischen‹ Systeme die natürlichen sein würden, dann müßten wir zu dem Schluß kommen, daß die Natur parteiisch ist; denn die physischen und geistigen Fähigkeiten, die sie voraussetzen, sind unter den Menschen sehr ungleich verteilt. Wenn die Sonne und die Luft für alle da sind, warum sollten dann die spirituellen Gaben nur ein paar wenigen Auserwählten vorbehalten sein? Überdies können ›prana‹ und ›vigyana‹ bestenfalls bis zu der Ebene ihrer Herkunft führen; und da sie nicht rein spiritueller Natur sind, wie vermöchten sie dann einen zum Bereich des reinen Geistes zu bringen?

Wenn es jedoch heißt, daß der ›Surat Shabd Yoga‹ die vollkommenste und natürlichste Yoga-Wissenschaft ist, so bedeutet das nicht, daß er keine Bemühungen erfordert und daß man sich nur auf ihn zu verlegen braucht, um ganz von selbst Erfolg zu haben. Wenn das der Fall wäre, würde die Menschheit nicht so im Finstern einhertappen, wie heutzutage. Tatsache ist, daß kompetente Lehrer dieser Krone aller Wissenschaften selten sind und daß, selbst wenn man einen solchen findet, nur wenige vorbereitet sind, um sich der Schulung zu unterziehen, die erforderlich ist. Der Geist ist willig, aber das Fleisch ist schwach. Die meisten Menschen sind so tief in die Liebe für die Welt verstrickt, daß sie selbst dann, wenn sie einen Schimmer der inneren Schätze erblickt haben, ihre weltlichen Wege nicht aufgeben wollen, um sich auf das zu konzentrieren, was einen zum Herrn über alle Dinge macht. Da bei diesem Yoga die Betonung stets auf dem Inneren und niemals auf dem Äußeren liegt, gibt es kaum einen besseren Weg für die Menschen im allgemeinen. Wieviele gibt es, die ihr ganzes Leben äußeren Ritualen und Zeremonien widmen, und wie wenige vermögen, selbst nur für Augenblicke, vollkommene innere Konzentration zu erlangen, die nicht durch weltliche Gedanken gestört ist. Dies hat *Kabir* veranlaßt, diesen Yoga mit dem Gehen auf der Schneide eines Schwertes zu vergleichen, während die *Sufis* von ihm als dem ›rah-i-mustqim‹, feiner als ein Haar und schärfer als eine Rasierklinge, sprechen. *Christus* beschrieb ihn als »den schmalen und engen Weg«, den immer nur wenige beschreiten. Aber für einen, den die Welt nicht lockt und der Gott innig liebt, gibt es keinen einfacheren und schnelleren Weg. Er bedarf keiner anderen Kraft als der seines eigenen Dranges. Durch sein aufrichtiges und starkes Verlangen nimmt seine Seele, frei von allen irdischen Bindungen und vom Strom des *Shabd* zum Ausgangspunkt getragen, den Flug heimwärts, zum Hafen des Friedens und der Glückseligkeit. Und sollte er auf seinem Heimwärtsflug irgendwelchen Behinderungen ausgesetzt sein, so ist sein strahlender Freund immer zugegen, um ihn davor zu bewahren und vor allen Fallgruben zu beschützen. Der Weg durch die höheren Ebenen liegt so vollständig gekennzeichnet vor ihm wie jener der ›Hatha‹-Yogis für die niederen Körperchakras; und getragen von einer solchen Kraft und von einem solchen Freund geleitet, kann ihn nichts abschrecken oder gefangennehmen, und nichts vermag die Stetigkeit seines weiteren Weges zu beeinträchtigen.

> *Ergreife das Kleid von einem, o tapfere Seele, der alle Orte bestens kennt: die physischen, mentalen, supramentalen und spirituellen; denn er wird dein Freund im Leben wie im Tode, in dieser Welt und in den jenseitigen Welten bleiben.*
>
> Jalalud-din Rumi

Und *Guru Nanak* kündete:

> *Wer einen wahren Meister gefunden hat und dem vollkommenen Weg des heiligen Wortes folgt, der wird, lachend und lebend in dieser Welt, völlige Befreiung finden.*

Ferner heißt es:

> *Wie der Lotos soll er sich unbefleckt über dem Sumpf der Welt erheben; und gleich dem Schwan soll er, unberührt und unbehindert durch die schlammigen Wasser, emporfliegen.*

Der Meister

Abgesehen von seiner wissenschaftlichen Methode und dem vergleichsweise leicht zu gehenden, natürlichen Weg, der frei von den Nachteilen anderer Yogaformen ist, ist ein weiteres bezeichnendes Merkmal des Yoga des Tonstromes der einmalige und eindringliche Nachdruck, den er beständig darauf legt, daß auf allen Stufen ein ›Satguru‹, ›Pir-e-rah‹ oder ›Murshid-i-Kamil‹, ein kompetenter lebender Meister notwendig ist. Obwohl einiges hierüber bereits im Zusammenhang mit den ›drei Ecksteinen‹ erwähnt wurde, bleibt doch noch vieles auszuführen.

Die ›guru shish‹- oder ›guru sikh‹-Beziehung ist für alle Formen des praktischen Yoga wichtig, hier aber ist sie von grundlegender und einzigartiger Bedeutung. Denn beim ›Surat Shabd Yoga‹ ist der Meister nicht nur ein Wesen, das uns die wirkliche Natur des Seins erklärt, uns die wahren Werte des Lebens kundtut und uns in den zu praktizierenden ›sadhans‹ unterweist, damit wir innerlich fortschreiten können; er ist all das und noch mehr. Er ist auch der innere Führer und leitet die Seele von einer Ebene zur anderen, bis sie ihre letzte Bestimmung erreicht. Er ist ein Führer, ohne dessen Hilfe sie die dazwischenliegenden Stufen fälschlicherweise für das letzte Ziel halten würde und auf Hindernisse stieße, die sie unmöglich überwinden könnte.

Man braucht sich nicht zu wundern, daß alle Mystiker, die diesen Weg gegangen sind, über die Rolle des Meisters, in ihrer großen Bedeutung, mit höchster Verehrung und Ehrfurcht gesprochen haben.

Von *Kabir* hören wir:

Ich verlange und sehne mich nach dem Staub seiner Füße —
dem Staub, der das Universum schuf;
seine Lotosfüße sind der wahre Reichtum und
ein Hafen des Friedens.
Sie gewähren unaussprechliche Weisheit und
führen uns den Weg zu Gott.

In den *Sikh*-Schriften heißt es:

> *Liebreich sind die Lotosfüße des Meisters,*
> *und so Gott will, sehen wir sie;*
> *Myriaden Segnungen folgen einer solchen Schau.*
>
> Guru Arjan

Die *Sufis* erklären:

> *Und würde ich bis in alle Ewigkeit seine zahllosen*
> *Segnungen preisen,*
> *vermöchte ich kaum etwas darüber zu sagen.*
>
> Jalalud-din Rumi

Manche Mystiker gehen sogar so weit, daß sie seine Stellung über diejenige Gottes erheben.

> *Der Meister ist größer als Gott.*
>
> Kabir

> *Der Meister und Gott, beide sind offenbart;*
> *wen nun soll ich verehren, wem Gehorsam leisten?*
> *Wahrlich wunderbar ist der Meister, der die Kraft Gottes*
> *im Innern enthüllt hat.*
>
> Sehjo Bai

Dies alles mag den Skeptiker zu der Annahme führen, daß es sich hier um die Vergötterung eines Menschen handelt. Und er mag fragen: Wozu diese Vergötterung eines menschlichen Wesens? Die Mystiker haben zuweilen auf diese Fragen mit heiliger Gleichgültigkeit geantwortet:

> *Die Menschen bezichtigen Khusro des Götzendienstes;*
> *das tu' ich wirklich; aber was hat die Welt mit mir zu tun?*
>
> Amir Khusro

Doch manchmal sind sie ausführlicher darauf eingegangen:

> *Ohne die Großmütigkeit des Meisters erlangt man nichts;*
> *auch nicht durch Millionen verdienstvoller Werke.*
>
> Gurbani

*Hingabe an Gott verwickelt uns weiter in dieses (physische)
Leben — bedenkt das wohl.
Aber Hingabe an den Meister führt uns zurück zu Gott.*

Kabir

*Tritt ein in das Innere und prüfe selbst.
Wer von ihnen ist größer: Gott oder der Meister?*

Gurbani

*Gott hat mich in die Wildnis der Welt hineingetrieben;
aber der Meister hat die endlose Kette der
(Seelen-) Wanderung für mich zerbrochen.*

Sehjo Bai

Alle großen spirituellen Lehrer haben betont, daß die spirituelle Reise ohne die Hilfe eines lebenden Meisters schwer ist und unmöglich bis zu ihrem Ende durchgeführt werden kann. *Jalaluddin Rumi*, der persische Mystiker, deutet nachdrücklich darauf hin, wenn er sagt:

*Trotz all seinem Licht und der Kraft war Moses umschleiert;
so habe acht, daß du nicht ohne Flügel fliegest!*

Er bringt seine Meinung noch klarer zum Ausdruck:

*Suche einen Meister-Geist; denn ohne seine tätige Hilfe und
Führung ist diese Reise voller Ängste und Gefahren.*

Derselbe Ton schwingt in den *Evangelien* durch die Aussprüche *Jesu:*

Keiner kommt zum Vater denn durch mich.

Joh. 14, 6

*Und niemand kennet den Vater, denn nur der Sohn,
und wem es der Sohn will offenbaren.*

Matth. 11, 27 und Luk. 10, 22

> Es kann niemand zu mir kommen, es sei denn, daß ihn ziehe
> der Vater, der mich gesandt hat; und ich will ihn aufer-
> wecken am jüngsten Tage.
>
> Joh. 6, 44

Während er den zwölf Jüngern das Apostelamt übertrug, sagte *Jesus* zu ihnen:

> *Wer euch aufnimmt, der nimmt mich auf, und wer mich aufnimmt, der nimmt den auf, der mich gesandt hat.*
>
> Matth. 10, 40

Daher war er auch in der Lage, diejenigen, die durch ihn zu Gott kamen, gänzlich zu erretten; sahen sie doch, daß er ewig lebe, um für sie Fürsprache einzulegen.

Der Meister ist wirklich der »Fürsprecher« oder ›Rasul‹, der sich zwischen uns und Gott bewegt und uns mit dem heiligen Wort verbindet; ohne ihn gäbe es wenig Hoffnung auf Erlösung. Keine Freundschaft ist größer als die seine, keine Liebe wahrer als die seine und keine Gabe größer als seine Gnade. Mögen andere durch Zufallsstürme weggetrieben werden, und mag der Tod kommen, um die treuesten Liebenden zu trennen; er allein versagt nie, weder im Leben noch im Tode.

> *Und siehe, ich bin bei euch alle Tage bis an der Welt Ende.*
>
> Matth. 28, 20

> *Er allein ist ein Freund, der mich auf meiner letzten Reise begleitet und mich vor Gottes Richterstuhl behütet.*
>
> Gurbani

Andere Gaben werden vergehen und schwinden, aber seine Gabe, das Wort Gottes, ist unvergänglich, unzerstörbar, immer leuchtend, immer süß, immer frisch, immer neu, ein Segen im Leben und ein noch größerer im Tode.

Woher nimmt der Meister diese einzigartige und übermenschliche Kraft, die ihn Gott nahezu gleichmacht und ihn in den Augen seiner Schüler sogar über Ihn stellt? Kann sich sterbliches Fleisch mit den Unsterblichen messen und das Endliche das Unendliche übertreffen? Dies mag der Welt als ein Paradox erscheinen, aber diejenigen, welche das innere Reich mit offenen Augen betreten haben, sehen darin keinen Widerspruch, sondern einzig das Mysterium von Gottes Größe und Erhabenheit. Der wahre Meister ist einer, der unter Anweisung und Führung seines eigenen Lehrers gelernt hat, die Seele vom Körper zu lösen, der den inneren Pfad bis zu seinem allerletzten Ende gegangen ist und den Ursprung allen Lichts und Lebens gesehen und sich mit dem Namenlosen Einen vereint hat. Und wenn er sich mit dem Namenlosen Einen vereint hat, wird er eins mit Ihm und eins mit allem, was da ist. Auf der menschlichen Ebene mag er uns so begrenzt erscheinen, wie wir es sind, aber auf der spirituellen ist er grenzenlos und unendlich wie Gott selbst.

*O mein Diener, folge Mir, und ich werde dich Mir
gleich machen. Ich sage: »Es werde«, und es ist,
und du sollst sagen: »Es werde«, und es wird sein.*

Baha-U'llah

Und das Wort ward Fleisch und wohnte unter uns.

Joh. 1,14

*Das Wort ist der Meister und der Prophet,
voll tiefer und inhaltsschwerer Weisheit.*

Guru Nanak

*Als ich das Meer des Körpers aufwühlte,
trat eine seltsame Wahrheit zutage:
Gott ward im Meister identifiziert und Nanak
vermochte keinen Unterschied zu finden.*

Guru Ram Das

*Der Guru ist Brahma, der Guru ist Vishnu, der Guru
ist Shiva, und der Guru ist wahrhaftig Parbrahm,
dem wir unseren Gruß entbieten.*

Die Guru-›shish‹-Beziehung wurde oft beschrieben wie folgt:
*Wer ist der wahre Meister für einen Schüler?
Shabd ist fürwahr der Meister und Surat der
Schüler des Tones (Dhun).*

Guru Nanak

*Der Shabd-Guru ist zu tief und unergründlich;
ohne (die kontrollierende Kraft von) Shabd wäre die Welt
nur einer Wildnis gleich.*

Guru Nanak

*Das Wort des Meisters ist fürwahr der Meister,
voll des lebenspendenden Wassers.
Wer seinem Wort folgt, kann wahrlich die Ufer
des Zeitlichen überqueren.*

Guru Ram Das

*Der Schüler-Surat kann den Pfad nur mit dem
Shabd-Guru gehen;
während er die himmlischen Mysterien erforscht, findet er
Ruhe in der umgekehrten Quelle (des Kopfes).*

Tulsi Sahib

*Nimm es als Gewißheit hin, daß der Shabd-Guru
der wahre Meister ist;
der Surat kann wirklich ein Schüler des Dhun werden
wenn er ein Gurmukh (Gefäß für das Wort) ist.*

Bhai Gurdas

*Der Meister weilt im ›gaggan‹ (oberer spiritueller Bereich)
und der Schüler im ›ghat‹ (zwischen den beiden
Augenbrauen);
wenn die beiden, Surat und Shabd zusammentreffen,
werden sie ewig vereint.*

Kabir

Es ist eine wesentliche und unteilbare Beziehung zwischen Gott und dem Gottmenschen; denn er dient als menschlicher Pol, durch welchen die Gotteskraft wirkt und den ›jivas‹ zur Wiedergeburt verhilft. Es ist müßig, zwischen dem Magnet und dem Magnetfeld einen Unterschied zu machen, und darum heißt es:

*Hingabe an den Satguru ist Hingabe an den Herrn.
Der Satguru sichert die Erlösung, indem er die
Verbindung mit Naam (der Gotteskraft) herstellt.*

Da er weltliche Reichtümer nicht begehrt, mag er arm erscheinen, doch ist er reich in Gottes Unendlichkeit; und sobald diese sterbliche Hülle einmal abgestreift ist, geht er wieder in das stille Zentrum zurück, das keinen Begrenzungen unterworfen ist. Was ihm seine einzigartige Überlegenheit gibt, ist dieses spirituelle Einssein mit dem Absoluten, und ihn von der menschlichen Ebene aus beurteilen zu wollen, heißt, ihn nicht zu verstehen. So sagt Maulana Rumi: »Halte einen Gottmenschen nicht als Menschen, denn obgleich er als solcher erscheint, ist er doch weit mehr.« Es ist kraft seiner übermenschlichen Fähigkeiten, daß er der Meister wird. Mit dem göttlichen Bewußtsein eins geworden, wird er als Mensch zu seinem Mittler und spricht nicht in seiner Eigenschaft als Individuum, vielmehr als Sprachrohr Gottes.

Seine Hand ist Gottes Hand, und die Kraft
Gottes wirkt durch ihn.

Maulana Rumi

O mein Freund, ich spreche nichts aus mir;
ich sage nur, was mir der Geliebte in den Mund legt.

Guru Nanak

Ich tue nichts von mir selber, sondern wie mich
mein Vater gelehret hat, so rede ich.

Joh. 8, 28

Es ist nicht überraschend, daß der Meister als das, was er ist, so hochgehalten wird. Ihn als Werkzeug des Göttlichen zu preisen, ist nur eine andere Art, Gott zu preisen; und ihn über Gott zu stellen, heißt nicht, das Endliche in Gegensatz zum Unendlichen zu bringen, sondern aufzuzeigen, daß vom menschlichen Standpunkt aus der Aspekt Gottes, der sich dem Menschen zuneigt, um ihn zu sich emporzuheben (das heißt, der zentripetale), höher ist als der, welcher ihm nur erlaubt, seine Wege in der Welt der Relativität von einer Geburt zur anderen zu gehen (das heißt, der zentrifugale), wenn auch beide auf der übermenschlichen Ebene als eins und unteilbar gesehen werden.

Ein System, in dem der Lehrer im Hinblick auf die innere und äußere Schulung und den Fortschritt des Schülers so im Mittelpunkt steht, daß nichts ohne seine Weisung und Führung getan werden kann, muß großen Nachdruck auf das Prinzip der Gnade legen; und die mystische Literatur verfehlt nicht, diesen Aspekt zu betonen und zu unterstreichen. Aber wenn es einerseits der Meister ist, der dem Schüler alles gibt, darf nicht übersehen werden, daß er, indem er dies tut, nur etwas zurückzahlt, das er seinem eigenen Meister schuldig ist; denn die Gabe, die er verleiht, ist die, welche er selbst empfangen hat, als er auf der Stufe des Schülers stand. Und somit beruft er sich gewöhnlich niemals auf sich selbst, sondern mißt seine Kraft der Gnade seines eigenen Lehrers zu. Von einem anderen Gesichtspunkt aus gesehen, liegt alles im Schüler selbst, und der Meister fügt dem nichts von außen her zu. Nur wenn der Gärtner die Saat gießt und pflegt, wird sie sprießen, doch das Geheimnis des Lebens liegt in der Saat selbst, und der Gärtner kann nicht mehr tun, als die Bedingungen zu schaffen, damit sie Frucht tragen kann. Und das ist in der Tat die Funktion des Meisters.

Ein altes indisches Gleichnis zeigt diesen Aspekt der Beziehung zwischen Meister und Schüler sehr anschaulich. Einmal, so besagt es, fing ein Schafhirte das Junge eines Löwen und zog es zusammen mit den Tieren seiner Herde auf. Das Löwenjunge beurteilte sich nach denen, die es um sich sah; es lebte und bewegte sich wie die Schafe und Lämmer, war zufrieden mit dem Gras, das sie fraßen und mit dem schwachen Blöken, das sie von sich gaben. Die Zeit ging dahin, bis eines Tages ein anderer Löwe seinen Artgenossen sah, der inmitten der Herde graste. Er ahnte, was geschehen war, und da ihm das Löwenjunge in seiner Notlage leid tat, näherte er sich ihm unbedenklich und brachte es an ein stilles Flußufer, wo er ihm sein eigenes Spiegelbild und das seine zeigte, und stieß, als sie zurückgingen, ein mächtiges Brüllen aus. Nun erkannte das Junge seine wahre Natur und tat das gleiche, während seine bisherigen Gefährten vor ihm die Flucht ergriffen. Es war nunmehr frei, sich seiner rechtmäßigen Umgebung zu erfreuen, und streifte von da an als König des Waldes umher.

Solch ein Löwe ist in der Tat der Meister. Er kommt, um die Seele aus ihrem Schlummer aufzustören; und indem er ihr einen Spiegel vorhält, zeigt er ihr die ihr angeborene Glorie. Ohne seine Berührung bliebe sie weiterhin betäubt, aber wäre sie nicht selbst vom Geist des Lebens, so könnte sie durch nichts zum spirituellen Bewußtsein gebracht werden. Der Meister jedoch ist ein brennendes Licht, das die nicht leuchtenden Gefährten entzündet. Das Feuer ist da, und der Docht ist da, und er gibt nur die Flamme, ohne daß er dadurch einen Verlust erleiden würde. Gleiches berührt Gleiches, und der Funke springt über; und das, was dunkel ist, wird erhellt, und was tot war, wird lebendig. Und wie bei dem brennenden Licht, liegt sein Vorzug nicht darin, daß es sich um ein individuelles Licht handelt, sondern darin, daß es der Sitz der nicht-individuellen Flamme ist, die weder von diesem noch von jenem Licht stammt, sondern von der Essenz allen Feuers. Genau so ist es auch mit dem wahren Meister. Er ist nicht kraft seiner Person ein Meister wie irgend ein anderer, sondern er ist ein Meister, der das universale Licht Gottes in sich trägt. Und genau wie nur ein Licht, das noch brennt, auch andere Lichter entzünden kann — nicht eines, das schon ausgebrannt ist —, so kann auch nur ein lebender Meister den belebenden Anstoß geben, der notwendig ist, und nicht einer, der die Welt bereits verlassen hat. Jene, die gegangen sind, waren zwar groß und aller Achtung wert, aber sie waren es vor allem zu ihrer Zeit, und die Aufgabe, die sie für diejenigen, die um sie waren, erfüllt hatten, muß für uns von einem vollbracht werden, der jetzt unter uns lebt und sich bewegt. Die Erinnerung an sie ist ein heiliger Schatz, eine immerwährende Quelle der Inspiration; aber das eine, was sie uns lehrt, ist, daß wir in der Welt der Lebenden das suchen müssen, was sie zu ihrer Zeit gewesen sind. Nur der Kuß eines lebenden Prinzen (Meister) kann die schlummernde Prinzessin (Seele) zum Leben zurückbringen, und nur die Berührung einer atmenden Schönheit kann dem Tier im Menschen die ihm angeborene ursprüngliche Glorie wiedergeben.
Wo die Führung durch einen kompetenten lebenden Meister eine so vordringliche Notwendigkeit ist, nimmt das Suchen und Er-

kennen einer solchen erhabenen Seele eine überragende Bedeutung ein. Es gibt keinen Mangel an falschen Propheten und Wölfen im Schafspelz. Der bloße Begriff ›Satguru‹ oder wahrer Meister deutet auf die Existenz des Gegenteils hin; und es ist dieses Falsche, das unserem Blick auf Schritt und Tritt begegnet. Wie schwierig es auch immer sein mag, einen Gottmenschen zu finden (denn solche Wesenheiten sind selten, unaufdringlich in ihrer Demut, und es widerstrebt ihnen, sich durch auffallende Wundertaten anzukündigen oder im Mittelpunkt des öffentlichen Interesses zu stehen), ist es dennoch nicht unmöglich, ihn unter den übrigen herauszufinden. Er ist eine lebendige Verkörperung dessen, was er lehrt, und wenn er auch arm scheint, ist er doch reich in seiner Armut: »Es mag scheinen, daß wir Bettler sind, doch unsere Taten sind mehr als königlich« (Shamaz-i-Tabrez). Er wird nicht durch weltliche Dinge berührt und begehrt nichts. Er gibt seine Lehren und Unterweisungen als freie Gabe der Natur und sucht nie etwas dafür zu erhalten. Er erhält sich durch seine eigene Arbeit und lebt niemals von den Gaben anderer:

> *Beuge dich niemals vor einem, der sich Meister nennt,*
> *doch von der Barmherzigkeit anderer lebt.*
> *Nur der ist ein Meister des wahren Pfades, der seinen*
> *Unterhalt selbst verdient und der Armen gedenkt.*
>
> Guru Ram Das

Ferner verwickelt ein wahrer Meistergeist unser Gemüt niemals in Widersprüche. Alle Unterschiede zwischen den verschiedenen Glaubensrichtungen und Bekenntnissen schwinden dahin, wenn er sie berührt, und die Einheit der Erfahrung im Innern, die in den verschiedenen Schriften zum Ausdruck kommt, tritt klar und deutlich zutage:

> »Nur das Auge des Juweliers kann den Rubin auf den ersten Blick erkennen.«
>
> Bhai Nand Lal

Das eine immer wiederkehrende Thema einer solchen Meisterlehre ist, daß die innere spirituelle Natur aller religiösen Lehren, trotz aller äußeren Unterschiede, die uns verwirren und aus der Fassung bringen, dieselbe ist. Darum kommen sie nicht, um neue Glaubensansichten und Dogmen zu verbreiten, sondern um das bestehende Gesetz zu erfüllen.

> O Nanak, erkenne ihn als den vollendeten Meister,
> der alle in einer Herde vereint.
>
> Guru Nanak

Wenn er zu bekehren versucht, ist er nicht nach äußerlichen Namen und Formen aus, sondern nach der Taufe des Geistes im Innern. Für ihn ist das innere Leben eine Wissenschaft, die den Menschen aller Glaubensrichtungen und Nationen zugänglich ist, und wer immer diese Schulung aufnimmt, dem werden alle Dinge zufallen.

Es ist die innere Botschaft, die in den Lehren eines wirklichen Meisters stets das Höchste ist. Er kann die wahre Bedeutung der Schriften am besten erklären, aber er spricht nicht als einer, der darin gelehrt ist, sondern als ein solcher, der das, was die Schriften berichten, selbst erfahren hat. Er mag die Schriften benutzen, um seine Zuhörer zu überzeugen, daß das, was er lehrt, die älteste Wahrheit ist; aber er selbst ist niemals von ihnen abhängig, und seine Botschaft liegt über der intellektuellen Ebene; sie ist durch die Lebendigkeit und Intensität der direkten Ersthand-Erfahrung inspiriert. »Wie können wir übereinstimmen«, sagte *Kabir* zu den Buchgelehrten, »wenn ich von der inneren Erfahrung spreche und ihr nur vom Buchwissen«. Er veranlaßt den Sucher immer, sich nach innen zu wenden, indem er ihm von den reichen inneren Schätzen erzählt:

> *Hältst du dich selbst für eine winzige Form,*
> *wo in dir das Universum verborgen liegt?*
>
> Ali

> *Das Reich Gottes kommt nicht mit äußerlichen Gebärden;*
> *denn sehet, das Reich Gottes ist inwendig in euch.*
>
> Lukas 17, 20—21

Er lädt ihn ein und ermuntert ihn, die Schulung aufzunehmen, die ihm diesen Reichtum erschließt:

*Heile dir den Kopf und die Nase vom Schnupfen
und atme dafür das Licht Gottes ein.*

Jalalud-din Rumi

Und diese Schulung wird sich, wenn er wirklich ein vollendeter Lehrer ist, nicht auf ›Hatha Yoga‹ oder ähnliche extreme Praktiken konzentrieren, sondern auf das transzendente Hören und Sehen, das von einer ständigen äußeren Reinigung unseres Denkens und Tuns begleitet ist, und dies mehr durch Mäßigung und in sich gekehrte Selbstkritik als durch Peinigung, Bußübungen oder Askese. Aber das wichtigste und unfehlbarste Zeichen eines *Satguru* ist, daß seine Lehren nicht nur immer auf diese innere Wissenschaft konzentriert sind, sondern daß er in der Lage ist, dem Schüler bei der Initiation eine bestimmte Erfahrung des inneren Lichts und Tones zu geben, wie klein sie auch immer sein mag, um damit beginnen zu können. Und wenn der Schüler gelernt hat, sich über das Körperbewußtsein zu erheben, wird seine strahlende Form ungesucht erscheinen, um ihn auf der langen Reise zu führen.

*Die wunderbare und strahlende Form des Meisters
kann nur ein wahrer Meister dem Geist offenbaren.*

Nanak

Ein Meister, der die Dunkelheit (gu) nicht in Licht (ruh) umwandeln kann, ist von keinem Nutzen. *Nanak* sagte: »Ich will meinen Meister nicht beim Wort nehmen, bis ich mit meinen eigenen Augen sehe.« Wenn er ein wahrer Lehrer ist, wird er niemals eine Erlösung versprechen, die erst nach dem Tode erfolgt. Demzufolge ist es für ihn immer eine Angelegenheit des jetzt und hier. Wenn einer nicht im Leben Befreiung erlangt hat, kann er nicht darauf hoffen, sie im Tod zu erwerben. Und *Jesus* hat bei seinen Jüngern immer darauf gedrängt, die Kunst des täglichen Sterbens (das Übersteigen des Körpers) nach seiner Art zu meistern. Ein Meister wird weiter betonen, daß die Spiritualität eine Wissenschaft ist, wenn auch eine subjektive, und daß jeder einzelne ihre Wahrheit im Laboratorium seines eigenen Körpers nachprüfen kann, vorausgesetzt, daß er die erforderliche Bedingung schafft: die auf nur ein Ziel ausgerichtete Konzentration. Das Leben ist ein fortlaufender Vorgang, der kein Ende kennt, wenn es auch auf verschiedenen Seinsebenen einen jeweils unterschiedlichen Aspekt annimmt. Da einer hilflos von einer Ebene zur anderen geht, wird angenommen, daß er auf dieser und für diese Ebene, von der die Seele gegangen war, gestorben ist, denn wir haben noch kein Wissen und noch weniger Erfahrung vom Leben auf den anderen Ebenen, wohin man durch die Triebkraft der karmischen Vibration geleitet wird. Aus dieser Knechtschaft und diesem zwangsweisen Kommen und Gehen bereitet der Meister den Weg zur Befreiung in diesem Leben vor, indem er die Seele (Jiva) mit der immerwährenden Lebensschnur verbindet, die ohne Ende die Schöpfung durchdringt, und wahrhaftig einen Vorgeschmack von den höheren spirituellen Regionen gibt, sofern einer bereit ist, das Fleisch für den Geist aufzugeben. »Lerne zu sterben, damit du zu leben beginnen kannst«, heißt die Ermahnung. Selig ist, der sich täglich auf das Sterben vorbereitet.

Jene, in denen das ewige Wort spricht, sind frei von Unsicherheit, und es ist wahrlich des Meisters Sache, dem Menschen das ewige Wort hörbar zu machen.

> *O Nanak. Sprenge alle Bande der Welt;*
> *diene dem wahren Meister, und er wird*
> *dir den wahren Reichtum geben.*
>
> Gurbani

Wer einen solchen Lehrer hat, ist in der Tat gesegnet, denn er ist wahrhaft mit Gott selbst Freund geworden und hat einen gefunden, der ihn selbst bis zum Ende der Welt nicht verlassen wird, weder in diesem Leben noch nach dem Tode, und der ihn immer leiten wird, bis er seine letzte Bestimmung erreicht hat und genau so groß und unendlich ist wie er selbst.

> *Der Stein der Weisen kann bestenfalls einfaches Metall*
> *in Gold verwandeln; aber Ehre dem Meister, der den*
> *Schüler in seine eigene himmlische Form umgestalten kann.*
>
> Gurbani

Welche Probleme einer auch immer zu bewältigen haben mag, in seiner Gesellschaft findet er Frieden und Trost, und die Verbindung mit ihm gibt Kraft und regt zu innerer Bemühung an. Daher die dringende Notwendigkeit für *Satsang* (Gemeinschaft mit dem Wahren) für diejenigen, die noch nicht gelernt haben, sich mit ihm auf den inneren Ebenen zu besprechen.

Ein Sucher muß in seiner Suche nach einem vollendeten Meister sicherlich Unterscheidungs- und Urteilskraft walten lassen, aber wenn er Erfolg hatte und einen solchen gefunden hat (und ein echter Sucher wird ihn nie verfehlen, da dies ein göttlicher Ratschluß ist), welcher Art wird dann seine Beziehung zu ihm sein? Wird er weiterhin das, was ihm gesagt wird und was er beobachtet, kritisch aufnehmen? Wird er damit fortfahren, alles, was sein Lehrer tut, unter dem Mikroskop seiner Unterscheidungskraft zu prüfen? Diese Haltung beizubehalten, nachdem er sich anfangs der Echtheit des Vollendeten bereits versichert hat, heißt, seine Größe nicht anzuerkennen und nicht auf die rechte Weise darauf zu reagieren. Einer solchen Seele zu begegnen, bedeutet einem unendlich Größeren zu begegnen, als man selbst ist; und zu wissen, daß er eins mit Gott ist, heißt, demütig und voller Ehrfurcht zu sein. Ihn mit den eigenen begrenzten Fähigkeiten zu beurteilen, heißt den Versuch zu machen, das Meer in einem Reagenzglas festzuhalten; denn er wird durch Gründe bewegt, die wir niemals begreifen können.

Wenn einer den Segen, in die Herde des *Satguru* aufgenommen zu sein, richtig einschätzen kann, wird er immer seine Gnade, Schönheit und vollkommene Liebe rühmen.

> *Wenn der Wunderbare meine wandernde Seele unter seine*
> *Schwingen nähme, wollte ich alle Königreiche für das*
> *liebliche Mal in seinem Angesicht opfern.*
>
> Hafiz

Er wird niemals die Handlungsweise seines Meisters in Frage stellen, selbst wenn er sie nicht begreift; denn er weiß, daß selbst

> *Wenn der Kizr das Schiff im Meer versenken würde,*
> *in diesem Unrecht dennoch tausend Rechte wären.*
>
> Jalalud-din Rumi

Er wird das Vertrauen eines Kindes entwickeln müssen, das, wenn es sich einmal einer liebenden Hand anvertraut hat, tut, wie ihm geheißen, und niemals etwas fragt:

> ... wer nicht das Reich Gottes nimmt als ein Kind, der wird nicht hineinkommen.
>
> *Lukas 18, 17*
>
> *Selbst wenn er von dir verlangt, den Gebetssitz mit Wein zu tränken, nimm nicht Anstoß daran, sondern tu' es. Denn er, der dein Führer ist, kennt die Reise und ihre Stationen gut.*
>
> *Jalalud-din Rumi*

Die geheimen Worte eines Gottmenschen übersteigen sehr oft das menschliche Verständnis. Seine Gebote klingen zuzeiten, als ständen sie anscheinend in Widerspruch zu den Texten der Schriften oder den ethischen Forderungen, aber in Wirklichkeit ist es nicht so. Man sollte sie in vollem Vertrauen befolgen, und zu gegebener Zeit wird sich ihre wahre Bedeutung offenbaren.
Und wie des Kindes Liebe sollte die des Ergebenen sein, voller Demut und Einfachheit. Die Reinheit ihrer Flamme allein wird den Schmutz der Welt verbrennen.

> *Entfache das Feuer der Liebe und verbrenne damit alles; dann setze deinen Fuß auf das Land der Liebenden.*
>
> *Baha-U'llah*

Schweiße das jetzt in tausend Stücke zerbrochene Gefäß in eins zusammen, damit es tauglich wird, das Licht Gottes zu fassen. Es ist das Bindeglied zwischen dem Sucher und seinem Freund und durch ihn zwischen dem Sucher und dem Absoluten. Wie kann einer den Namenlosen und Formlosen anders lieben als durch den, der Seine wahre Verkörperung darstellt; denn der Herr offenbarte dem Propheten *Mohammed*:

> *Ich wohne weder im hohen Himmel noch auf der Erde unten und auch nicht im Paradies; doch o Geliebter, glaube mir,*

> *so seltsam es auch scheinen mag, ich wohne im Herzen des
> Gläubigen und dort bin ich zu finden.*
>
> Rumi

Auf diesem mystischen Pfad ist der Verstand eine Hilfe, aber er ist auch ein Hindernis. Allein die Liebe kann den Abgrund überbrücken, die Kluft umspannen und das Endliche mit dem Unendlichen, das Sterbliche mit dem Unsterblichen und das Relative mit dem Absoluten verbinden. Eine solche Liebe ist nicht von dieser Welt oder fleischlich. Es ist der Ruf der Seele an die Seele, vom Gleichen zum Gleichen, dem Fegefeuer und dem Paradies. Wer vermag diesen Zustand zu beschreiben?

> *Sprich nicht von Laylas oder Majnus Leid.*
> *Deine Liebe hat die Liebe von einst zunichte gemacht.*
>
> Saadi

> *Lebe frei von Liebe, denn selbst ihr Friede ist Pein.*
>
> Arabisches Sprichwort

> *Millionen sprechen von Liebe, doch wie wenige kennen sie.*
> *Wahre Liebe heißt, das Denken daran auch nicht für einen*
> *Augenblick aufzugeben.*
>
> Kabir

Tatsächlich ist diese Eigenschaft unaufhörlichen Gedenkens vom Wesen der Liebe. Und einer, der sich auf diese Weise seiner Liebe erinnert, muß demzufolge in dauerndem Gedenken an des Geliebten Gebote und in stetem Gehorsam leben. Eine solche Liebe verbrennt mit ihrem Feuer den Unrat des Ego; das kleine Selbst wird vergessen und der Liebende opfert seine Individualität auf dem Altar seines Geliebten.

> *Willst du auf dem Weg der Liebe wandeln,*
> *so lerne erst, dich selbst als Staub zu sehen.*
>
> Ansari von Herat

> *Liebe wächst nicht auf dem Felde und ist auch nicht*
> *auf dem Markt zu haben; wer sie besitzen will, sei*
> *er König oder Bettler, muß sie mit seinem Leben bezahlen.*

> *Lege dein Haupt auf deine Hände und opfere es, wenn du ins Wunderland der Liebe gelangen willst.*
>
> Kabir

Und wieder heißt es:

> *Verflucht sei das Leben, in dem man der Liebe zu Gott nicht teilhaftig wird. Gib dein Herz Seinem Diener, denn er wird dich zu Ihm bringen.*

Aber eine solche Selbsthingabe ist erst die Einleitung, um ein größeres und reineres Selbst, als wir es kennen, zu erben; denn dies ist die Macht seines Zaubers, daß, wer auch immer an seine Tür klopft, in seine Art umgewandelt wird:

> *Der Liebende wird zum Geliebten — das ist die Alchimie seiner Liebe; Gott selbst ist eifersüchtig auf einen solchen Geliebten.*
>
> Dadu

> *Wenn ich Ranjha rufe, werde ich eins mit ihm.*
>
> Bulleh Shah

Von einer solchen Liebe sprach *Lord Krishna* in der *Gita*, und die gleiche Liebe meinte *Paulus*, wenn er seinen Zuhörern sagte:

> *Ich lebe aber; doch nun nicht ich,*
> *sondern Christus lebet in mir.*
> *Denn was ich jetzt lebe im Fleisch,*
> *das lebe ich in dem Glauben des Sohns Gottes,*
> *der mich geliebet hat, und sich selbst für mich dargegeben.*
>
> Galater 2, 20

Dies beschreiben die *Sufis*, wenn sie von ›fana-fil-sheikh‹ (Aufgehen im Meister) sprechen

> *Die ungeheure Ausdehnung meines Selbst ist so zum Überfließen vom Dufthauch des Herrn erfüllt, das der bloße Gedanke an mich völlig geschwunden ist.*

Und dies erklären auch die christlichen Mystiker, wenn sie die Notwendigkeit des »Sterbens in Christus« betonen. Ohne diese Selbsthingabe ist das Wissen selbst nur von geringem Nutzen.

Das Wissen ist nur ein Kind der Schriften.
Ihre Mutter ist die Liebe.

Persischer Spruch

Die Welt verliert sich im Lesen der Schriften,
doch zum Wissen kommt sie nie.
Dem aber, der nur ein Jota der Liebe kennt,
wird alles offenbart.

Kabir

Eine solche Liebe allein ist der Schlüssel zum inneren Königreich:
Wer nicht lieb hat, kennet Gott nicht; denn Gott ist Liebe.

1. Joh. 4, 8

Das Geheimnis von Gottes Mysterien ist die Liebe.

Maulana Rumi

Durch die Liebe wird Er erreicht und gehalten,
aber niemals durch das Denken.

›Die Wolke der Unwissenheit‹

Wahrlich, wahrlich, ich sage euch, daß nur jene,
die liebten, den Herrn erreicht haben.

Gobind Singh

Und wir haben erkannt und geglaubt die Liebe,
die Gott zu uns hat. Gott ist Liebe; und wer in
der Liebe bleibt, der bleibt in Gott,
und Gott in ihm.

1. Joh. 4, 16

Lasset uns ihn lieben, denn er hat uns zuerst geliebt.

1. Joh. 4, 19

Die Beziehung der Liebe zwischen dem *Satguru* und seinem ›shishya‹, dem Gottmenschen und seinem Schüler, erfährt viele Phasen und Entwicklungsstadien. Sie beginnt mit der Achtung für einen, der mehr weiß als man selbst. Sowie der Schüler anfängt, des Meisters uneigennützige Sorge für sein Wohlergehen und seinen Fortschritt zu würdigen, beginnen seine Gefühle im Tau der Liebe zu schmelzen, und er entfaltet Vertrauen, Gehorsam und Ehrfurcht. Größerer Gehorsam und stärkeres Vertrauen bringen größere Anstrengung mit sich, und mit der größeren Anstrengung kommt größere Zuneigung des Meisters. Anstrengung und Gnade ergänzen sich, und eines hilft bei der Entfaltung des anderen. So wie die Liebe der Mutter für ihre Kinder ist die des göttlichen Hirten für seine Herde. Sie unterscheidet nicht zwischen denen, die ihrer würdig sind und denen, die ihrer nicht würdig sind; sondern wie bei einer Mutter werden die Tiefen und der Reichtum seiner Liebe nur von jenen erschlossen, die seine Liebe erwidern und zurückgeben:

*Er ist bei allen gleicherweise; doch jeder erhält
seinen Anteil gemäß seines eigenen Verdienstes.*

Guru Amar Das

Mit seiner größeren Anstrengung und der größeren Gnade seitens des Meisters macht der Schüler größere Fortschritte im inneren ›Sadhan‹, was schließlich zum völligen Übersteigen des Körperbewußtseins führt. Wenn dies erreicht ist, sieht er seinen Guru, der ihn in der strahlenden Form empfängt und seinen Geist von nun an auf den inneren Ebenen leitet. Zunächst erblickt er ihn in seiner wahren Glorie und erkennt die unergründlichen Dimensionen seiner Größe. Hinfort weiß er, daß der Guru mehr ist als ein Mensch, und sein Herz fließt über von Lobpreis und demütiger Hingabe. Und je höher er auf seiner spirituellen Reise kommt, desto eindringlicher werden seine Lobpreisungen, denn um so mehr erkennt er, daß er, den er einst zum Freunde nahm, nicht nur ein Freund ist, sondern daß Gott selbst herunterkam, um ihn zu sich emporzuheben. Dieses Band der Liebe samt seinen Abwandlungen und Entwicklungsstadien wird zum Spiegel seines inneren Fortschritts, der sich vom Endlichen zum Unendlichen bewegt.

Die Liebe beginnt im Fleisch und endet im Geist.

St. Bernhard

Auf ihren Anfangsstufen mag sie Ähnlichkeiten mit der irdischen Liebe haben, die zwischen Eltern und Kind, zwischen Freunden, zwischen Liebenden, zwischen Lehrer und Schüler. Aber wenn einmal der Punkt erreicht ist, wo der Schüler seinen Lehrer in seiner strahlenden Glorie in sich selbst entdeckt, lösen sich alle Ähnlichkeiten und Vergleiche für immer auf, und alles, was bleibt, ist eine einzige Geste und dann Schweigen.

Laßt uns auf eine andere Weise
von den Geheimnissen der Liebe schreiben — es ist besser so.
Laßt Blut und Lärm und alles das,
und sprecht nicht mehr von Shamas Tabrez

Maulana Rumi

6. Kapitel

DAS WESEN DER RELIGION

Im vorhergehenden Kapitel haben wir die Hauptpunkte des ›Surat Shabd Yoga‹ aufgezeigt und seine hervorstechendsten Merkmale kurz untersucht. Wir haben gesehen, wie er erklärt, daß Gott, als Er sich offenbarte, die Form des Wortes — Naam, Shabd, Udgit, Kalma, Saut oder Sarosha — angenommen hat und daß sich diese Worte nicht auf abstrakte Begriffe des göttlichen Willens oder der göttlichen Vernunft beziehen, sondern auf mehr; auf einen spirituellen Strom himmlischer Harmonie, der in Glanz erstrahlt. Dieser Strom steht im Mittelpunkt der ganzen Schöpfung und bringt ihre verschiedenen Ebenen ins Sein, die er belebt und erhält. Wer unter der Führung von einem, der den Weg selbst gemeistert hat, mit diesem Strom im Innern in Berührung kommt, kann die physische Welt übersteigen und sich über alle bedingten Ebenen erheben, um zu seinem wahren Ursprung zurückzukommen und, wenn er eins mit ihm wird, den begrenzten Bereichen entrinnen und zur unbegrenzten Bewußtheit und dem absoluten Sein gelangen.

Um zu zeigen, daß diese Lehren nicht auf irgendein Volk oder Zeitalter beschränkt sind, sondern eine universale Gültigkeit haben, wurde jeder wesentliche Aspekt durch die Aussprüche von Mystikern, die den verschiedenen religiösen Überlieferungen, der indischen, mohammedanischen und christlichen, entnommen wurden, kurz beleuchtet. Diese Aussprüche wurden jedoch nur als erläuternde Hinweise angeführt und konnten nicht systematisch erörtert werden. Wenn die Lehren des Surat Shabd Yoga wirklich universal sind, wenn sie wirklich auf die absolute Wahrheit hinweisen und nicht auf Dogmen, sondern auf »Tatsachen« fußen, mögen diese auch übersinnlicher Natur sein, doch Tatsachen, die durch jeden nachgeprüft werden können, der bereit ist, die zu ihrem Studium erforderliche Schulung auf sich zu nehmen, dann würde der forschende Sucher sicherlich geltend machen, daß diese Lehren in der einen oder anderen Form den Kern aller großen Religionen bilden, und er wird den Wunsch haben, einen systematischeren Nachweis zu erhalten, als es im vorhergehenden Bericht über den Surat Shabd Yoga möglich war. Eine umfassende und ausführliche Abhandlung über dieses Thema geht über den Rahmen dieses Buches hinaus; und bestenfalls können wir nur einige fruchtbringende Richtlinien zum Zwecke weiterer Nachforschung anraten, welche diejenigen, denen daran liegt, verfolgen mögen. Überdies ist es ein immer wiederkehrendes Thema bei allen großen Meistern, daß, obgleich ihre Lehren dem Wesen nach universal sind und durch die ausgedehnte Literatur der heiligen Schriften [1] der Welt bewiesen werden können, es doch hieße, ihre wahre Bedeutung vollkommen zu verfehlen, wenn man sich lediglich auf gelehrte Interpretationen beschränken würde. Alles was der Sucher braucht, ist, aus früheren Aufzeichnungen zu ermitteln, daß das, was ihm gesagt wurde, die älteste Wahrheit ist, so daß er die erforderliche Schulung mit vollem Glauben und ohne Vorbehalt aufnehmen kann. Der letzte Wahrheitsbeweis muß Sache der direkten inneren Ersthand-Erfahrung sein und nicht eine der Buchgelehrsamkeit, die, wenn sie über ihre eigentliche Grenze hinausführt und zum Selbstzweck gemacht wird, ihren Zweck verfehlt und ernstlich vom Ziel ablenkt.

1. Uraltes religiöses Gedankengut der Inder, Chinesen und Perser

Hinduismus
Die Hindu-Religion ist ein gewaltiges Meer religiösen Gedankenguts, dessen Ursprung in die frühesten Zeiten, lange vor dem Aufdämmern der Geschichte, zurückreicht und das in seiner vielfarbigen Struktur mit ihren mannigfaltigen Abtönungen eine

---

[1] Für ausführliche Einzelheiten wird der Leser auf das Buch »Naam oder das Wort« verwiesen.

endlose Reihe an Gestaltungen und Formen umschließt, wie sie der menschliche Geist hervorgebracht hat: vom Animismus zur Anbetung der Natur, von den Naturkräften in abstrakter Form bis zu den personifizierten und wesenhaften Formen, von Gottheiten und Göttinnen bis zu dem einen höchsten Gott, zuerst dem persönlichen und dann dem unpersönlichen, von der Form zum Formlosen. Das Hindu-Pantheon bietet dem wißbegierigen Publikum eine große und gewaltige Schar von Gottheiten zur Betrachtung dar, so einer die Nebelschleier der eisgrauen Vergangenheit durchdringt.

Der Sonnenkult, die Anbetung von *Helios* oder der Sonne, wurde von den Menschen der Welt ganz allgemein ausgeübt. Sol oder die Sonne war für die Menschen immer Gegenstand großer Verehrung und wurde auf der ganzen Welt seit undenkbaren Zeiten gepriesen und angebetet. Die alten Griechen und Römer bauten Tempel für Apollo und Phoebus, wie sie den Sonnengott in ihrer Zeit nannten. In allen anderen Gotteshäusern nahm das Idol oder die Darstellung des Sonnengottes einen bedeutenden Platz in ihrer hierarchischen Ordnung ein. Wir haben in Konrak, Südindien, einen berühmten Sonnentempel und im Norden die historische Stadt Mooltan oder das Sonnenland; während die *Jog-maya-* oder *Jot-maya-*Tempel über den ganzen indischen Kontinent verstreut sind.

Die alten Griechen haben auch von *Shabd* gesprochen. In den Schriften von *Sokrates* lesen wir, daß er in sich einen bestimmten Ton hörte, der ihn unwiderstehlich in höhere spirituelle Bereiche gezogen hat. *Pythagoras* sprach ebenfalls von Shabd, denn er hat Gott als die »Erhabene Musik vom Wesen der Harmonien« beschrieben. Für ihn war Gott die »Absolute Wahrheit, in Licht gekleidet«. Als er einem Adler befahl, herunterzukommen, und einem Bären, das verwüstete Apulien zu verlassen, fragte ihn die verwunderte Menge nach der Quelle, von der er solche Kräfte nahm, und er entgegnete, daß er sie alle der »Wissenschaft des Lichts« verdanke.

Wiederum haben wir in der griechischen Sprache das mystische Wort *Logos*. Es rührt von der Wurzel »Logo« her, was »Sprechen« bedeutet, und wovon die Begriffe Monolog, Dialog, Prolog, Epilog usw. abgeleitet wurden. Es bedeutet »das Wort« oder »die Vernunft«. Diesen Begriff »Logos« gibt es in der hebräischen und christlichen Philosophie und Theologie, er wurde sowohl von den hellenistischen wie von den neuplatonischen Philosophen in seinem mystischen Sinne gebraucht. Die Christen wenden ihn an, um damit die zweite Person der heiligen Dreifaltigkeit zu nennen.

Die Alten des Westens erbten dies von ihren Vorfahren, die Tausende von Jahren vor der christlichen Aera lebten und große Liebe und Verehrung für *Surya* erwarben, die sie als den Inbegriff aller menschlichen Bestrebungen auf der Suche nach der allmächtigen Kraft Gottes betrachteten und als ein sichtbares Abbild auf dieser Erde. Sie nahmen diese Vorstellung mit sich, wohin immer sie sich wandten, ostwärts und westwärts. Sie verfaßten Hymnen und sangen Psalmen zum Ruhme dieses prächtigen Gestirns, der Quelle allen Lebens auf diesem irdischen Planeten. Diejenigen, welche sich in Persien angesiedelt hatten und später als Parsen bekannt wurden, verehren die große Gottheit noch in einer anderen Form — dem Feuer —, das sie allezeit in ihren Tempeln als Symbol für die heilige Flamme unterhalten, die im menschlichen Herzen brennt und immerzu himmelwärts strebt.

Ratu Zoroaster, der Prophet des Lichts und Lebens in Persien, rühmte die Größe des Gottes des Lichts in liebendem und lebendigem Glauben und lehrte die Menschen, es ihm gleichzutun.

›Agni‹ oder das Feuer war bei den Gottheiten, welche diese geheimnisvolle Kraft bewachten, ein verborgenes Geheimnis. Es war, wie die griechische Sage erzählt, von Prometheus gestohlen und dem Menschen gegeben worden, wofür er von Zeus, dem Göttervater, zu ewiger Qual verurteilt wurde. Im Kapitel VI der Chhandogya Upanishad ist gesagt, daß es das erste Element sei, dessen Schöpfung alle anderen Elemente ermöglicht hat, wie Wasser, Erde usw.

Ein zweiter Stamm der Arier, der gen Osten, in ›Richtung der Indus-Ganges-Ebene gezogen war, berief sich in liebender Weise auf »aditya«, und in den Veden gibt es Hymnen, die sich an »Hiranyagarbha«, »Savitar« und »Usha« wenden, die alle die eine lebensspendende Kraft der Sonne bezeichnen. Die verehrungswürdigen Meister des vedischen Zeitalters waren alle Bewunderer der reinigenden und heilenden Eigenschaften des Sonnengottes, und so ist es kein Wunder, daß wir in den Veden viele Hymnen finden, welche die Sonne vergöttlichen. In Buch X, 121 finden wir:

> *Im Anfang erhob sich »Hiranyagarbha« als der einzige*
> *Herr aller erschaffenen Wesen.*
> *Er festigte und stützte die Erde und den Himmel;*
> *Welchen Gott sollen wir mit unserer Opfergabe ehren?*
> *Als die gewaltigen Wasser kamen, die den universalen*
> *Keim enthielten und »Agni« hervorbrachten,*
> *da kam der eine Geist Gottes ins Sein;*
> *Welchen Gott sollen wir mit unserer Opfergabe ehren?*

In einer anderen Hymne bezieht man sich auf ihn als »der aus sich selbst strahlende weise »Aditya«.
In Buch I, 113 finden wir eine Hymne an die Morgenröte, in der folgende Zeilen zu lesen sind:

> *Dieses Licht ist unter allen Lichtern das schönste;*
> *das Strahlende ist geboren, um Helligkeit zu verbreiten.*
> *Die Nacht, verdrängt durch »Savitars« Aufgang*
> *ist der Geburt des Morgens gewichen.*
> *Erhebt euch! Der Odem, das Leben ist wieder gekommen;*
> *Die Dunkelheit ist vergangen und das Licht ist nahe.*
> *Sie hat der Sonne freie Bahn gegeben: Wir sind dort*
> *angelangt, wo die Menschen ihr Leben verlängern.*

Dies alles könnte im wörtlichen Sinne für lediglich etwas mehr als Natur-Verehrung gehalten werden, als Anbetung der Sonne, die bei einem Volk, dessen Existenz vom Ackerbau abhängt, verständlich ist. Aber die alte indische Literatur hat eine schwer zu fassende Eigenschaft: sie scheint uns zunächst auf einer Ebene zu belehren, und wenn wir uns dieser angepaßt haben, bringt sie uns auf eine andere. Wer ihren Feinheiten folgen kann, entdeckt einen Reichtum, den er selten anderswo findet. Es gibt eine Vielheit von Bedeutungen, die vom Physischen bis zum Kosmischen und Spirituellen reichen, und vom Buchstäblichen bis zum Symbolischen und Esoterischen, das uns auf den verschiedensten Erfahrungsebenen anspricht und uns besonderen Lohn bietet. Wenn wir somit diese häufigen Hinweise auf die Sonne zu studieren beginnen, werden wir erkennen, daß die »Sonne«, auf die sie sich beziehen, nicht immer das Zentrum unseres physischen Universums ist, wie wir anfangs angenommen haben. In der Isha-Upanishad lesen wir:

> *Das Tor zu dem Wahren Einen ist von einer goldenen*
> *Scheibe verdeckt; öffne sie, o Pushan, damit wir das Wesen*
> *des Wahren Einen schauen.*

Nachdem wir von solchen Darlegungen berichtet haben, beginnen wir eine esoterische Bedeutung zu entdecken, die wir früher übersehen haben, wenn wir von Brahman oder dem Höchsten lesen, der voll des Lichts ist, ›Jyotisvat‹, und mit Glanz umgeben, ›Prakashvat‹. Und all das entfaltet sich weiter, wenn wir an das ›Gayatri‹, das zehnte Mantra der sechzehnten Sutra im dritten Mandala des Rig-Veda, herangehen:

> *Murmelnd erhebt sich die heilige Silbe ›Aum‹ über*
> *den drei Regionen.*
> *Wende deine Aufmerksamkeit der alles in sich*
> *aufnehmenden Sonne im Innern zu.*
> *Sich ihrem Einfluß hingebend, bleibe vertieft in die Sonne,*
> *und sich zum Bilde wird sie dich gleicherweise*
> *leuchtend machen.*

Dieses Mantra wird als das heiligste betrachtet, das ›mool mantra‹ in der vedischen Literatur. Es wird den Hindus von früher Kindheit an aufzusagen gelehrt. Hier wird die innere spirituelle Bedeutung der »Sonne« völlig klar. Gegenstand der Verehrung ist nicht die, welche uns in der äußeren Welt mit ihrem Licht versorgt; es ist ein Prinzip, das die physische, astrale und kausale Existenzebene übersteigt, und die Quelle der inneren Erleuchtung ist. Dieses Prinzip wird auch ›Aum‹ genannt, ein Ausdruck, der auf die drei Phasen der menschlichen Erfahrung hinweist: ›A‹ bezieht sich auf den Wachzustand (jagrat), ›U‹ auf den Traumzustand (swapana) und ›M‹ auf den des Tiefschlafs (sushupti). Die letzte Wirklichkeit umschließt alle diese Ebenen und auch die drei Phasen der menschlichen Erfahrung, geht jedoch gleichzeitig darüber hinaus. Und die Stille, die jedem Aufsagen des Wortes ›Aum‹ folgt, deutet auf den Zustand von ›Turya‹ oder des absoluten Seins hin, das die unbeschreibliche Quelle und das Ziel von allem ist. Es ist ›Brahman‹, das alles durchdringende, dessen erstes Attribut Glanz ist, das jedoch in sich selbst jenseits des Glanzes liegt. Daher ist dem Mantra in seiner ursprünglichen Form im Rig-Veda noch eine weitere Zeile angefügt, die nur den ›Sanyasins‹ und ausgewählten Schülern bekanntgegeben wird — ›Paro Rajasal Savad Aum‹: Wer diesen Glanz übersteigt, ist dieses Aum.

Das ›Gayatri mantra‹ löst nicht nur die üblichen Verwirrungen der in den Veden vielfach enthaltenen Hinweise auf die Sonne, es beleuchtet auch noch ein anderes, stets wiederkehrendes Thema des hinduistischen Denkens. Seine große Bildhaftigkeit und seine Volkstümlichkeit bringt uns zu der Frage der ›mantras‹ und ihrem Platz in der religiösen Praxis der Inder. Die Mantras oder Wortformeln, in Sanskrit-Versen oder -Prosa, sind in zwei Arten eingeteilt: jene, die nur zum Aufsagen gedacht sind und nicht verstanden zu werden brauchen, und andere, die als eine göttliche Anrufung dienen und deren Bedeutung man kennen muß, damit der Ergebene in Stand gesetzt wird, seine Aufmerksamkeit auf das göttliche Ziel zu richten. Die verschiedenen Mantras haben alle ihre besonderen Vorteile. Es gibt solche, deren Meisterung oder ›siddhi‹ eine Verbindung zu magischen Kräften niederer Ordnung (tamas) einbringt; andere verleihen Mut, Stärke und Kraft (rajas) und wieder andere haben zum alleinigen Ziel die spirituelle Erhebung (satva). Unter den letzteren wird das ›Gayatri‹, wie wir bereits gesehen haben, am meisten geschätzt.

Die seit undenklichen Zeiten beliebt gewordenen Mantras betonen nachdrücklich die spirituelle Bedeutung des Tones. Wenn das

Singen von gewissen Wortformeln magische Kräfte verleiht oder beim spirituellen Vorwärtskommen hilft, dann muß im Ton selbst eine latente esoterische Kraft liegen. Darum wurde *Vak Devi*, die Göttin der Sprache, in hohen Ehren gehalten. Jedes Wort hat seinen einmaligen Charakter und seinen bestimmten Platz, aber von allen Worten ist ›Aum‹ das heiligste. Seine symbolische Bedeutung haben wir bereits untersucht. Wir wollen diesen Worten noch einige weitere hinzufügen. Es ist nicht nur ein Wort, das die Eigenschaften des absoluten ›Brahman‹ bezeichnet, sondern eines, das das ›Brahman‹ selbst bedeutet. Im *Rig-Veda* lesen wir:

Prajapati vai idam agref aseet
Tasya vag dvitya aseet
Vag vai parman Brahma.

»Im Anfang war *Prajapati*, Brahma, bei ihm war das Wort und das Wort war wahrhaftig der höchste Brahma« — ein Text, der in bemerkenswerter Weise den Eingangsworten des Johannes-Evangeliums gleicht:

Im Anfang war das Wort, und das Wort war
bei Gott, und Gott war das Wort.

Somit wird ›Aum‹ zum ›Brahman‹, das sich im Wort offenbart; und in der *Taittiriya-Upanishad* bezeichnet man es als die »Hülle des Brahman«, als etwas, das sein Leben von ›Brahman‹ nimmt und es enthält. Dieser Aspekt tritt im *Sam-Veda* noch klarer hervor:

Brahman ist zugleich Shabd und Ashabd,
und Brahman allein vibriert im Raum.

Mit anderen Worten: der absolute Eine ist nicht nur der innere Glanz, sondern auch etwas, das darüberliegt, wie im ›Gayatri Mantra‹ angedeutet ist. Er ist eins mit dem Wort, dem ›Shabd‹ oder ›Aum‹ und doch zugleich jenseits davon. In der Tat sind Licht und Ton als seine ersten Offenbarungen bekannt. Das ›Gayatri‹ empfiehlt, daß während man sich auf das göttliche Wort ›Aum‹ konzentriert, wir unsere Aufmerksamkeit auf die innere Sonne heften sollen. Und aus der *Chhandogya Upanishad* wissen wir, daß ›Nad‹ oder die göttliche Musik, aus der universalen Sonne (von Brahmand) hervorgeht; ein Geheimnis, das von *Rishi Angris* an Krishna, dem Liebling von Devki (III 17—6 und 93), weitergegeben wurde. Es war diese mystische Einsicht, die in den ›Srutis‹ oder Schriften zu finden ist und welche durch das innere Hören enthüllt ward, das zur Entfaltung dessen geführt hat, was ›sphota-vadha‹ oder die Philosophie des Wortes genannt wurde. Die Lehrer dieses Pfades predigten, daß der Absolute das Wortlose, Bildlose und das Unbeschreibliche und Unbedingte war. Als Er sich offenbarte, trat Er als ›Sphota‹ oder das Wort in Erscheinung, das von Licht erstrahlt und von unbeschreiblicher Musik vibriert. Der Sucher, der sich von der bedingten Ebene zur ewigen und unwandelbaren erheben will, muß sich mit Sphota oder des Kraft des Wortes verbinden, durch die er zu Brahman gelangen kann, das über Shabd oder Sphota liegt. Der Pfad der Gottverwirklichung war bestimmt nicht leicht; es war schwer, den Zugang dazu zu finden, schwer, ihn zu gehen, schwer, drauf zu beharren und schwer, ihn zu überqueren; doch der einzig mögliche Weg für einen, der seinem Meister und dessen Sache treu ist.

Dies sind in der Tat die Wahrheiten, wie sie von früheren Weisen des alten Indien gelehrt und praktiziert wurden. Aber wieviel ist davon übriggeblieben? Für den größten Teil von ihnen finden wir Rituale — das Blasen des Muschelhorns, Glockenläuten, Schwenken von Lichtern und die Verehrung der Sonne — die von den Mysterien im Innern zeugen; aber wie wenige sind sich ihrer wahren Bedeutung bewußt? Trotz des gewaltigen und dauerhaften Einflusses von *Lord Krishna,* der den Menschen das Beste der vedantischen Lehren nahegebracht hat, ist die Religion in Indien genau wie anderswo zu bloßem Kastengeist und Zeremonie abgesunken. Das Licht und die Musik im Äußeren werden verehrt, aber das flammende und tönende Wort im Innern, auf welches diese hinweisen, bleibt unbeachtet. Das Licht ruft in die Finsternis und die Finsternis begreift es nicht.

Buddhismus

Buddhas Lehren stellen in vieler Hinsicht eine Reaktion auf die teils verzerrten religiösen Traditionen der Veden dar, und doch bestätigen sie viele der Grundlehren, die wir bereits untersucht haben. Buddhas Leben selbst wurde zur Legende, die auf lebendige und treffende Weise die Notwendigkeit des Menschen verkörpert, sich von der äußeren Erscheinungswelt abzuwenden, hin zu der wesentlichen inneren Welt. Daß Buddha trotz seiner königlichen Abstammung und ungeachtet dessen, was sein Leben zu Hause glücklich gemacht hätte, den Palast verließ und in die Wildnis ging, um als Bettelmönch nach der Wahrheit zu suchen, war ein beispielloses Opfer. Es war in der Tat ein heldenhaftes Unterfangen, sechs Jahre lang umherzuziehen und alle möglichen Härten und physischen Leiden zu erdulden, was ihn bis zum Skelett abmagern ließ; und dies zwingt zu tiefer und bleibender Bewunderung und Verehrung. Aber weder das luxuriöse Leben zu Hause, noch die ›tapas‹ im Dschungel konnten ihm aus dem Elend, der Verzweiflung, aus Krankheit und Tod heraushelfen, das er als das allgemeine Schicksal des menschlichen Lebens in dieser physischen Welt erkannt hatte. Es war eine für sein Leben bedeutungsvolle Entscheidung, als er, wie vorher ein Leben in Luxus, nun auch das Leben der Askese aufgab. Er saß unter dem Boddhi-Baum in Gaya in stiller Kontemplation und gab sich dem göttlichen Einfluß hin, der aus sich selbst und durch sich selbst wirkt, wenn man sein Selbst vollkommen diesem Heiligsten und Höchsten in der Natur überläßt, als vor seinem inneren Auge ganz plötzlich die so sehr gesuchte Lösung für das verwirrendste Problem des Lebens in einer aufgereihten Kette von Ursache und Wirkung aufblitzte: 1) die unleugbare Tatsache des Leidens, 2) die Ursache des Leidens, 3) die Möglichkeit, dem Leiden zu entgehen und schließlich 4) der Pfad, der zur Befreiung vom Leiden führt. Dies war der Pfad der goldenen Mitte zwischen der Nachsicht gegen sich selbst und der Selbstkasteiung, die beide gleich schmerzhaft sind und in der Suche nach der Wahrheit keinen Vorteil bringen; und daher wurde ihm der Name ›mittlerer Weg‹ gegeben, der in der Rechtschaffenheit der achtfachen Aspekte des Lebens besteht, wie es bereits in einem vorangehenden Teil des Buches dargelegt wurde.

Dies war kurz der Inhalt der ersten Predigt des Meisters in Sarnath, die er an die ersten fünf ›Bhikkus‹ richtete. Die einfachen und klaren Lehren, die von allen Verdrehungen des Priesterordens der Brahmanen, die Riten und Rituale als den Begriff der menschlichen Erlösung hingestellt hatten, frei waren, übten auf das ganze Volk einen gewaltigen Einfluß aus. Kein Wunder also, daß sich eine große Anzahl Menschen, angefangen bei den leitenden Persönlichkeiten bis hinunter zum Laien, zu dem neuen Glauben bekehrte und frohen Mutes das gelbe Gewand nahm.

Das ist der äußere Aspekt wie in allen anderen Weltreligionen, vor und nach Buddhas Zeit, und er hat sich innerhalb der Massen gut ausgewirkt, da er ihnen einen klaren Überblick gab über den Sinn und Verlauf des Lebens. Die verwickelten Probleme der Veden, das vedische Pantheon und die vedische Art der Gottesverehrung waren mit einem einzigen Schlag vorüber, und von den Menschen wurde verlangt, ihre Lebensweise moralisch zu entwickeln und zu veredeln; alles andere würde dann von selbst kommen. Dies war in gewisser Hinsicht die strikte Beachtung der ›Yamas‹ und ›Niyamas‹, die zu ›Sadachar‹ (rechtes Leben) beitragen — der erste und wichtigste Schritt in der rechten Richtung.

Es bedeutet nicht, daß Buddha die Existenz Gottes, oder die der Stufen verneinte, die über den spirituellen Pfad zu Ihm führen. Wenn er etwas von höherem Wert und lebenswichtigem Interesse, das seiner Zeit weit voraus war und das anzunehmen der gemeine Mann weder vorbereitet noch willens war, nicht öffentlich bestätigte, bedeutet das nicht, daß er es ablehnte. Dies war natürlich wenigen Auserwählten vorbehalten und für die bewahrt, welche der mystischen Belehrung, die sich auf das transzendente Hören bezog, für Wert befunden wurden. So können wir es in der *Surangama Sutra* lesen, worin die spirituellen Erfahrungen der höchsten *Bodhisattvas* und *Mahasattvas* und der großen *Arhats* wie Maha Kasyapa, Sariputra, Samantbhadra, Metaluniputra, Maudgalyana, Akshobya, Vejuria, Maitreya, Mahasthema-Prapta und anderer beschrieben sind. Sie alle bestätigen in ihren Berichten in der einen oder anderen Form den purpurgoldenen Glanz, die Unendlichkeit des reinen Geistwesens, die transzendentale Wahrnehmung, das transzendente innere Hören des Geistes, was zu dem unbeschreiblichen und geheimnisvollen Ton des Dharma führt, wie Löwengebrüll und Trommelschlag. Die durchdringende Kraft des Feuerelements macht die intuitive Einsicht leuchtend klar und einen fähig, alle Deva-Bereiche und schließlich das Buddha-Land der Unbeweglichkeit zu schauen, die offen im Innersten der ausgeglichenen und rhythmisch-ätherischen Vibrationen liegen. Sie sprechen auch von dem »höchsten, wunderbaren und vollkommenen Samadhi der Transzendenten Bewußtheit«, der »Diamantener Samadhi« genannt und mit Hilfe des »Inneren Hörens« erlangt wird, wenn der Geist, von allen mentalen Befleckungen befreit, sich in den »Göttlichen Strom« verliert.

Nachdem er die verschiedenen Wesenheiten gehört hatte, betonte Manjuri, der Prinz des Dharma mit Nachdruck, daß die höchste Reinheit des Geistwesens und seine innere Klarheit, die von selbst nach allen Richtungen hin ausstrahlt, erworben werden müsse und ermahnte die große Versammlung, »die äußere Wahrnehmung des Hörens einwärts zu lenken und im Innern den vollkommen vereinigten und wahren Ton des Geistwesens zu hören«. Danach faßte er das Thema in folgenden denkwürdigen Worten zusammen:

> *»Dies ist der einzige Weg zum Nirvana, und alle Tathagatas der Vergangenheit sind ihn gegangen. Darüber hinaus hat er seine Gültigkeit für alle Bodhisattvas und Mahasattvas der Gegenwart und für alle in der Zukunft, so sie auf vollkommene Erleuchtung hoffen. Avalokiteshvara erlangte nicht nur in den vergangenen Zeitläufen auf diesem Goldenen Weg die Erleuchtung, sondern in der Gegen-*

> wart, und ich bin auch einer von ihnen ... Ich lege Zeugnis dafür ab, daß der von Avalokiteshvara anempfohlene Weg der gangbarste für alle ist.[1]

Die Ergebenen wurden auch ›Shravaks‹ genannt, was ›Hörer‹ bedeutet, das heißt, Hörer des inneren Tonprinzips.
Aber nachdem Lord Buddha gegangen war, traten allmählich die geheimen Lehren, die er den wenigen Auserwählten übermittelt hatte, in den Hintergrund. Der Buddhismus hatte dem großen Bedürfnis der Stunde gedient und ist wie alle anderen Religionen nur eine Ansammlung von Dogmen und Bekenntnissen geblieben, die dem Sucher nach Wahrheit wenig Trost bietet. Dieser ist nur von einer Seele zu haben, die die Wahrheit verwirklicht hat, von einem wahren Heiligen mit spiritueller Erleuchtung und innerer Erfahrung von der Wirklichkeit.

Taoismus

Wenn wir uns China zuwenden, stellen wir fest, daß das Beste des buddhistischen Gedankengutes in die religiösen Traditionen der Chinesen übergegangen ist. Wir wollen vor allem die Botschaft hervorheben, die *Lao Tse*, der Vater des chinesischen Mystizismus (Hsuanchiao) oder Taoismus, von sich aus lehrte. Das Wort »Tao« bedeutet »Weg« oder »Pfad« und zeigt das verborgene »Prinzip des Universums« an.
Lao Tse spricht vom Tao als »Absolutes Tao«, das der »Geist« und die »Quintessenz« (die spirituelle Wahrheit) ist und, völlig getrennt von seinen Offenbarungen, ihnen dennoch innewohnt. Genau wie die indischen Mystiker zwischen dem »Aum«, welches das unbeschreibliche und unaussprechliche Wortlose Wort ist, unterscheiden, so erklärt uns auch Lao Tse:

---

[1] Für Einzelheiten in diesem Zusammenhang sei auf das Buch ›Naam oder das Wort‹ vom selben Autor verwiesen.

> Das Tao, das man beschreiben kann,
> ist nicht das Absolute Tao.
> Die Namen, die man nennen kann,
> sind nicht die Absoluten Namen.

Von der Natur des Tao ist gesagt:

> Das Tao durchdringt alles,
> doch geht es durch sein Wirken
> nicht etwa im Bestehenden auf.
> Es ist unergründlich wie der Urquell aller Dinge.

Ferner heißt es:

> Das große Tao fließt überall
> (gleich einer Flut) kann es zur Rechten
> und zur Linken sein.
> Die Myriaden Dinge nehmen ihr Dasein von ihm,
> und es verweigert sich ihnen nicht.

Und:

> Das Tao ist ewig ohne handeln
> und dennoch bleibt nichts ungetan.

Im zweiten Buch, das sich mit der Nutzanwendung des Tao befaßt, wird das Prinzip der Rückkehr behandelt:

> Rückkehr ist die Bewegung des Tao.
> Sanftheit ist das Wirken des Tao.
> Alle Dinge dieser Welt entstammen dem Sein,
> und das Sein entsteht aus dem Nichtsein.

Das Tao ist die Quelle allen Wissens:

> Ohne aus der Tür zu gehen,
> weiß man um das Geschehen in der Welt.
> Ohne aus dem Fenster zu blicken,
> kann man das Tao des Himmels erschauen.
> Je mehr Wissen einer besitzt,
> um so weniger wird sein Erkennen.
> Also auch der Berufene:

> *Er wandert nicht und kommt doch ans Ziel.*
> *Er sieht sich nicht um und vermag doch zu benennen.*
> *Er handelt nicht und bringt doch zur Vollendung.*

Die große Harmonie des Tao, das unerklärbare Geheimnis des Universums, offenbart sich,

> *Wenn die mystische Tugend klar wird*
> *und in die Ferne reicht,*
> *und die Dinge kehren (zu ihrer Quelle) zurück,*
> *dann und nur dann*
> *wird der große Einklang erkennbar.*

Von seinen eigenen Lehren (wie von denen der großen Weisen) hat er gesagt:

> *Meine Worte sind sehr leicht zu verstehen*
> *und sehr leicht auszuführen,*
> *und doch ist niemand auf Erden im Stande,*
> *sie zu verstehen und auszuführen.*
> *Diese Worte haben einen Vater.*
> *Diese Taten haben einen Herrn.*
> *Weil sie nicht verstanden werden,*
> *darum werde ich nicht verstanden.*
> *Daß ich von wenigen nur verstanden werde,*
> *ist ein Zeichen meines Wertes.*
> *Also auch der Berufene:*
> *Er trägt sein Juwel in härenem Gewand.*

Schließlich spricht er vom Weg zum Himmel:

> *Wahre Worte sind nicht schön,*
> *schöne Worte sind nicht wahr.*
> *Tüchtigkeit überredet nicht,*
> *Überredung ist nicht tüchtig.*
> *Der Weise ist nicht gelehrt,*
> *der Gelehrte ist nicht weise.*

Der Berufene häuft keinen Besitz an.
Je mehr er für andere tut,
desto mehr besitzt er.
Je mehr er anderen gibt,
desto mehr hat er.
Das Tao des Himmels segnet,
aber schadet nicht.
Der Weg des Weisen vollendet,
aber streitet nicht.

Aus obigem ist klar zu ersehen, daß *Tao* der Weg ist; der Weg zur Wirklichkeit, der unaussprechliche und transzendente, der Urgrund allen Seins, der Schoß, aus dem alles Leben hervorgeht. Es kommt nur durch das Üben der Stille, oder der Befreiung des Gemüts vom Gemütsstoff, was aber nur wenige, sich daran erfreuend, praktizieren und auf andere übertragen können. Das Hineinkommen ins Innere liegt in der Umkehrung und Läuterung des Geistes, wobei man das »Ich« außer acht läßt. »Warte im Schweigen und das Strahlen des Geistes wird kommen und in dir Wohnung nehmen«. Durch die Methode wachsamen Beobachtens und Wartens wird das Gemüt leer und still; und einem solchen Gemüt enthüllt die Natur ihr Geheimnis. ›We Wei‹ oder die »Schöpferische Stille«, die zugleich »höchste Aktivität« und »äußerste Entspannung« in sich schließt und bedeutet, ist zur Verwirklichung des Tao unabdingbar. Es ist »das Leben, das jenseits der Anspannung gelebt wird‹, das wie ein magischer Zauber wirkt. Das Tao wirkt ohne zu wirken und kann niemals gelernt werden, und so »zieht der kluge Mensch das Innere dem Äußeren vor«. Der Weg zum Tao ist immer im Einklang mit der Natur, und man kommt durch das Anstreben der Einfachheit dahin. Es ist eine Lebensweise, die buchstäblich gelebt werden muß, die den allumfassenden ununterbrochenen Ablauf des Tao mit sich bringt.
Aber heutzutage hat der Taoismus ohne *Lao Tse* seine ursprüngliche tiefe Bedeutung verloren und einen untergeordneten Sinn erhalten, der lediglich den Weg des Universums oder den Weg,

mit dem der Mensch sein Leben in Einklang bringen soll, anzeigt; und es ist schwer zu ersehen, wie weit einer aus sich selbst das Tao erreichen kann, ohne eine Meisterseele, die ihn auf den Pfad stellt.

Die Lehre des Zoroaster

Was die Hindus als ›Aum‹, ›Nad‹ und ›Shabd‹ bezeichnen, die Buddhisten als ›Löwengebrüll des Dharma‹ beschreiben und Lao Tse als ›Tao‹, das nennt *Ratu Zoroaster*, der persische Weise, ›Sarosha‹ oder das, was man hört:

> *Ich erflehe dieses göttliche Sarosha (das Wort),*
> *das die größte aller göttlichen Gaben ist,*
> *zur spirituellen Hilfe.*
>
> Ha 33—35

> *Das schöpferische Wort:*
> *Vereinigt das sich entfaltende Selbst des Menschen*
> *mit seiner alles durchdringenden Realität.*
> *Der allwissende, selbst-seiende Lebensspender*
> *hat dieses mystische Wort mit seinem klangvollen*
> *Rhythmus gestaltet,*
> *mit dem göttlichen Befehl der persönlichen*
> *Selbstaufopferung für das Universum,*
> *für die sich selbst veredelnden Seelen.*
> *Es ist der Mensch, der mit dem erleuchteten höchsten Geist*
> *diese beiden (das mystische Wort und den göttlichen Befehl)*
> *den Sterblichen durch Seinen gnadenvollen Mund*
> *vermitteln kann.*
>
> Ha 29—7

In der *Gatha Ushtavaita* erklärt Zoroaster:

> *So enthülle ich das Wort, das mich der Alloffenbarte*
> *gelehrt hat;*
> *das Wort, dem die Sterblichen am meisten lauschen sollten.*
> *Wer auch immer Mir Gehorsam leistet*
> *und unerschütterliche Aufmerksamkeit zeigt,*

*wird das allumfassende vollkommene Sein und
Unsterblichkeit erlangen;
und durch den Dienst des heiligen göttlichen Geistes
wird er* Mazda Ahura *(die Gottheit) verwirklichen.*

Ha 45—8

Aber heute sehen wir nur noch das symbolische Feuer, das in den Parsentempeln und Parsenhaushalten beständig brennt, und finden das Singen von Psalmen und Hymnen vor, ungeachtet des lebendigen *Sarosha* oder des Schöpferischen Wortes, das dieser edle Perser selbst jahrelang in Mt. Alburz praktiziert hatte und das er die Menschen, gleichsam gegen die Verehrung der alten Götter Babylons und Ninivehs lehrte. Da sich die Parsen dem Feuersymbol des ursprünglichen Sarosha verbunden haben, nimmt es nicht Wunder, daß sie nun überall als »Feuer-Anbeter« bekannt sind.

So sehen wir, daß jeder Heilige oder Weise zu seiner Zeit der Welt das gegeben hat, was er selbst erlebte; und dies in einer Form, die von den Menschen im allgemeinen leicht aufgenommen und verstanden werden konnte. Jeder einzelne von ihnen ist für seinen Beitrag zum gesamten spirituellen Wissen, das wir besitzen, der höchsten Achtung würdig. Aber wirkliche Einsicht in dieses Wissen und tatsächliche Erfahrung der spirituellen Wahrheiten kann man von den früheren Meistern nicht erhalten; denn sie können jetzt nicht mehr auf diese physische Welt herunterkommen, um die Menschen in lebendigen Kontakt mit dem heiligen Wort zu bringen und in ihnen die Verbindung zum heiligen Geist, oder welchen Namen man ihm sonst geben mag, herzustellen. Dies bedarf der Hilfe eines lebenden Meisters, der gleich den Meistern der Vergangenheit selbst in beständiger Verbindung mit dem Wort ist; denn alles Leben kommt von Leben, genauso wie Licht von Licht kommt.

2. Das Christentum

Jesus Christus war seinem Wesen nach ein Mensch des Ostens, und seine Lehren waren von orientalischer Mystik geprägt. Es wird sogar, worüber die Evangelien schweigen, angenommen, daß er viele Jahre seines früheren Lebens in Indien, dem Land der Weisen aus dem Morgenlande, wie sie damals genannt wurden, zugebracht hat und auf seinen Wanderungen von Ort zu Ort eine Menge von den Yogis und den buddhistischen Mönchen gelernt hat. Mag sein, daß er sogar seine Lehrtätigkeit direkt in Indien begonnen hat und dort einen Vorgeschmack von den Verfolgungen seitens des Brahmanen-Ordens und der sogenannten ersten Gesellschaftskreise wegen seiner umfassenden Einsichten bekam; denn er hielt nichts von Standesbarrieren und predigte die Gleichheit der Menschen.[1]

Sein Beitrag zum religiösen Gedankengut der Welt kann daran ersehen werden, mit welchem Nachdruck er die universale Liebe verkündet hat und betonte, daß das Reich Gottes im Innern des Menschen liege. Beides sind Hauptgrundsätze, die die Alten lange vorher gekannt haben, die aber in der Praxis vergessen und übersehen worden sind.

> *Ihr sollt nicht wähnen, daß ich kommen bin,*
> *das Gesetz oder die Propheten aufzulösen;*
> *ich bin nicht kommen, aufzulösen, sondern*
> *zu erfüllen.*
>
> Matth. 5, 17

Wir wollen einige Aussprüche untersuchen, die erkennen lassen, daß Jesus mit dem alten religiösen Gedankengut vertraut war und den Pfad der Meister des *Hörbaren Lebensstromes* praktisch verfolgte, was oftmals übersehen oder durch jene, die heute seine Lehren studieren, falsch ausgelegt wird.

---

[1] Vergl. Nicolas Notovitch, »The Unknown Life of Christ« Indo-American Book Co. (Chicago) 1894.

> *Das Auge ist des Leibes Licht. Wenn dein Auge*
> *einfältig ist, so wird dein ganzer Leib licht sein;*
> *ist aber dein Auge ein Schalk, so wird dein ganzer*
> *Leib finster sein. Wenn nun das Licht, das in dir*
> *ist, Finsternis ist, wie groß wird dann die Finster-*
> *nis sein.*
>
> Matth. 6, 22—23

Dieses »Auge« bezieht sich ganz unverkennbar auf das »Einzelauge«, und die Worte: »Wenn dein Auge einfältig ist« bedeuten eine konzentrierte Bewußtheit im Innern des Zentrums hinter und zwischen den beiden Augen. Wiederum beziehen sich die Worte: »Wenn dein Auge ein Schalk ist« — auf einen Zustand geistiger Zerstreutheit im Äußeren, im Gegensatz zur Konzentration im Innern, und die Folge davon ist ohne Zweifel die »Finsternis« — eine Finsternis, die aus der Unkenntnis über die wahren und wirklichen Werte des Lebens herrührt, denn sie ist das größte Übel der Seele.

Lukas warnt, wenn er sagt:

> *So schaue drauf, daß nicht das Licht in dir*
> *Finsternis sei.*
>
> 11, 35

> *Was ich euch sage in der Finsternis, das redet im Licht;*
> *und was ihr höret in das Ohr, das predigt auf den Dächern.*
>
> Matth. 10, 27

Hier nun Worte des Ratschlags, die Jesus seinen wenigen Auserwählten gab, nämlich, den Menschen öffentlich (im Licht) die Bedeutung dessen klarzumachen, was sie »in der Finsternis«, das heißt in der geheimen Meditation, gehört hatten, und von der göttlichen Musik zu künden, die sie durch das transzendente Hören in ihrem Ohr vernahmen.

> *Mit den Ohren werdet ihr hören, und werdet es nicht*
> *verstehen; und mit sehenden Augen werdet ihr sehen,*
> *und werdet es nicht vernehmen.*
>
> Matth. 13, 14

Der übermittelte Gedanke ist, daß esoterisches und spirituelles Wissen in den Tiefen der Seele selbst, im menschlichen Laboratorium, erfahren wird und nicht auf intellektueller Ebene oder dem Sinnesplan verstanden werden kann.

Im Matthäus-Evangelium wird weiter erklärt:

> *Wahrlich, ich sage euch: Viele Propheten und Gerechte haben begehrt, zu sehen, das ihr sehet, und haben's nicht gesehen, und zu hören, das ihr höret, und haben's nicht gehöret.*
>
> Matth. 13, 17
> Lukas 10, 24

Hier ist in klaren und unzweideutigen Worten ein Hinweis auf die innere spirituelle Erfahrung gegeben, auf die Verwirklichung des Reiches des Lichts und der Harmonie, das ein wirklicher Meister wie Jesus seinen Schülern offenbaren konnte.
Genau wie andere Seher hat Jesus seinen aufrichtigen Schülern eine mystische Erfahrung vom Reich Gottes gegeben. Zur Menge hat er nur immer in Gleichnissen gesprochen, wie vom Senfkorn, vom Feigenbaum, von den zehn Jungfrauen usw., die in den Evangelien in Fülle zu finden sind.
In einem bildhaften Gleichnis erklärt er das Säen des Wortes in die Herzen der Menschen und sagt, daß das Wort, das am Wegrand gesät ist, gewöhnlich von Satan aus dem Herzen gestohlen wird; das Wort, das auf steinigen Boden fällt, schlägt keine Wurzeln. Es hält für eine Weile, doch wird weggespült, wenn sich Trübsal und Verfolgung um des Wortes willen erhebt. Das Wort, welches zwischen Dornen gesät wurde, erstickt und bleibt ohne Frucht, wenn die Sorgen dieser Welt und der betrügliche Reichtum und viele andere Lüste hinzukommen. Und schließlich bringt das Wort, das auf guten Grund gefallen ist, Frucht ..., sie hören das Wort und nehmen es an. (Markus 4, 14—20)
Der Pfad Jesu ist der der Selbstverleugnung und der Erhebung über das Körperbewußtsein, was der Erfahrung des Todes im Leben gleichkommt.

*Und Jesus sprach zu seinen Jüngern: Will mir jemand
nachfolgen, der verleugne sich selbst, und nehme sein Kreuz
auf sich, und folge mir.
Denn wer sein Leben erhalten will, der wird's verlieren;
wer aber sein Leben verlieret um meinetwillen, der wird's
finden.
Was hülfe es dem Menschen, so er die ganze Welt gewönne,
und nähme doch Schaden an seiner Seele? Oder was kann
der Mensch geben, damit er seine Seele wieder löse?*

Matth. 16, 24—26

Das bedeutet, daß man den aus Fleisch und sinnlichem Gemüt bestehenden äußeren Menschen um des inneren Menschen oder der Seele willen opfern muß. Mit anderen Worten, man muß das Sinnesleben zugunsten des Lebens des Geistes aufgeben.

Wiederum muß die Gottesliebe in unserem Leben vorherrschend sein:

*Du sollst lieben Gott, deinen Herrn, von ganzem Herzen,
von ganzer Seele und von ganzem Gemüte.*

Matth. 22, 37

Markus geht weiter, und fügt hinzu: »von allen deinen Kräften«.

*Dies ist das vornehmste und größte Gebot. Das andere
aber ist dem gleich: Du sollst deinen Nächsten lieben
wie dich selbst.
In diesen zweien Geboten hanget das ganze Gesetz
und die Propheten.*

Matth. 22, 37—40
Mark. 12, 30—31
Luk. 10, 27

Das Prinzip der Liebe ist noch weiter ausgedehnt in:

> *Liebet eure Feinde; segnet, die euch fluchen;*
> *tut wohl denen, die euch hassen; bittet für die,*
> *so euch beleidigen und verfolgen.*
>
> Matth. 5, 44

Und wozu dient dies alles? — Um vollkommen zu werden gleich Gott:

> *Darum sollt ihr vollkommen sein, gleichwie euer Vater*
> *im Himmel vollkommen ist.*
>
> Matth. 5, 48

Im Lukas-Evangelium lesen wir, daß das »Wort Gottes zu Johannes, dem Sohn des Zacharias, in die Wüste gekommen ist«, und der letztere der sich wundernden Menge die Taufe durch Buße zur Vergebung der Sünden predigte und sagte: »Ich taufe euch mit Wasser; es kommt aber ein stärkerer nach mir ... der wird euch mit dem heiligen Geist und mit Feuer taufen« (3, 2—3 und 16).

Wir müssen uns die Worte »Taufe mit dem heiligen Geist und Feuer« gut merken, denn das eine bezieht sich auf die himmlische Musik (das heilige Wort) und das andere symbolisiert das himmlische Licht, das zweifache Prinzip von Ton und Licht, das die ersten Offenbarungen der Gottheit oder der Gotteskraft sind, die hinter der ganzen Schöpfung steht.

Der Weg zum Reich Gottes kann demjenigen geöffnet werden, der weiß, wie er darum »bitten muß«, wie er »suchen« und wie er »anklopfen« muß. Mit diesen drei einfachen Worten ist in Matthäus 7 und Lukas 11 zusammengefaßt, was der Sucher zu tun hat. Doch unseligerweise wissen wir immer noch nicht, wo die Pforte liegt, an der es anzuklopfen gilt.

Guru Nanak erklärt nachdrücklich:

> *O ihr Blinden, ihr kennt die Türe nicht.*

Und bei Matthäus lesen wir darüber:

> *Gehet ein durch die enge Pforte ... Und die Pforte ist enge,*
> *und der Weg ist schmal, der zum Leben führet; und wenige*
> *sind ihrer, die ihn finden.*
>
> 7, 13—14

Im Grunde genommen ist es ein Pfad der Umkehrung, denn keiner kann in das Reich Gottes kommen, es sei denn, daß er sich umkehret und wie ein Kind wird (Matth. 18,3), das heißt, daß er seine Eitelkeiten aufgibt und sanftmütig wird, und rein, einfach und unwissend wie ein kleines Kind. Lukas beschreibt dieses Thema in Kap. 18, 15—17, als die Jünger denen, die ihre Kinder mitbrachten, Vorhaltungen machten und Jesus diese zu sich rief mit den Worten: »Lasset die Kindlein zu mir kommen und wehret es ihnen nicht; denn solcher (die gleichgesinnt sind), ist das Reich Gottes. Wahrlich, ich sage euch: Wer nicht das Reich Gottes nimmt als ein Kind, der wird nicht hineinkommen.«
Im Johannes-Evangelium lesen wir eine Erklärung der Lehren Christi. Er beginnt mit den denkwürdigen Worten, um deren wahre Bedeutung sich nur wenige gekümmert haben:

> *Im Anfang war das Wort, und das Wort war bei Gott,*
> *und Gott war das Wort.*
> *Dasselbige war im Anfang bei Gott.*
> *Alle Dinge sind durch dasselbige gemacht, und ohne*
> *dasselbige ist nichts gemacht, was gemacht ist.*
> *In ihm war das Leben, und das Leben war das Licht der*
> *Menschen.*
> *Und das Licht scheinet in der Finsternis,*
> *und die Finsternis hat's nicht begriffen.*
> *Das war das wahrhaftige Licht, welches alle Menschen*
> *erleuchtet, die in diese Welt kommen.*
> *Es war in der Welt, und die Welt ist durch*
> *dasselbige gemacht; und die Welt kannte es nicht.*
> *Und das Wort ward Fleisch, und wohnte unter uns ...*
>
> 1, 1—5, 9—10, 14

In der obigen Darlegung von Johannes kann es keinerlei Zweifel hinsichtlich der Natur des Wortes geben. Es ist in aller Klarheit das Licht und Leben der Welt, das schöpferische Lebensprinzip, in dem wir leben, uns bewegen und unser Sein haben. Es ist der Geist Gottes, die Substanz der Seele, die sich in dem gewaltigen Trubel der Welt und allem, was weltlich ist, verloren hat.

Nur die Verbindung mit dem Geist zeigt den Weg zurück zu Gott und damit zur wahren Religion. Diese Verbindung wird verschiedentlich als zweite Geburt, Auferstehung oder das Von-neuem-geboren-werden genannt. Sich an Nikodemus, einem Pharisäer und Führer der Juden, wendend, sagte Jesus:

> *Wahrlich, wahrlich, ich sage dir: Es sei denn, daß jemand von neuem geboren werde, so kann er das Reich Gottes nicht sehen. (Man beachte das Wort »sehen«) ...*
> *Wahrlich, wahrlich, ich sage dir: Es sei denn, daß jemand geboren werde aus Wasser und Geist, so kann er nicht in das Reich Gottes kommen. (Man beachte: »in das Reich Gottes kommen«).*
> *Laß dich's nicht wundern, daß ich dir gesagt habe:*
> *Ihr müsset von neuem geboren werden.*

Jesus vergleicht den aus dem Geist geborenen mit dem »Wind, der bläset, wo er will und du hörest sein Sausen wohl; aber du weißt nicht, von wannen er kommt, und wohin er fährt« (Joh. 3,8). An anderer Stelle spricht er vom heiligen Wort als dem »lebendigen Wasser«; das Wasser, »das in das ewige Leben quillet« (Joh. 4, 14).
Von sich selbst sprach Jesus als vom »Brot des Lebens«, dem »lebendigen Brot«, das vom Himmel kommt; und er forderte seine Jünger auf, »das Fleisch des Menschensohnes zu essen und sein Blut zu trinken«, denn ohne dies »habt ihr kein Leben in euch« (Joh. 6, 53).
Dies sind kurz die wesentlichen Lehren Christi, des Meister-Christen, aber nicht der des institutionellen Christentums. Die meisten der christlichen Lehrsätze wurden nicht von Jesus, sondern von Paulus formuliert, der Christus in das Opferlamm verwandelte, das für die Sünden der Welt zu büßen hatte; und um diesen zentralen Gedanken, der dem Judentum und den religiösen Bräuchen rings um das Mittelländische Meer entliehen war, haben sich eine Menge Rituale und Zeremonien gebildet.
Die Lehren von Christus sind weiterhin ausgezeichnete moralische Vorschriften und zeigen zweifellos den Weg zur inneren

Verwirklichung, reichen aber allein nicht aus, um den Sucher auf den Pfad der Verwirklichung stellen zu können, denn ihnen fehlt jetzt der lebendige Impuls, die lebendige Verbindung mit dem Verfasser, der die Aufgabe, die ihm in seiner Zeit übertragen war, erfüllt hat, der aber nicht in unserer Zeit die Menschen initiieren, führen und ihnen die Wahrheit vor Augen halten kann, indem er sie der Wirklichkeit von Angesicht zu Angesicht gegenüberstellt. Von all den mystischen Lehren Christi finden wir heute nur noch die symbolischen Kerzenlichter in den Kirchen und das zeremonielle Glockengeläut zur Zeit des Gottesdienstes. Nur wenige, wenn überhaupt jemand, kennen die wirkliche Bedeutung, die hinter dem Ritual steht, nämlich die sichtbare Darstellung der beiden Prinzipien von Licht und Ton, den allerersten Offenbarungen der Gottheit, die für alles, was im Universum existiert, das Sichtbare wie das Unsichtbare, verantwortlich sind. Wenn man einige der großen kirchlichen Würdenträger danach fragt, sagen sie, daß die Glocken lediglich darum geläutet werden, um die Menschen zum Gebet zu rufen; und von Gott als dem Vater des Lichts zu sprechen (Jakobus 1, 17), war nur eine bildliche Darstellung, um der Welt seine größte Gabe (des Lichts der Vernunft und des Verstandes) aufzuzeigen. Mit kaum irgendeiner Erfahrung der inneren Wahrheiten, nehmen sie die Worte buchstäblich und versuchen, die Dinge theoretisch zu erklären.

Jesus selbst erklärte in unzweideutigen Worten:

> Ich bin das Licht der Welt; *wer mir nachfolget,*
> *der wird nicht wandeln in der Finsternis, sondern*
> *wird das Licht des Lebens haben.*
>
> Joh. 8, 12

Wenn einer von sich selbst als dem »Licht des Lebens« spricht, kann das nicht ein Hinweis auf das Licht der Sonne sein, selbst wenn sie in der physischen Welt eine Quelle lebensspendender Kraft ist. In Matthäus 13,14 fährt Jesus fort, die Sachlage zu klären, und warnt vor der buchstäblichen Auslegung seiner

Worte, wenn er zwischen »hören« und »verstehen« unterscheidet und zwischen »sehen« und »wahrnehmen«. Es sind nur die erwachten Seelen, die Meister der Wahrheit, die in lebendiger Verbindung mit der Wirklichkeit sind, welche den Schlüssel zum Reich Gottes in Händen haben und einen Menschen, der jetzt völlig im Sinnesleben verloren ist, emporziehen und für ihn das große Erbe allen Lebens und allen Lichts wiederentdecken können. Denn es heißt: »Alsdann werden der Blinden Augen aufgetan und der Tauben Ohren geöffnet werden; alsdann werden die Lahmen löken wie ein Hirsch, und der Stummen Zunge wird Lob sagen. Denn es werden Wasser in der Wüste hin und wieder fließen und Ströme im dürren Lande« (Jesaja 35, 5—6).

Wie wenige von uns verstehen und würdigen die innere Bedeutung der Worte Jesu. Wir begnügen uns allein mit der ethischen Seite seiner Lehren, die natürlich eine notwendige Ergänzung der spirituellen Seite war. Die ethischen Grundsätze sind weit verbreitet und wurden sogar sehr lebendig erhalten, denn sie weisen in der Tat seit Moses einen großen Fortschritt in der moralischen Skala der menschlichen Werte auf. Aus ihnen erklären sich jedoch nicht Aussagen wie jene über »das jüngste Gericht« oder: »Tut Buße, das Himmelreich ist nahe« und: »Gott ist Geist und die, welche ihn anbeten, müssen ihn im Geist und in der Wahrheit anbeten.« Wenn solche Aussprüche im buchstäblichen Sinne genommen werden, verlieren sie ihre Bedeutung. Der »Tag des Gerichts« ist nicht gekommen, obwohl sein Nahen prophezeit war; so hat entweder Jesus in Unwissenheit gesprochen, oder wir haben die wirkliche Bedeutung von dem, was er meinte, nicht erfaßt. Es steht immer eine innere Bedeutung hinter dem, was er sagte; eine Bedeutung, die jenen klar ist, welche dieselben mystischen Erfahrungen gemacht haben, die aber solche verwirrt, die den Versuch machen, diese Dinge in Begriffen des Verstandes oder gar der Intuition zu erklären.

Ohne die direkte innere ›Wahrnehmung (die nicht mit philosophischen Spekulationen oder intuitiver Einsicht zu verwechseln ist) zu haben, versuchen wir, die Bedeutung der Lehren auszulegen, die uns in Begriffen unserer eigenen begrenzten Erfahrung überliefert wurden. Was bildlich gedacht war, nehmen wir buchstäblich, und die übersinnlichen Beschreibungen würdigen wir zu bloßen Bildern herab. Wir vergessen einfach, daß Jesus, wenn er sagte, er sei »das Licht der Welt«, »der Sohn Gottes« und einer, der unzerstörbar sei und seine Schüler sogar »bis ans Ende der Welt« weder verlassen noch versäumen werde, nicht in seiner sterblichen Eigenschaft sprach, sondern, wie alle anderen großen Meister, als einer, der mit dem Wort verschmolzen und eins mit ihm geworden war. Und indem wir das vergessen, machen wir ihn, anstatt den spirituellen Pfad zu verfolgen, den er gezeigt hat, zu einem Sündenbock, der unsere Sünden trägt, um so der inneren spirituellen Aufforderung zu entgehen.

3. Der Islam

Wie aus dem Namen bereits ersichtlich, ist der Islam die Religion des Friedens und Wohlwollens für alle, die an den Propheten glauben und seine Gesetze befolgen. Jede Religion, die ins Dasein tritt, erfüllt den Plan Gottes, trägt dem Bedürfnis der Stunde Rechnung und schließt eine Lücke in der religiösen Geschichte des Menschen. Auch der Prophet *Mohammed* kam zu einer Zeit und an einen Ort, wo es stank von krassem Aberglauben, Götzendienst, sozialer Entartung und moralischem Bankrott der arabischen Rasse, die wie ihre Brüder, die Juden, und andere vor ihnen heruntergekommen war. Beide, Juden und Araber, sind semitischen Ursprungs und die Nachkommen von *Abraham*. Die von *Ismail* abstammen, wurden nach Osten verbannt, während die Nachfahren seines Bruders *Isaak* in Palästina blieben. Die rauhen und derben Beduinenstämme der Wüste waren nur dem Mammon und Bacchus ergeben; sie steckten in äußerster Unwissenheit und kämpften mit Herz und Seele gegeneinander im brennenden Wüstensand. Um diese Menschen zu erretten, war Mohammed, ein tiefreligiöser und tatkräftiger Hirtenjunge, vom Höchsten zu Seinem Auserwählten ausersehen worden, als der Mensch, der den Befehl des Allbarmherzigen unter Seinen Geschöpfen

ausführen sollte. Der Ruf für das Amt Gottes war zu ihm gedrungen, nachdem er sich für mehrere Jahre in der rauhen und unfruchtbaren Einöde des Ghar-i-Hira in der Umgegend von Mekka einer intensiven spirituellen Schulung unterzogen hatte.
Er begann seine Mission im Geiste wahrer Demut — nicht, um Wunder zu tun oder Übernatürliches zur Schau zu stellen, was er immer ablehnte und wovon er sich stets distanzierte, sondern als ganz einfacher Prediger von Gottes Wort, als einfacher Mensch wie jeder andere, jedoch mit der Botschaft Allahs. Seine Botschaft war die des einen Gottes, denn er erklärte nachdrücklich:

Es gibt keinen Gott außer Gott, und Allah ist Sein Name. Mohammed ist nur Sein Bote oder Gesandter.

Auf dieser Grundlage des Monotheismus baute er sein System ethischer Lehren und demokratischer Bruderschaft auf. Es war in der Tat dem Bedürfnis der Zeit angepaßt, und er erfüllte dieses auf bewundernswerte Weise. Der barbarischen, unreifen und intellektuell halbentwickelten Rasse konnte er keine metaphysischen Forderungen zur Überlegung geben, zumal bereits seine betont einfachen Lehren dem Gespött und der Lächerlichkeit seitens dieser Menschen ausgeliefert waren, ganz abgesehen von den Schmähreden, die zeitweise zu offener Feindseligkeit führten, welche ihn und seine Anhänger zwang, ihrer Sicherheit wegen nach Medina zu flüchten. Dies war im Jahre 622, als die Schar der Gläubigen Mekka verließ. Dem folgte eine Periode erbitterten Kampfes für den neugeborenen Glauben, zu dessen Erhaltung und Verbreitung der Prophet das Schwert zur Selbstverteidigung ziehen mußte. Der Prozeß der Konsolidierung dauerte etwa hundert Jahre, in denen sich ein mächtiges Reich von Osten nach Westen ausbreitete, vom Indischen Ozean auf der einen, bis zum Atlantik auf der anderen Seite.
Der Koran oder die heilige Schrift des Moslems ist das größte Wunder und ein hervorragendes Werk, das alles andere der damaligen Epoche übertraf. Er hat 144 Suren oder Kapitel, jede

mit 6 bis zu 286 Versen. Er ist in einem reinen, ausgezeichneten Arabisch geschrieben und wurde dem ungelehrten Propheten während seiner intensiven Meditationen durch den Erzengel Gabriel offenbart, dessen Stimme aus dem »Geläut von Glocken« hervorging und allmählich Ton, Gestalt und Form annahm.
Die einfachen Lehren des Koran drehen sich um Allah (Gott), Sein ›Makhluq‹ oder die geschaffene Welt, ›Insan‹ (Mensch) und ›Qiamat‹ oder das Jüngste Gericht. Weil Allah wirklich und grundsätzlich gut ist, so ist alles andere, was von Ihm geschaffen wurde, auch gut. Da alles Leben individuell ist, muß jeder die Rechnung für seine Taten im Leben bezahlen; denn wer vom Pfad abweicht, muß später, am Tag der Abrechnung oder ›qiamat‹, die volle Verantwortung für dieses Abweichen tragen.
Der Pfad des Friedens und der Rechtschaffenheit für den Menschen ist einer, der erstens Allah oder Gott geweiht ist und zweitens ›Namaz‹ oder dem Gebet, dem man mindestens fünfmal täglich, in jeder möglichen Haltung nachkommen muß: stehend, sitzend, kniend oder liegend, was das beständige Denken an Gott anzeigt, es kann überall verrichtet werden, indem man den Gebetsteppich (Sajadah) ausbreitet und sich gen Mekka wendet, dem einen allgemeinen Zentrum der Anbetung für die Gläubigen; drittens ›Zakat‹ oder Almosengeben an die Armen und Bedürftigen, in Höhe eines Vierzigstels des Besitzes, pro Jahr, so daß alle gemeinsam als Glieder derselben Menschenfamilie daran teilhaben können; viertens ›Roza‹ oder Fasten während des Fastenmonats Ramadan, damit die Gläubigen wissen, was Hunger ist, und um die Leiden der Hungernden zu lindern und ebenso spirituelle Disziplin zu entwickeln, wie Liebe zu Gott und Mitleid für ihre Brüder, und zuletzt fünftens ›Haj‹ oder auf Pilgerfahrt gehen nach Mekka, dem Jerusalem der Gläubigen, wenigstens einmal im Leben, wobei die Reichen wie die Armen gleicherweise in einfaches Linnen gekleidet sind.
Dies sind kurz die sozialen Lehren des Islam, die zur Verbesserung des arabischen Gemeinschaftslebens bestimmt waren. Im Koran sind jedoch nicht viele der spirituellen Übungen erwähnt, denen sich der Prophet unterzog, und die ihn von einem ein-

fachen Kameltreiber in einen Propheten (Prediger) und großen Staatsmann umgewandelt haben. Diese Tatsache macht wieder einmal den uralten Ausspruch deutlich, daß es ein Wissen gibt, durch das alles andere bekannt wird, und welches die vollständige Identifikation mit dem Herz des Universums in ›maraqba‹ oder der Meditation zustande bringt. Die Übung in der Einsamkeit von *Ghar-i-Hira* (Höhle von Hira) war, wie wir von Meister-Heiligen wissen, keine andere als die von ›Shughal-i-Nasiri‹ oder des Tones, der als ›Sesam öffne dich‹ für das Reich Allahs wirkt.

Sheikh Mohammed Akram Sabri sagt uns, daß der Prophet fünfzehn Jahre lang die Verbindung mit ›Awaz-i-mustqim‹ praktiziert hatte, ehe er begann Botschaften von Gott zu empfangen. Wir erfahren auch, daß der Prophet ›Shaq-ul-qamar‹ vollbrachte, das heißt, daß er den Mond entzweibrach, und auf einem milchigweißen Schlachtroß — Barq — ritt, was bildlich und buchstäblich Blitz bedeutet. Das sind klare Hinweise auf die inneren Erfahrungen derjenigen, die den Pfad des Tonstromes gehen und wissen, daß sie Sterne und Mond in ihrer spirituellen Aufwärtsreise zu durchqueren haben. Heute sehen wir nur noch die symbolischen Darstellungen von alledem im Stern und Halbmond der Moslem-Fahnen, Münzen und Briefmarken etc. Wiederum wird das Erscheinen des Mondes an den *Id*-Tagen immer mit Jubel und Freude begrüßt, und allerorts warten und beobachten die Menschen des Islam von ihren Hausdächern aus gespannt das Aufgehen des Mondes am Horizont, während sie die innere Bedeutung davon kaum kennen. Da sie an das Buch gebunden sind, werden sie mit Recht *Kitabis* oder das Volk des Buches genannt. Mohammed mag der letzte in der Reihe der Propheten gewesen sein. Aber der Koran empfiehlt, einen Mittler zu suchen, der die Verbindung mit Gott herstellt.

Abgesehen von diesen Hinweisen haben wir das unbestrittene Zeugnis der Moslem-Mystiker oder *Sufis*, die in unmißverständlichen und hohen Worten von der Rettenden Lebensschnur ›Kalam-i-Qadim, Bang-i-Ilahi, Nida-i-Asmani, Saut-i-Sarmadi‹ gesprochen haben, was alles den »Abstrakten Ton« (Ism-i-Azam), das eine schöpferische Lebensprinzip in der ganzen Natur, bedeutet, das ›Kalma‹, das die vierzehn ›Tabaqs‹ oder Regionen hervorbringt. Zu dieser Klasse von Mystikern gehören Shamaz Tabrez, Maulana Rumi, Hafiz Shirazi, Abdul Rasaq Kashi, Inayat Khan, Baba Farid, Bulleh Shah, Shah Niaz, Hazrat Abdul Qadar, Hazrat Mian Mir, Hazrat Bahu, Hazrat Nizam-ud-Din und eine Menge andere, die alle ›Sultan-i-Azkar‹ (das höchste Tonprinzip) praktizierten. Diese ›Fukra-i-Kamil‹ oder Wanderer auf dem Gebiet wahrer Weisheit (Marfat), haben ›Shariat‹ und ›Tariqat‹, den Pfad der Schriften und Traditionen (Hadis) beiseitegelassen.

Hazrat Inayat Khan spricht in seinem Buch »Die Mystik des Tones« von der Schöpfung als »Musik Gottes« und sagt uns, daß ›Saut-i-Sarmadi‹ der berauschende Wein aus dem Garten Gottes sei.

»Der ganze Raum«, so erklärt er, »ist von Saut-i-Sarmadi oder dem Abstrakten Ton erfüllt«. Die Vibrationen dieses Tones sind zu fein, um den stofflichen Augen und Ohren sichtbar und hörbar zu sein; denn es ist für die ›Augen schon schwierig, Form und Farbe der ätherischen Vibrationen auf der äußeren Ebene wahrzunehmen‹. Es war ›Saut-i-Sarmadi‹, das Mohammed in der Höhle von Hira vernahm, als er sich in sein Ideal verlor. Der Koran bezieht sich darauf als ›Kun-feu-kun‹ — »Es werde und alles wurde«. Moses hörte diesen Ton auf dem ›Koh-i-Toor‹ oder dem Berg Sinai, als er mit Gott in Verbindung war. Dasselbe Wort vernahm Christus, als er sich in der Wüste in seinen himmlischen Vater vertiefte. Siva hörte diesen ›Anhad Nad‹ in den Himalayas. Krishnas Flöte versinnbildlicht den gleichen Ton. Dieser Ton ist den Meistern, denen er von innen her offenbart wird, die Quelle aller Offenbarung, und daher kennen und lehren sie alle ein und dieselbe Wahrheit; denn in dieser abstrakten Wirklichkeit sind alle Gesegneten in Gott vereint.

Der Ton des Abstrakten erklingt allezeit im Menschen und um ihn herum. Jene, die ihn hören und über ihn meditieren, sind aller Plage, aller Ängste, Sorgen, Befürchtungen und Krankheiten enthoben, und die Seele ist von der Knechtschaft der Sinne und des

physischen Körpers befreit und wird Teil der alles durchdringenden Bewußtheit.
Dieser Ton entfaltet sich durch und in zehn verschiedenen Aspekten gemäß seiner Offenbarung durch die einzelnen Körper-Kanäle (Nadis) und klingt wie Donner, Meeresrauschen, Glockenklang, Bienensummen, Vogelgezwitscher, eine Veena, eine Flöte, ein Muschelhorn (Shankha), bis zuletzt »Hu« gehört wird, der heiligste aller Töne, mögen sie von Mensch, Tier oder einem Ding kommen.
Abdul Bahu sagte in einer seiner Ansprachen: »Wir müssen Gott danken, daß Er für uns die materiellen Segnungen und die spirituellen Gaben geschaffen hat; die äußere Sicht, um das Licht der Sonne zu erblicken, und die innere Schau, durch die wir Gottes Glorie wahrnehmen können. Er hat das äußere Ohr dazu bestimmt, daß wir uns an den Melodien des Tones erfreuen, und das innere Gehör, daß wir damit die Stimme unseres Schöpfers vernehmen können.
In den »Verborgenen Worten« von Baha'u'llah, einem persischen Mystiker und Heiligen lesen wir:

> *O Sohn des Staubes! Höre auf die mystische Stimme, die dich aus dem Reich des Unsichtbaren ruft ..., erhebe dich aus dem Kerker hin zu den herrlichen Gefilden, und eile aus dem Käfig des Irdischen hin zum Paradies des Unendlichen.*

Viele andere Sufi-Mystiker haben auf ähnliche Weise verkündet:

> *Vom Türmchen des Himmels ruft es dich nach Hause,*
> *aber gefangen in der Falle hörst du es nicht.*
> *Keiner weiß, wo die Wohnstatt des Geliebten liegt,*
> *doch bestimmt kommt das Geläut der Glocken von dort her.*
>
> *Khawaja Hafiz*

> *Erhebe dich über den Horizont und höre auf die göttliche Melodie.*
> *Der Prophet wendet sich ihr wie jeder anderen Aufgabe zu.*
>
> *Maulana Rumi*

O Gott! Führe mich an den Ort, von dem das unaussprechliche Kalma ohne Worte ausgeht.

Shah Niaz

*Alle wiederholen Kalma mit den Worten des Mundes,
doch eine seltene Seele tut es mit der Zunge der Gedanken.
Wer sich im Geiste mit ihm verbindet,
kann es nicht in Worten schildern.*

Hazrat Bahu

Im Tazkra-i-Gausia (S. 332) gab uns Amir Khusro, ein großer Mystiker, Dichter und bekannter Gelehrter, einen Bericht über die zehn Arten von Tönen, die man im Innern hört, und endete mit wunderbaren Worten:

*Dieser Art ist das himmlische Orchester, o Khusro,
und in diese zehn Melodien vertieft sich ein Yogi,
die Sinne gestillt und das Gemüt beruhigt;
so sagt Khusro:
Durch den grenzenlosen Trompetenschall im Innern
verfliegen alle Lüste des Fleisches und die tödlichen Sünden;
zudem hat der Meister seine eigene wunderbare Welt;
und Khusro ist nun ganz vertieft in sich selbst.*

Aus obigem wird völlig klar, daß der Mensch fähig ist, eine innere spirituelle Erfahrung des Tonstromes zu erlangen, vorausgesetzt, daß er einen kompetenten Meister findet, der seinen eigenen Lebensimpuls übertragen und das Bewußtsein im Menschen zum Mittelpunkt seines Wesens bringen kann, um ihn dann mit dem Licht und dem Ton Gottes zu verbinden, indem er das innere Auge öffnet und das innere Ohr entsiegelt.

Die Spuren davon können heute in der ›Qawalis‹ oder äußeren Musik gefunden werden; in den ›raqs‹ oder Tänzen mit klirrenden Fußreifen, dem sich manche Moslems hingeben, um ›Wajd‹, einen Zustand des Vergessens hervorzurufen und dadurch auf den höheren inneren Weg zu gelangen.

4. Der Sikhismus

Er ist die jüngste Weltreligion und auf *Guru Nanak* zurückzuführen, den ersten in der Folge von zehn großen Gurus. Gleich anderen Glaubensrichtungen nahm sie den Charakter einer bestimmten Religion erst in den nachfolgenden Zeiten an. Ihre Meister forderten niemals, daß ihre Lehren als etwas Neuartiges anzusehen seien. Tatsache ist, daß sie nachdrücklich betonen, es seien die gleichen Wahrheiten, die seit undenklichen Zeiten gelehrt wurden. Um die Universalität der spirituellen Botschaft hervorzuheben, nahm Guru-Arjan Dev, als er den ›Sri Adi Granth‹, die heilige Schrift der Sikhs, zusammenstellte, Hymnen und Gebete aus den mystischen Schriften der Heiligen aller Kasten und Glaubensrichtungen auf, einschließlich jener von Kabir, dem Moslem-Weber, Dhanna, dem Soldaten, Ravi Das, dem Schuster, Sadna, dem Metzger usw.

Die Sikh-Schriften nehmen in der religiösen Geschichte eine einzigartige Stellung ein. Sie stellen nicht nur den ersten, wohlüberlegten Versuch dar, die Einheit aller Religionen zu veranschaulichen, sondern sind auch in einer Sprache verfaßt, die noch lebendig ist und nicht der Vergangenheit angehört. Deswegen haben sie nichts von ihrer ursprünglichen Frische eingebüßt und sind nicht völlig unter den Trümmern theologischer Auslegungen begraben worden. Da sie hauptsächlich in Form frommer Lyrik abgefaßt sind, haben sie eine nachhaltige Wirkung. Sie sprechen den ganzen Menschen an, geben seinen Problemen, seinen Schwächen, der Eitelkeit der Welt und der Ewigkeit des Absoluten Raum und rufen ihn zu immer größerer Bemühung auf, seine göttliche Heimat zu erreichen. Da man auf Konjunktionen verzichtet hat, ermöglicht die Sprache, die sie gebrauchen, durch ihre Kürze und Konzentration einen hohen Grad an poetischer und musikalischer Aussagekraft. In jeder Darlegung ist eine forschende Philosophie und tiefgründige Metaphysik enthalten; doch die Sprache, die sie verwenden, spricht direkt zum Herzen der Menschen, und auf diese Weise haben wir etwas von unerschöpflicher Bedeutung, das alle beeindruckt.

Überdies ist der Sikh-Glaube nicht nur auf die Lehren eines großen Meisters zurückzuführen, vielmehr auf eine ganze Reihe von ihnen; und er umfaßt nicht nur einen, sondern nahezu jeden Hauptaspekt der spirituellen Suche des Menschen. Wenn Buddha die Notwendigkeit des Maßhaltens und des Nichtanhaftens betonte und Christus die der Liebe, legen die Sikh-Lehren erfolgreich auf alle Aspekte Nachdruck. Sie sind außerdem verhältnismäßig neueren Ursprungs, denn die Überlieferung über das persönliche Leben der zehn großen Gurus sind verwahrt, und wir wissen viel über ihre Wanderungen und Taten. Hingegegen ist nichts dergleichen bekannt von den Meister-Seelen, die dem Hinduismus die *Upanishaden* hinterlassen haben. Sie sind wie Stimmen, die aus der entfernten mythologischen Vergangenheit zu uns dringen. Der spirituelle Pfad ist ein praktischer, und der Mensch benötigt nicht nur die Philosophie, sondern den Beweis eines Lebens, der sie veranschaulicht. Ob wir von der Demut Nanaks lesen, der zu Fuß von Ort zu Ort ging und die spirituelle Fackel trug, oder von Guru Gobind Singh, dem letzten der zehn Gurus, der von einem Ende des Landes zum anderen ritt und seine Anhänger in einer Bruderschaft verband, die der Macht mit Macht zu begegnen wußte und sich erfolgreich der physischen Vernichtung widersetzte, die von dem fanatischen Kaiser Aurangzab drohte — wir erkennen immer wieder, daß das Leben Gottes die innere Vollendung ist, eine Art des Seins, eine Selbsterfüllung, die nicht mit intellektueller Philosophie oder metaphysischen Problemen zu verwechseln ist. Wer diese spirituelle Befreiung erworben hat, konnte nicht von äußeren Taten berührt oder beeinträchtigt werden, denn er hatte Gottes Willen zu seinem eigenen gemacht und tut nichts aus sich selbst. So konnte Guru Gobind Singh, während er seine getreue Schar zum Krieg gegen die Moguls aufgerufen hatte, dennoch singen:

Sach Kahun, sun leyo sabhay
Jin prem kiyo, tin he Prabh payo.
Wahrlich, wahrlich, ich sage euch,
solche, die geliebt haben, fanden den Herrn.

Der Versuch, die mystische Botschaft der ›Sikh-Gurus‹ zu skizzieren, würde heißen, das meiste, was schon in den vorhergehenden Kapiteln gesagt ist, zu wiederholen. Denn die Lehren von Nanak und Kabir (seinem Zeitgenossen) stellen die letzte Entwicklung dar von der Mystik des inneren Sehens und Hörens zum Pfad des Surat Shabd Yoga. Beide großen Meister von denen der eine, der erste in der Reihe der Sikh-Gurus ist und der zweite ein Weber aus Varanasi (früher Benares) — haben unermüdlich betont, daß äußere Rituale, intellektuelle Spitzfindigkeiten und Yoga-Härten von keinem Nutzen sind.

> *Sant mata kuchh aur hai Chhado chaturai.*
> *Der Pfad der Meister ist anders;*
> *so laß deine intellektuellen Spitzfindigkeiten.*
>
> Kabir

> *Man kann Ihn nicht durch den Verstand erfassen,*
> *denkt man auch ewig darüber nach.*
> *Man kann durch äußeres Schweigen nicht inneren Frieden*
> *finden, und bliebe man für immer stumm.*
> *Nicht mit allem Reichtum der Welt läßt sich Zufriedenheit*
> *erkaufen,*
> *noch kann man Ihn durch alle geistige Findigkeit erreichen.*
>
> Nanak

Sie waren beide gegen Standesunterschiede und haben gleicherweise die Einheit allen Lebens und das Einssein des Geistes, der alles erhält, betont. Beide erklärten immer wieder, daß der höchste und einfachste Weg zur Einswerdung mit Gott der Pfad von *Naam* oder *Shabd* ist. In der Tat gibt es keine anderen Schriften, die so nachhaltig hervorheben, daß das *Wort* alles durchdringt, wie die der Sikhs oder die von Kabir, aus denen, wie bereits gesagt, eine Auswahl durch Guru Arjan Dev in den ›Sri Adi Granth‹ aufgenommen wurde. Das innere Licht — »antar jot« — und die innere Musik — »panch shabd« oder das fünftönige Wort, dessen Musik grenzenlos ist (anand bani), sind ein immer wiederkehrendes Thema in nahezu allen im »Granth Sahib« zusammengefaßten Schriften.

Das *Jap Ji* von Guru Nanak, das im »Granth Sahib« als Prolog erscheint, dient dazu, die spirituellen Reichtümer, die die Sikh-Schriften in sich bergen, zu veranschaulichen. Es ist eine wunderbare lyrische Komposition, bemerkenswert durch ihre poetische Schönheit und mehr noch durch die göttlichen Höhen, die sie berührt. Zu Beginn verweilt sie bei der Natur der Absoluten Wirklichkeit, zum Unterschied von den Erscheinungen:

> *Es gibt eine Wirklichkeit, den Unoffenbarten-Offenbart;*
> *Immer seiend ist Er Naam (der bewußte Geist).*
> *Der Schöpfer, der alles durchdringt,*
> *Ohne Furcht, ohne Feindschaft;*
> *Der Zeitlose, der Ungeborene und aus sich selbst Bestehende,*
> *Vollkommen in sich selbst.*
>
> *Prolog*

Diese Wirklichkeit geht über den menschlichen Verstand und das menschliche Fassungsvermögen hinaus:

> *Man kann Ihn nicht durch den Verstand erfassen,*
> *Denkt man auch ewig darüber nach.*
>
> *Strophe I*

Und dennoch kann sie erreicht werden, und der Pfad, der dahin führt, ist einfach:

> *Es gibt einen Weg, o Nanak: Seinen Willen zu dem unseren*
> *zu machen, Seinen Willen, der bereits in unser Dasein*
> *eingewirkt ist.*
>
> *Strophe I*

Es ist nicht etwas außerhalb von uns, sondern in uns. Er ist ein Teil unseres Seins, unser wahres Wesen, und alles was nottut, ist, daß wir uns auf Ihn abstimmen; denn auf Ihn abgestimmt sein, heißt, von der Knechtschaft des Ego und somit von ›Maya‹ befreit zu sein:

Alles besteht durch Seinen Willen,
und nichts ist außerhalb davon.
Wer mit Seinem Willen in Einklang ist, o Nanak,
ist gänzlich vom Ego befreit.

Strophe II

Wie kann man sich auf den göttlichen Willen abstimmen? Die Antwort darauf ist im Prolog gegeben:

Durch die Gnade Seines Wahren Dieners, des Meisters, kann Er erkannt werden.

Dieses Thema wird in Strophe XVI ausführlicher behandelt:

Der Heilige (das personifizierte Wort) ist angesehen in Seinem Reich und der Haupterwählte darin; der Heilige ziert Gottes Schwelle und wird selbst von Königen geehrt.
Er lebt durch das eine Wort und meditiert über das eine Wort.

Die Gabe des wahren Meisters ist die von Naam, worin er selbst Adept ist. Dieses Wort ist die Offenbarung von Gottes Willen und Geheiß, und es ertönt im Innern aller Seiner Schöpfungen:

Nur mit einem einzigen Wort brachte Er diese gewaltige Schöpfung ins Sein,
und tausend Lebensströme sind ihr entsprungen.

Strophe XVI

Der Weg zur Einswerdung mit dem Willen Gottes liegt im Abstimmen auf das Wort:

Durch die Verbindung mit dem Wort wird man zur Wohnstatt aller Tugenden;
durch die Verbindung mit dem Wort wird man ein Sheikh, ein Pir und ein wahrer König der Spiritualität;
durch die Verbindung mit dem Wort finden die spirituell Blinden ihren Weg zur Verwirklichung;
durch die Verbindung mit dem Wort durchquert man das grenzenlose Meer der täuschenden Materie.

> *O Nanak! Seine Ergebenen leben in ständiger Verzückung,*
> *denn das Wort wäscht alle Sünden und Sorgen fort.*
>
> *Strophe XI*

Daher erklärt Guru Nanak:

> *Erhaben ist der Herr und erhaben Seine Wohnstatt;*
> *noch erhabener ist Sein heiliges Wort.*
>
> *Strophe XXIV*

Indem er das Wesen des Absoluten umrissen und den Weg zur Vereinigung mit Ihm aufgezeigt hat, fährt Nanak fort und schildert uns das für eine erfolgreiche Reise notwendige Rüstzeug. Es ist nicht nötig, so führt er an, daß einer äußerlich ein ›Sanyasin‹ wird. Was einer zu tun hat, ist, ein ›Sanyasin‹ im Geiste zu werden, indem er sich von den äußeren Formen freimacht und die inneren Tugenden entwickelt:

> *Möge Genügsamkeit euer Ohrring sein und Streben nach*
> *dem Göttlichen und Achtung für das höhere Selbst euer*
> *Beutel.*
> *Ständige Meditation über Ihn sei eure Asche.*
> *Bereitschaft für den Tod soll euer Umhang sein,*
> *und euer Körper sei wie eine reine Jungfrau.*
> *Eures Meisters Lehren mögen der Stab sein, der euch stützt.*
> *Höchste Religion ist, sich zur Universalen*
> *Bruderschaft zu erheben,*
> *ja, alle Geschöpfe als euresgleichen zu betrachten.*
> *Besiegt euer Gemüt; denn Sieg über das Ich*
> *ist Sieg über die Welt.*
> *Heil, Heil Ihm allein, dem Ersten, Reinen, Ewigen,*
> *Unsterblichen und allezeit Unveränderlichen.*
>
> *Strophe XXVIII*

In den Schlußteilen des *Jap Ji* gibt Guru Nanak zuletzt einen Überblick auf die Pilgerfahrt des Geistes. Als erstes ist die Ebene von ›Dharm Khand‹, der Bereich des Handelns zu überschreiten, die Welt der guten und üblen Taten, wie wir sie kennen. Als nächstes kommt ›Gyan Khand‹ oder der Bereich des Wissens, der erste der inneren Himmel, der voller Götter und Halbgötter ist:

> Zahllos sind seine Elemente, Luft, Wasser und Feuer;
> und zahllos die Krishnas und Sivas;
> Zahllos die Brahmas, welche die vielen Schöpfungen
> mit unzähligen Formen und Farbtönungen gestalten.
> Zahllos die Handlungsbereiche,
> zahllos die goldenen Berge ...
> Zahllos die Quellen der Schöpfung,
> zahllos die Harmonien und zahllos jene, die ihnen lauschen.
> Zahllos sind die dem Wort Ergebenen.
> Endlos und unendlich, o Nanak, ist dieser Bereich.
>
> Strophe XXXV

Während in dieser Region das Wissen vorherrscht, wird die nächste, der Bereich der Wonne, oder ›Sarm Khand‹ von der Verzückung bestimmt. Diese Ebene kann man unmöglich beschreiben, und wer immer den Versuch macht, sie zu schildern, hat seine Torheit zu beklagen. In ihr wird die Seele zuletzt von all ihrem mentalen Beiwerk befreit und kommt zu sich selbst.

> Hier werden Gemüt, Vernunft und Verstand vergeistigt,
> Das Selbst kommt zu sich und durchdringt
> in seiner Entfaltung die Götter und Weisen.
>
> Strophe XXXVI

»Noch höher« liegt ›Karm Khand‹, der Bereich der Gnade — eine Gnade, die durch rechtes Handeln und Meditation erworben wird.

> Hier ist das Wort alles in allem, und nichts anderes gilt.
> Hier weilen die Tapfersten der Tapferen,
> die Besieger des Gemüts,
> von göttlicher Liebe erfüllt ...
> Ihre Herzen ganz von Gott erfüllt, leben sie jenseits
> vom Reich des Todes und der Täuschung.
>
> Strophe XXXVII

Dies ist der Bereich, in dem die Seele endlich den Schlingen der Relativität entgeht. Die Bande der Zeit, Tod und Wandlung, berühren sie nicht länger. Doch obschon sie stets in der Gegenwart des Herrn weilt, kann sie sich noch weiter erheben, um in Seinem Formlosen Zustand aufzugehen:

*Sach Khand oder der Bereich der Wahrheit ist der Sitz
des Formlosen Einen.
Hier bewirkt er alle Schöpfungen und erfreut
sich des Erschaffens.
Hier gibt es viele Regionen, himmlische Systeme
und Universen,
die zu zählen ein Zählen von Unzählbarem wäre.
Aus dem Formlosen heraus nehmen hier die himmlischen
Ebenen und alles andere Gestalt an;
alles ist dazu bestimmt, sich nach Seinem Willen zu bewegen.
Wer mit dieser Schau gesegnet ist,
erfreut sich ihrer Betrachtung.
Aber, o Nanak, der Versuch, diese Schönheit zu beschreiben,
hieße ein Unmögliches zu versuchen.*

Strophe XXXVII

Die Welt wird sich weiter in ihrem Geleise der guten und üblen Taten bewegen und in den Grenzen des Karmas gefangen bleiben; aber:

*Jene, die sich mit dem Wort verbunden haben,
deren Mühen werden enden,
Und ihr Antlitz wird voll Glanz erstrahlen.
Nicht nur sie werden erlöst sein, o Nanak,
sondern viele andere werden mit ihnen die Freiheit finden.*

Schluß

Dies war die erhabene Botschaft von Guru Nanak und ebenso die seiner Nachfolger. Ihr Wort loderte wie ein Sommerfeuer durch die Ebenen des Punjab, und fegte alle falschen Kastenunterschiede hinweg, die ein dekadentes Brahmanentum errichtet hatte. In einer Zeit, da religiöse Blindgläubigkeit unter den Hindus und führenden Moslems stetig zunahm, veranschaulichte sie die Einheit aller wahren Religionen, reinigte den Hinduismus von der Versklavung durch äußerliches Ritual und stellte dem Islam das höhere innere Ideal auf, das über äußeren Namen und Formen vergessen war. Es ist kein Zufall, daß die Tradition der

Sufis und die religiöse Bewegung der Sikhs zur selben Zeit ihre Blüte erlebten. Tatsächlich hat die Geschichte in vielen Punkten eine aktive Zusammenarbeit angezeigt. Manche der Sikh-Gurus, besonders Guru Nanak und Guru Gobind Singh und deren Nachfolger, wie Bhai Nand Lal, waren Meister im Persischen und hinterließen einige erlesene Abhandlungen in dieser Sprache. Von Guru Nanak heißt es, daß er nach Mekka gereist war und wie seine Nachfolger viele Moslems unter seinen Schülern hatte; umgekehrt zum Beispiel hat der Sufi-Mystiker Hazrat Mian Mir mit Guru Arjan auf vertrautem Fuß gestanden. Sufis wie Sikh-Meister waren nicht an ein Dogma gebunden, sondern predigten die Lektion der universalen Bruderschaft. Sie wirkten gemeinsam und beeinflußten sich gegenseitig, und es ist bedeutsam, daß der Surat Shabd Yoga oder der Yoga des Tonstromes in den Schriften der größten Sufis wie auch in denen der Sikhs die gleiche Betonung fand; eine Tatsache, die durch Inayat Khan in dem bereits zitierten Abschnitt seines »Die Mystik des Tones« zusammengefaßt ist.

Aber die Lehren aller großen Meister sinken gewöhnlich zu Institutionen herab, wenn sie selbst diese Welt verlassen haben; die der Sikh-Gurus sind darin keine Ausnahme. Zwar üben sie auf die Massen noch einen erhebenden Einfluß aus, spornen aber diese nicht mehr zu mystischen Anstrengungen an, wie es einmal war. Was einst alle religiösen Spaltungen zu überwinden suchte, ist heute selbst eine Religion geworden; was Kasten und Kastengeist zu geißeln wußte, hat im Laufe der Zeit selbst ein gewisses Kastenbewußtsein entfaltet, und was danach strebte, alle äußeren Formen und Rituale zu durchbrechen, hat nunmehr eigene Formen und Rituale entwickelt. Bei jeder religiösen Zeremonie können die Menschen gesungene Verse hören, welche die inneren Herrlichkeiten rühmen:

Alles Wissen und alle Meditation kommt aus Dhun
(dem Tonprinzip),
doch was dieses ist trotzt jeder Erklärung.

Guru Nanak

Das wahre Wort (Bani) wird durch den Meister gegeben und es ertönt im ›Sukhman‹.

Guru Arjan

*Die unübertreffliche Musik wird durch die Gnade eines Gottmenschen vernommen;
doch nur wenige sind es, die sich mit ihr verbinden.*

Guru Nanak

*Vollendet ist ›Anand Bani‹ (das grenzenlose Lied);
der Schlüssel dazu ist bei den Heiligen.*

Guru Arjan

Und dennoch werden diese Verse gesungen, ohne daß man die tiefe spirituelle Bedeutung beachtet und versteht, die ihnen zugrunde liegt.

7. Kapitel

EINIGE DER NEUEREN BEWEGUNGEN

Die erste Einwirkung der Wissenschaft auf den Westen schien die Religion zu untergraben. Das Christentum, das sich zu einer komplizierten und starren Institution entwickelt hatte, war außerstande, sich den Forderungen der Wissenschaft und der von ihr gewonnenen Erkenntnisse anzupassen. Die unvermeidliche Folge war ein jäher Zusammenstoß zwischen beiden: Die Religion wurde erschüttert, die Wissenschaft hingegen fest begründet. Doch wie wir bereits in einem früheren Kapitel gesagt haben, sind die physikalischen Wissenschaften an sich nicht in der Lage, das Leben vollständig oder auch nur angemessen zu erklären. Wenn die äußeren Wissenschaften ihre Meinung dargelegt haben, bleiben gewisse unbekannte Daseinsprobleme offen, die das menschliche Gemüt verwirren und beunruhigen. Und das letzte Jahrhundert hat so manche Bewegung erstehen lassen, die auf die eine oder andere Weise versuchte, auf ein inneres Leben hinzuweisen, was die Wissenschaft zumindest bis zu einem gewissen Grade aufzunehmen bereit war. Das neue Indien war die Geburtsstätte vieler religiöser Bewegungen, aber größtenteils stellten sie nur eine Wiederbelebung dessen dar, was die Alten bereits wußten — seien es der Vedantismus von Sri Ramakrishna, Sri Aurobindo oder Ramana Maharshi — oder die verschiedenen indischen Yogasysteme, die wir schon in einem gewissen Umfang untersucht haben. Es mag jedoch angebracht sein, einige der Bewegungen, die im Westen entstanden sind, kurz zu beleuchten, und zwar Bewegungen, die häufig auf östlichen Traditionen beruhen und von ihnen beeinflußt sind.

I. Rosenkreuzer, Theosophie und »I AM«-Bewegung

Noch während das Christentum in Europa die unbestrittene Herrschaft hatte, lebten daneben in kleinem Ausmaß gewisse andersgläubige Schulen des Mystizismus auf, von denen die der Rosenkreuzer eine der ersten war. Diese Schulen bestanden als geheime Gesellschaften fort, denen die allgemeine Öffentlichkeit mißtrauisch gegenüberstand. Als aber das institutionelle Christentum von seiten der Wissenschaft zu leiden begann, gewannen sie mit einem Mal an Bedeutung, die sie nie zuvor besessen hatten. Der Mensch, dessen Glaube an das Christentum durch Darwin und Huxley erschüttert war, der aber die mechanistische Weltauffassung die die Wissenschaft vertrat, nicht akzeptieren konnte, wandte sich diesen Gesellschaften zu in der Hoffnung, zu einer befriedigenderen Lebensauffassung zu gelangen. Viele verlegten sich auf die Lehren der Rosenkreuzer, während andere Inspiration vom Osten suchten und die Theosophische Bewegung gründeten. Wieder andere berufen sich darauf, von Saint Germain geleitet zu werden, und riefen die »I AM«-Bewegung ins Leben. Diese Bewegungen wollen nicht Religion im traditionellen Sinne sein, wenn sie auch ihre eigenen Gesetze haben. Sie gehören zu den okkulten Gemeinschaften, die im allgemeinen glauben, daß das menschliche Leben durch unsichtbare kosmische Wesen oder mystische Bruderschaften geführt und gelenkt wird. Diesen Wesen kann man in dieser physischen Welt nicht direkt begegnen. Sie leben entweder in entfernten Bergfestungen, oder wirken von einer höheren als der irdischen Ebene aus. Aber man kann, sofern man an sie glaubt und eine besondere Disziplin verfolgt, sich ihrem Einfluß öffnen und Nutzen von ihnen haben. Obgleich sie alle auf die eine oder andere Weise die letztgültige Einheit des Lebens ausmachen, scheinen sie es in der Praxis nur am Rande zu berühren. Das Höchste, was ein Schüler zu erreichen hoffen kann, ist in direkte Verbindung mit einem der kosmischen Wesen zu kommen. Aber der Zustand, bei dem die Seele eins wird mit der Quelle von Zeit und Zeitlosigkeit, von dem die großen Meister gesprochen haben, wird nur selten als eine praktische Möglichkeit behandelt. Da man die Führung nicht bei einem Menschen sucht, bei einem, der das Unendliche verwirklicht hat, sondern bei visionären Wesen, denen man niemals begegnen kann, fehlt auch die eingehende bei jedem Schritt und auf jedem Gebiet des Lebens gegebene Unterweisung und Führung, wie sie für den Surat Shabd Yoga wesentlich ist. Jeder sucht jedoch auf seine eigene Weise, die menschliche Entwicklung einen Schritt weiterzubringen, und der getane Schritt ist sicherlich kein geringer. So spricht Madame Blavatsky in der »Stimme der Stille« von einer ziemlich fortgeschrittenen mystischen Erfahrung, wenn sie vom inneren Ton schreibt:

Der erste ist gleich der süßen Stimme der Nachtigall, die ihrem Gefährten ein Abschiedslied singt. Der zweite naht wie der Klang einer Silberzymbel der Dhyanis, die die funkelnden Sterne erweckt. Dem folgen die Klagelieder des Meeresgeistes, der in einer Muschel gefangen ist. Und dann erklingen die Weisen der Veena. Der fünfte schrillt im Ohr gleich dem Ton einer Bambusflöte. Diese wandelt sich alsbald in Trompetengeschmetter. Der letzte zittert wie das dumpfe Rollen einer Gewitterwolke.

II. Christliche Wissenschaft und ›Subud‹

Die Christliche Wissenschaft (Christian Science) ist eine weitere andersgläubige westliche Bewegung, aber sie unterscheidet sich von jenen, die wir bereits genannt haben, durch den anderen Schwerpunkt ihrer Ausrichtung. Obgleich sie eine mystische Grundlage hat, befaßt sie sich in der Praxis nicht sehr viel damit. Sie sucht das Leben Christi auf ihre eigene Weise auszulegen und konzentriert ihre Aufmerksamkeit auf die Wunder, die er getan hat. Sie führt aus, daß Gott oder die Wahrheit gut ist und daß alles Übel und alle Krankheit nur eine Folge davon ist, daß man den Kontakt mit dieser inneren Kraft verloren hat. Wer mit dieser Kraft in Verbindung gebracht werden kann, vermag von aller Krankheit geheilt zu werden; und die Christliche Wissenschaft konzentriert sich auf dieses Ziel. Die Folge davon war, daß sie mehr ein Gesundheitsstudium betrieb als eines der spirituellen Entfaltung, und die Grenze zwischen Heilen durch Autosuggestion und hypnotische Suggestion einerseits und Heilen (wie es die Christliche Wissenschaft für sich beansprucht) durch die Kraft der Wahrheit ist nicht immer leicht zu ziehen. Viele stellen sogar die Art der Beweggründe ihrer Stifterin Mary Baker Eddy in Frage. Aber dessen kann man sicher sein, daß selbst wenn die Heilungen, die durch die Christliche Wissenschaft bewirkt werden, aus einer spirituellen Quelle herrühren, die Ausüber sie nicht bewußt beherrschen, sie nicht in direktem oder bewußtem Kontakt mit der höheren Kraft sind, vielmehr als ihre unbewußten Werkzeuge wirken.

Wenn es auch voreilig wäre, das von dem indonesischen Mystiklehrer Pak Subuh gegründete *Subud* oder *Soshiel Bodhi Dharm*, das jetzt zu einer internationalen Bewegung geworden ist, mit der Christlichen Wissenschaft gleichzusetzen, so kann man doch mit Recht eine ähnliche Tendenz beobachten. Die mystische Grundlage ist im Falle Subuds viel bedeutender als bei der Christlichen Wissenschaft; aber sie wird oftmals zum selben Ziel gelenkt. Subud sucht durch Ausführung einer bestimmten Reihe von Übungen, »Latihan« genannt, ihre Anhänger mit verborgenen psychischen Kräften in Verbindung zu bringen. Es hat jedoch nicht den Anschein, daß sie das Bewußtsein direkt erhöht, bereichert es aber indirekt, indem sie die intuitiven Kräfte verstärkt. Ob man nun auf die Erfahrung von Mohammed Raufe schaut oder auf die von John Bennett, man kann erkennen, daß man im Falle von »Subud« als Medium für höhere spirituelle Kräfte dient, die Menschen von Krankheiten befreien, ohne ein bewußter Mitarbeiter zu werden. Die Folge davon ist, daß man, statt zu immer höheren Bewußtseinsebenen zu gelangen, um schließlich im Unendlichen aufzugehen, dahin kommt, eine passive Empfänglichkeit gegenüber psychischen Kräften zu entwikkeln, die nicht notwendigerweise höherer Art sind. Viele Schüler geben während »Latihan« seltsame Erfahrungen von Tieren oder Vögeln von sich — zum großen Unterschied vom Nirvikalpa Samadhi oder Sahaj Samadhi, von dem die größten Mystiker sprechen.

III. Spiritismus und Spiritualismus

Nicht zuletzt müssen wir Spiritualität vom Spiritismus und Spiritualismus unterscheiden, da Spiritualität etwas ganz anderes ist. Der Spiritismus betont den Glauben an die Existenz körperloser, von der Materie getrennter Wesen, von denen die Spiritisten annehmen, daß sie die niederen Regionen als Gespenster oder böse Geister heimsuchen, oder auch die unteren Astralregionen als Engel oder gute Geister. Zuzeiten sind sie auch an den persönlichen Angelegenheiten der Menschen interessiert und suchen zur Befriedigung ihrer langgehegten, aber ungestillten Wünsche, diese mittels allerlei Machenschaften zu erfüllen. Jene, die sich mit der schwarzen Kunst befassen, behaupten, durch magische Beschwörungen Macht über sie ausüben zu können. Aber ein Schüler des Meisters braucht darüber nicht beunruhigt zu sein, da einem, der in Verbindung mit dem heiligen Wort ist, kein übler Einfluß nahekommen kann; denn es heißt:

> *Der große Todesengel ist ein unsichtbarer Feind;*
> *doch er fürchtet, sich einem zu nähern,*
> *der in Verbindung mit dem Wort ist.*
> *Er fließt vor den Melodien der göttlichen Harmonie,*
> *damit er nicht dem Grimm des Herrn zum Opfer fällt.*

Der Spiritualismus geht einen Schritt weiter als der Spiritismus. Er glaubt an das Weiterbestehen der menschlichen Persönlichkeit nach dem Tode und an die Möglichkeit einer Verbindung zwischen den Lebenden und den Toten. Die Vertreter des Spiritualismus halten häufig Seancen oder Sitzungen ab, um mit sogenannten Geistern Verbindung aufzunehmen. Sie gehen mit Hilfe von Medien vor, denn sie wirken durch eine Art Medium, sei es eine Planchette zum Planchette-Schreiben, ein Tisch zum Tischrücken oder sogar ein menschliches Wesen, dem das Bewußtsein genommen wird, damit der gerufene Geist von seinem Körper Gebrauch machen und sich durch ihn mitteilen kann. Diese Verbindung besteht im allgemeinen lediglich zwischen der irdischen Ebene und den niedersten unteren Astralebenen, die als Magnetfelder bekannt sind. Die Resultate solcher Verbindungen sind sehr begrenzt, größtenteils auch unzuverlässig und außerdem äußerst gefährlich für das Medium, das manchmal dabei den Verstand verliert und darunter schrecklich zu leiden hat. Die Praxis des Spiritualismus wird daher von den Meistern der Spiritualität streng verurteilt. Ihr Kontakt und Verkehr mit den spirituellen Regionen bis zur Wohnstatt des Herrn (Sach Khand) ist ein unmittelbarer, und sie kommen und gehen nach ihrem Willen und Wohlgefallen, ohne irgendeine Behinderung und unabhängig von der subjektiven Vermittlung eines Mediums. Während diese Methode ganz normal, natürlich, direkt und aufbauend ist, ist das Wirken der Spiritualisten dagegen subjektiv, indirekt und nur mittelbar, durch einen Vorgang, der voller Gefahren und Risiken für ihn selbst und das Medium ist. Der Spiritualismus trägt, abgesehen vom Wissen über das Weiterleben nach dem Tode, nur wenig zu unserer Erfahrung bei und bietet nichts, was für den Weg der Spiritualität wirklich wesentlich wäre.

IV. *Hypnose und Mesmerismus:*

Die obigen Bemerkungen lassen sich ebenfalls auf die Hypnose und den Mesmerismus anwenden. In beiden Fällen sucht ein Mensch mit stärkerer Willenskraft, solche mit schwächerem Widerstandsvermögen mittels bestimmter Handbewegungen und Gesten zu beeinflussen, die mit starker Ausrichtung der Konzentration auf die jeweils betroffene Person verbunden sind. Bei gewissen Krankheiten wie Hysterie usw. machen auch manche Ärzte davon Gebrauch und können auf diese Weise vorübergehende Heilungen bewirken und Schmerzen lindern, für die sie kein geeignetes Heilmittel wissen.

Spiritualität dagegen ist die Wissenschaft der Seele und befaßt sich folglich mit allen Aspekten der Seele — mit der Frage, wo sie sich im menschlichen Körper befindet und welches ihre Beziehung zu Körper und Gemüt ist, ferner wie sie offensichtlich auf die Sinne wirkt und reagiert, mit ihrer wirklichen Natur und mit der Frage, wie sie von all dem beschränkenden Beiwerk getrennt werden kann. Sie beschreibt die spirituelle Reise mit ihrem Reichtum an Ebenen und Unterebenen sowie die spirituellen Kräfte und Möglichkeiten und deren eigentlichen Wert. Spiritualität läßt uns wissen, was das heilige Wort ist und wie man sich mit ihm verbinden kann, sagt uns, daß das letzte Ziel die Selbstverwirklichung und Gottverwirklichung ist, die Einswerdung der Seele mit der Überseele, und lehrt uns, wie man diese mit Hilfe des Surat Shabd Yoga oder dem Pfad des Tonstromes, der auf den vorangegangenen Seiten beschrieben wurde, erlangen kann.

SCHLUSS

Der bisher auf diesen Seiten gegebene kurze Überblick über die großen Weltregionen und einige ihrer heutigen Abzweigungen machen eine allgemeine Tendenz zu gemeinsamen Grundvoraussetzungen und Glaubensanschauungen eindeutig klar: a) daß das physikalische Universum nur ein kleiner Teil eines viel größeren Ganzen ist; b) daß ebenso unsere alltägliche menschliche Existenz nur ein Bruchteil der gewaltigen und vielseitigen Lebensform ist; c) daß es hinter der äußeren, physischen und menschlichen Welt eine Absolute Wirklichkeit oder einen Zustand vollkommenen Seins gibt, der über aller Wandlung und Auflösung besteht und vollendet in sich selbst ist; der für alles, was ist, die Verantwortung trägt und dennoch über der ganzen Schöpfung steht; d) daß diese Realität oder Wirklichkeit, dieser Zustand vollendeten Seins vom Menschen (unter kompetenter Führung) erlangt werden kann, wenn er sich mit dem Wort oder dem göttlichen Tonstrom verbindet, der Licht und Harmonie ausstrahlt, die die ersten und ursprünglichen Offenbarungen des Formlosen in der Form sind, und durch deren Herabkommen alle Bereiche und Regionen ins Dasein kamen.

Wenn alle religiösen Erfahrungen in die gleiche Richtung weisen, warum gibt es dann, fragt man sich, soviel Kampf und Streit auf dem Gebiet der Religion? Warum betrachten die Gläubigen jeden Glaubens den ihren als den einzig wahren und alle anderen als falsch, warum gibt es den dogmatischen Glauben an ein geistiges Monopol und wozu die Heiligen Kreuzzüge, das Blutbad von St. Bartholomäus, die spanische Inquisition und 1947 die kommunalen Aufstände in Indien? Dies sind triftige Fragen, und zu ihrer Beantwortung gibt es viele und verwickelte Gründe. Das erste, was einem auffällt, wenn man das vergleichende Studium der Religionen beginnt, ist die Tatsache ihrer Existenz auf verschiedenen Ebenen. Der Kern einer jeden größeren Religion ist die praktische mystische Erfahrung eines großen Weisen oder

einer Folge von Weisen. Um diesen Mittelpunkt herum haben sich soziale Vorschriften, Bräuche und Ritual gehäuft. Nun mag der Kern für die Mystiker der verschiedenen Zeiten und Länder wohl ein gemeinsamer sein, aber das soziale Gefüge, in dem er erlebt und vermittelt wird, muß naturgemäß wechseln. Die Abendländer nehmen zum Zeichen der Verehrung ihre Hüte ab, während der Orientale sein Haupt bedeckt. Der Hindu, der in einem Land lebt, das Flüsse und Wasser in Überfülle hat, nimmt ein Bad, bevor er seine Gebete verrichtet; der Moslem hingegen, der aus dem arabischen Wüstenland kommt, ist mit einem Trokkenbad mittels Sand zufrieden, indes der Europäer aus den kälteren Gebieten sich zu keinem von beiden veranlaßt sieht. Solche Sittenunterschiede gibt es ebensogut auf anderen Gebieten. Die Vielehe läßt sich für den Mohammedaner gesetzlich vereinbaren, aber für den Katholiken wäre dies eine grobe Sünde. Idolverehrung ist im Hinduismus gestattet, für den Puritaner jedoch verabscheuenswert. Es ist eine Tatsache, daß alle religiösen Häupter die Notwendigkeit betont haben, hohe ethische Normen aufrechtzuerhalten, aber ihre Sittenlehre war niemals absoluter Art. Sie haben die sozialen Verhältnisse in Rechnung gezogen, in denen die Menschen der jeweiligen Zeit lebten, und haben versucht, sie auf die höchstmögliche Stufe zu erheben, die nicht so sehr auf Vereinheitlichung der äußeren Sitten und Bräuche abzielt, als vielmehr auf die innere Reinheit des Herzens und Wohlwollen seinen menschlichen und nichtmenschlichen Mitgeschöpfen gegenüber. Diejenigen, die Jesus direkt gehört haben, haben die Wahrheit seiner Versicherung, daß er »nicht gekommen sei, das Gesetz aufzulösen, sondern es zu erfüllen«, nicht erkannt, und während Moses sagte: »Auge um Auge und Zahn um Zahn«, lehrte Jesus seine Jünger, ihre Feinde zu lieben und ihnen die rechte Wange zu bieten, wenn sie auf die linke geschlagen würden. Moses sprach entsprechend den Verhältnissen zu seiner Zeit, Jesus gemäß den Gegebenheiten in seiner eigenen, und darum weichen die Sittengesetze des Christentums von denen des Judentums ab, wenn sie auch eine Erweiterung des alten Glaubens darstellen.
Als Folge der Umstände, die die Religion zu einer sozialen Ein-

richtung haben werden lassen, finden wir, daß jede Religion sich ein eigenes Gefüge von Bräuchen, Dogmen und Ritualen schafft. Dieses Brauchtum ist in jedem Falle anders; und darum müssen sich natürlich die Anhänger eines jeden Glaubens von denen anderer Bekenntnisse abgesondert fühlen, nicht nur ihrer Kleidung und ihrer Sitten wegen, sondern auch zufolge ihrer sozialen Ansichten und Einstellungen. Und dennoch zeigt das Leben aller großen religiösen Führer wie Jesus und Buddha, daß, indes sie die Gesetze ihres eigenen Volkes annahmen und erweiterten, sie trotzdem niemals vergaßen, daß alle Menschen Brüder sind; und sie behandelten die Gläubigen anderer Gemeinschaften mit der gleichen Achtung und Rücksicht, die sie ihren eigenen Anhängern entgegenbrachten. Hinter den unterschiedlichen äußeren Formen, die das Leben kennzeichnet, sahen sie den Pulsschlag derselben Einheit allen Seins, und von dieser Ebene aus betrachteten sie alle Menschen als gleich.

Was den großen Religionsstiftern möglich war, müßte auch jenen möglich sein, die für sich in Anspruch nehmen, ihnen nachzufolgen. Aber wenn wir die Dinge betrachten, wie sie heute sind, finden wir, daß diese Möglichkeit der gegenseitigen Verbindung, der Zusammenarbeit und des Verstehens unter den verschiedenen Glaubensrichtungen sehr selten, wenn überhaupt, verwirklicht wurde. Ein Mystiker wie Sri Ramakrishna kann die innere Einheit aller Religionen[1] praktisch beweisen, aber wir anderen verstehen das nicht. Tatsächlich wurde jede größere Weltreligion nach dem Hinscheiden ihres Begründers zu einer Institution mit einer Priesterschaft, durch die ihre Interessen wahrgenommen wurden, wie durch die Pundits in Indien, die *Mullahs* und *Maulvis* im Islam, die Pharisäer und Rabbis im Judentum und die Mönche und Bischöfe bei den Christen. Diese Entwicklung machte es möglich, die Botschaft der großen Gründer an Unzählige zu übermitteln, die sie niemals selbst darin hätten unterweisen kön-

---

1 Um die Wahrheit zu prüfen, daß alle Religionen zum gleichen spirituellen Ziel führen, übte Sri Ramakrishna nacheinander die äußeren und inneren Praktiken des Hinduismus, des Christentums und des Islams aus und stellte in jedem Falle fest, daß das erreichte Ziel dasselbe war.

nen. Buddha kam persönlich mit vielen Menschen zusammen und beeinflußte sie. Aber wieviele waren es im Vergleich zu den Millionen, die die Lehre des Dharma hörten, als zwei Jahrhunderte nach seinem Tod Kaiser Ashoka die verschiedenen Sanghas oder buddhistischen Orden ins Leben rief? Außerdem konnte seine Botschaft so durch die Jahrhunderte erhalten bleiben. Buddha kam und ging wieder, Jesus ist am Kreuz geopfert worden; aber die Orden und die Kirche bestehen weiter und halten ihre Lehren im weiten Umfang lebendig, was ohne die Heranbildung solcher Institutionen nicht möglich gewesen wäre.

Wenn aber die Lehren der großen spirituellen Häupter durch diese Institutionen verbreitet und erhalten werden konnten, werden sie andererseits auch durch sie verändert. Die Botschaft Christi oder Buddhas, wie sie zuerst von ihnen verkündet wurde, war eine andere als das, was unter den Händen der folgenden Kirche und des Sanghs daraus wurde. Die großen religiösen Häupter wurden durch innere Ersthand-Erfahrung bewegt und geleitet, und diese liegen auch ihren Lehren zugrunde. Sie sahen darin etwas Universales, etwas, das in jedem Menschen verborgen liegt, und dieser Tatsache lenkten sie die Aufmerksamkeit ihrer Schüler zu, indem sie die ethische Förderung als Hebel zum spirituellen Fortschritt benutzten. Als nach ihrem Hinscheiden ihre Aufgabe von Organisationen übernommen wurde, die sich rasch ausbreiteten und immer größer wurden, konnte man nicht erwarten, daß alle ihre Mitglieder die gleiche Höhe erreicht hatten oder auch nur Schimmer der inneren mystischen Bereiche schauen konnten. Kein Wunder also, daß mit dem Anwachsen der Kirche und dergleichen das Interesse an jeder Religion die Tendenz hatte, vom Mystischen zum Ethischen, Rituellen und Doktrinären abzugleiten — kurz, vom Universalen zum Begrenzten. Nur eine seltene Seele vermag den dunklen Schleier im Innern zu durchdringen; aber für jede solche Seele gibt es eine Million, nein, eine Milliarde derer, die die ethischen Probleme gerne diskutieren, äußere Zeremonien beachten und lautstarke Meinungen äußern, die nicht inspiriert oder durch persönliche Erfahrung geprüft, sondern vom Marktplatz des Lebens aufgelesen wurden.

Und während wir in den Lehren von Jesus selbst kein starres System von Riten, Lehrsätzen und äußeren Moralvorschriften finden — alles war fließend und biegsam und schon dazu bestimmt, in den Dienst der mystischen Botschaft gestellt zu werden — entsteht ein solches jedoch nach ihm mit dem Wachstum der christlichen Kirche. Als diese Veränderung eintrat, erhoben sich zwischen den Anhängern von Jesus und solchen anderer Glaubensrichtungen neue Schranken, Schranken, die es vorher nie gegeben hatte.

Als ob dies nicht schon genug gewesen wäre, wirkte der Aufstieg der Priesterschaft in noch anderer Richtung. In der ersten Phase ihres Wachstums hatte die Kirche in den meisten Fällen gegen eine große Übermacht anzukämpfen, da alles Neue gewöhnlich auf starke Opposition stößt. Sie konnte nur das Kreuz der Not und Entbehrung bieten und nicht die Rosen des Wohlstandes. Und jene, die ihr beitraten, taten es um ihrer Überzeugung willen und nicht aus Gründen der Macht. Aber als die Kirche einmal allgemein anerkannt war, begann sie, beachtliche Macht über das Volk auszuüben. Sie verteilte Gaben und Titel und machte sich nicht nur zum Schiedsrichter in spirituellen, sondern auch in weltlichen Dingen. Auf diese Weise begann ein Prozeß, durch den sich die Priesterschaft vom inneren zum äußeren Leben wandte, von der Selbstverleugnung zur weltlichen Macht. Um ihre Stellung zu halten, förderte die Kirche die weitere Zunahme von Lehrsätzen und alten Bräuchen, was wiederum ihr Autoritäts-Monopol verstärkte. Um sich selbst zu festigen, umgab sie den Altar, dem sie diente, mit einem Glorienschein und verwarf die Altäre, auf die sie keinen Einfluß hatte. Wenn die selbsternannten Diener Jehovas oder jene einer Gottheit anderen Namens ihre Stellung und Macht zu erhalten und auszudehnen hatten, war es freilich notwendig, alle Götter der Philister und Heiden zu verdammen.

Die in Betracht gezogenen Umstände wirken sich auf jedes Gebiet menschlicher Tätigkeit aus. Der Historiker ist sich des Geschicks einer jeden neuen Bewegung nur zu gut bewußt; sei sie nun religiöser oder weltlicher Natur. Sie beginnt durch einen

Seher, erfährt eine rasche Verbreitung in den Händen jener, die sein Beispiel direkt inspiriert hat und gerät dann in ein Stadium allmählichen Veraltens und Verfalls. Der Abstieg von einer lebendigen Vision zu einem mechanischen Dogma ist nicht der Religion allein eigen. Dennoch gibt es im Falle der Religion gewisse Merkmale, die für sie eigentümlich sind.

Diese einmaligen Probleme rühren von der mystischen Erfahrung her, die jeder großen Religion zugrunde liegt. Die mystische Erfahrung erstreckt sich, wie wir gesehen haben, auf Seinsebenen, zu denen die Menschen im allgemeinen keinen Zugang haben. Nur eine Handvoll, nein, weniger als eine Handvoll, kann sich in einem Zeitalter darauf berufen, sie zu meistern. Es ist eine Erfahrung einzigartigen Charakters, denn sie enthält eine Art von Reichtum, Weite, Intensität und Schönheit, die auf Erden nicht ihresgleichen hat. Aber auf dieser irdischen Ebene können wir ihre Bedeutung nur innerhalb der Grenzen unserer weltlichen Erfahrung begreifen. Die einzige Wahl, die der Mystiker hat, wenn er uns etwas von seiner einzigartigen Erfahrung mitteilen will (ohne gerade im Schweigen oder in den verneinenden Bestimmungen der Vedanten oder eines Johannes vom Kreuz zu enden) ist, daß er notgedrungen zu Bildern und Gleichnissen Zuflucht nimmt. — In seinem *Masnavi* erklärt Maulana Rumi:

> *Es ist nicht richtig, dir mehr zu sagen,*
> *denn das Flußbett kann das Meer nie fassen.*

Und Jesus spricht über dieses Thema ganz offen zu seinen engsten Jüngern (denen er eine direkte innere Ersthand-Erfahrung geben konnte):

> *Euch ist's gegeben, das Geheimnis des Reichs Gottes*
> *zu wissen; denen aber draußen widerfährt es alles durch*
> *Gleichnisse.*
>
> *Markus 4, 11*

Während direkte Darstellungen dazu neigen durch die analysierbaren Eigenschaften des Gegenstandes begrenzt zu sein, erleidet die bildliche Darstellung diese Beengung nicht. Wenn Dichter ihre Liebe zu einer Frau darstellen, tun sie es in der Sprache einer

Rose, eines Sterns, einer Melodie, einer Flamme, des Mondes usw. Mystiker nehmen sich eine ähnliche Freiheit, wenn sie von ihrer Liebe zu Gott sprechen. Aber indem das Publikum des Dichters, der von menschlicher Liebe spricht, weiß, daß er sich in Bildern äußert — wissen sie doch, was eine Frau ist — fehlt jenen, die dem Mystiker zuhören, eine solche Möglichkeit des Vergleichs, und sie vergessen leicht, daß er nur in Gleichnissen zu ihnen redet. Und so werden die Ausführungen eines Menschen, der mit der spirituellen Schau begabt ist, oft buchstäblich aufgefaßt, wenn sie nur im übertragenen Sinne gemeint sind. Wenn Jesus oder Mohammed erklärten, daß sie der Sohn Gottes oder der Messias seien (wie es alle große Seelen taten, die ihren Willen mit dem göttlichen Willen eins wußten), wurde angenommen, daß sie buchstäblich die einzigen Söhne des Allmächtigen waren. Oder wenn Jesus das Folgende sagte — nicht in seiner Eigenschaft als endliches Wesen, sondern in der des ewigen göttlichen Prinzips, das er verkörperte —: »Ich werde euch nicht verlassen noch versäumen bis zum Ende der Welt«, wurde auch dies buchstäblich genommen. Und wenn man tatsächliche spirituelle Führung von einem lebenden Meister suchte, nachdem Jesus nicht mehr war, wurde dies als Zeichen für Unglauben und darum als Ketzerei angesehen. Wenn Jesus nun im buchstäblichen Sinne vom »Einzelauge« oder von Gott als »Licht« sprach, wurde es so aufgefaßt, als bezöge es sich auf die Lauterkeit des Gewissens oder auf den Verstand.

Es ist daher kein Wunder, daß bei jeder so gedeuteten, oder besser gesagt, mißdeuteten Darstellung, ein Sinn herauskam, den der Weise, der sie gab, niemals so gemeint hatte und daß in seinem Namen Dogmen und Lehrsätze verkündet wurden, die kaum in einer Beziehung mit den universalen inneren Erfahrungen standen, welche ihn inspiriert hatten. Auf diese Weise entstanden die Unterschiede zwischen den verschiedenen Glaubensrichtungen, die von ihren Gründern niemals beabsichtigt waren. Darüber hinaus sind die inneren Bereiche so unermeßlich und verschiedenartig, daß nicht ein einziger Mystiker jemals hoffen konnte, alle Aspekte des inneren Panoramas aufzeigen zu können. Bestenfalls kann er auf einen Teil davon hinweisen, und dieser mag möglicherweise nicht gerade derselbe sein, von dem andere gesprochen haben; daraus folgt, daß dem Leser, der nicht selbst direkten Zugang zu den inneren Bereichen hat, gewisse Verschiedenheiten in den Schriften der Mystiker auffallen, die in Wirklichkeit jedoch nicht bestehen.

Ferner erreichen nicht alle Mystiker das höchste spirituelle Ziel. Nur wenigen gelingt es, den Schleier der inneren Dunkelheit vollständig zu durchbrechen, und von diesen wieder gelangt die Mehrheit nicht über die erste spirituelle Ebene hinaus. Von denen, die weitergehen konnten, kommt der größere Teil nicht über die zweite Ebene hinaus und so fort. Nun hat jede Ebene ihre eigenen Besonderheiten und Merkmale, und während die höheren Ebenen die niedrigeren jeweils umschließen und erhalten, sind sich die Bewohner der niedrigeren Ebenen selten der Existenz der höheren bewußt. Jede Ebene scheint im Vergleich zu der vorangegangenen die Vollkommenheit selbst zu sein, und jeder Mystiker, der von seiner himmlischen Erfahrung gesprochen hat, hat sie so beschrieben, als wäre sie die höchste Stufe allen spirituellen Fortschritts. Die unausbleibliche Folge davon ist, daß wir Beschreibungen des Absoluten begegnen, die, nachdem man die Verschiedenheit der bildlichen Sprache in Betracht gezogen hat, nicht miteinander übereinstimmen. Jesus spricht vom Göttlichen in seinem väterlichen, Sri Ramakrishna in seinem mütterlichen Aspekt. Die Shankya-Mystiker sprechen von Gott, Prakriti und Atman, als ob sie auf immer getrennt wären; Ramanuja sah sie als verbunden, doch niemals eins werdend, während sie Shankara als von dem gleichen Wesen sieht: Ihre Trennung sei nicht wirklich, sondern nur eine Täuschung. Dies alles bringt den gewöhnlichen Leser in eine große Verwirrung; aber wenn er einem begegnet, der die höchste Region erreicht hat und mit der Erfahrung jeder der inneren Ebenen vertraut ist, schwinden alle Widersprüche dahin; denn dieser kann beweisen, daß die Behauptungen der sechs Blinden über die Beschaffenheit des Elefanten trotz ihrer offensichtlichen Widersprüchlichkeit am Ende doch in Einklang zu bringen sind durch einen, der den ganzen Elefanten sieht.

In diesem Zusammenhang erfahren die Lehren des Surat Shabd Yoga eine weiterreichende Bedeutung. Wir haben bis zu einem gewissen Grade gesehen, wie er das schnellste, praktischste und wissenschaftlichste Mittel ist, um das spirituelle Ziel des Menschen zu erlangen. Nun können wir hinzufügen, daß er dem Menschen die beste Gelegenheit bietet, das weite Gebiet der Spiritualität zu überschauen, da er ihn zu den höchsten spirituellen Ebenen bringt, zu dem Punkt, wo das Formlose Form annimmt. Was andere verwirrt und bestürzt, läßt den Adepten auf diesem Pfad unbekümmert und gleichmütig. Widersprüche schwinden, wenn er sie berührt, und was erst verwirrte und bestürzte, löst sich nach seiner Auslegung in vollkommener Ordnung auf. Er versteht jede der unendlich vielen spirituellen und scheinbar spirituellen Bewegungen, denen wir uns heute gegenübersehen. Er kann, wenn er will, in die inneren Erfahrungen, die jede von ihnen bietet, eindringen und somit am besten ihren relativen Wert beurteilen. Er verwirft sie nicht, noch greift er sie an; und ihn bewegen nicht Haß und Opposition. Da er den Höchsten kennt, ist es seine Absicht, die Menschen auf dem einfachsten und schnellsten Weg dorthin zu bringen. Er weiß, daß das innere Leben nicht mit dem äußeren Leben verwechselt werden darf und verkündet seine Botschaft nicht als Gesetz, sondern als Wissenschaft: »Prüft im Innern«, sagt er, »und seht selbst.«

Es ist keine neue Wissenschaft, die er lehrt. Es ist die älteste aller Wissenschaften. Doch während sie in der Vergangenheit dazu neigte, sich mit vielem Unwesentlichen zu verbinden, wünscht er sie in ihrem reinen Zustand und ihrem ehemaligen Glanz zu erhalten. Er vereint die in allen großen Schriften enthaltenen mystischen Wahrheiten in logischer Folgerichtigkeit und betont nachdrücklich, daß, wenn Gott in Seiner ursprünglichen Form Licht und Harmonie ist, wir uns diesen und nicht anderen Mitteln zuwenden müssen, um zu Ihm zurückzugelangen und eins mit Ihm zu werden. Wo Chaos herrschte, bringt er Ordnung, wo Verzweiflung war, bringt er Hoffnung, und für jeden von uns, in welcher Verfassung wir auch immer sein mögen, hält er Trost und Erleuchtung bereit.

INHALTSÜBERSICHT

Vorwort 7

Erster Teil
DIE YOGA-LEHREN

1. Kapitel
Einführung 13
Was sind Vritis? 17
Die Seele und die Überseele 20
Prakriti oder Materie 23
Die Beziehung zwischen den drei Körpern und den fünf Koshas 27
Die Aufteilung der Schöpfung entsprechend den Koshas 28

2. Kapitel
YOG VIDYA UND YOG SADHNA
(Der Pfad des Yoga in Theorie und Praxis)

1. Die Grundlage des alten Yoga 32
Ursprung und Technik des Yoga-Systems . . . 32
Grundlegende Begriffe 34
2. Der Pfad des Ashtang Yoga und seine Abzweigungen 36
I. und II. Yamas und Niyamas 36
III. Asanas 43
    Asanas als eine Form des Yoga S. 45 — Vorteile der Asanas S. 46 — Vollkommenheit in den Asanas (Asana Siddhis) S. 52 — Die Nahrung S. 53

IV. Pranayama oder Yoga-Atmung 54
Plexi und Chakras S. 56 — Die grundlegenden Übungen des Pranayama S. 57 — Sukh Purvak Pranayama S. 58 — Pranayama als Form des Yoga S. 61 — Prana-Schulung S. 62 — Vorteile des Prana Yoga S. 63

V. Pratyahara oder Sinneskontrolle 64

VI. Dharna oder Samyam (Vertiefung oder Konzentration) 65
Dharna als Form des Yoga S. 72 — Tabelle über »*Chakras*« S. 78

VII. Dhyan (Kontemplation und Meditation) . . . 81
Dhyan als ein System des Yoga S. 84 — Die Vorteile des Dhyan Yoga S. 85

VIII. Samadhi 86
Samadhi Yoga S. 90

3. Kapitel

DER ASHTANG YOGA UND DER MODERNE
MENSCH 95

Die Yoga-Formen 99

I. Mantra Yoga 100
Die Technik des Mantra Yoga S. 101

II. Hatha Yoga 103

III. Laya Yoga 112

IV. Raja Yoga 113

V. Jnana Yoga oder der Yoga des Wissens . . 119

VI. Bhakti Yoga oder der Yoga liebender Hingabe . 121

VII. Karma Yoga oder der Yoga des Handelns . . 124

VIII. Andere Yoga-Arten, die in der Bhagavad Gita erwähnt werden 127
Yoga der Meditation S. 127 — Yoga der spirituellen Erfahrung S. 28 — Yoga der Mystik S. 128

IX. Der Yoga in den Schriften Zoroasters . . . 130
X. Yoga und die äußeren Wissenschaften . . . 134

4. Kapitel
DER ADVAITISMUS 137
Das Selbst ist die Grundlage des bewußten Lebens . . 138
Die Natur der Schöpfung 139
Das Selbst und der Atman 140
Das Wesen des Selbst 141
Individuelle Erkenntnis und Bewußtheit . . . 142
Die Erkenntnis und ihre Quellen 142
Das Wesen von Brahman 145

Zweiter Teil

DER SURAT SHABD YOGA
(Der Weg der Meister-Heiligen)

5. Kapitel
SURAT SHABD YOGA
(Der Yoga des himmlischen Tonstromes) 151
Der Tonstrom 158

Die Ecksteine 162
1. Der Satguru 163
2. Sadachar 165
3. Sadhan 171

Eine vollkommene Wissenschaft 178
Der Meister 185

6. Kapitel
DAS WESEN DER RELIGION 205

1. Uraltes religiöses Gedankengut der Inder, Chinesen und Perser 206
Hinduismus 206
Buddhismus 214
Taoismus 217
Die Lehre des Zoroaster 221

2. Das Christentum 223
3. Der Islam 232
4. Der Sikhismus 239

7. Kapitel
EINIGE DER NEUEREN BEWEGUNGEN . . 249

I. Rosenkreuzer, Theosophie und »I AM«-Bewegung . 250
II. Christliche Wissenschaft und »Subud« . . . 251
III. Spiritismus und Spiritualismus 253
IV. Hypnose und Mesmerismus 255

SCHLUSS 256

Stichwortverzeichnis 269

STICHWORTVERZEICHNIS

Der folgende Namen- und Sachindex enthält nur, was für eine erste Orientierung nötig ist, Namen und Wörter, denen ein eigenes Kapitel gewidmet wurde, sind soweit sie darin vorkommen, nicht berücksichtigt worden.

A

Abdul Rasaq Kashi 159, 236
abhyas (spirituelle Übung) 60
Abraham 236
Absolute, der/das 7, 145, 146, 156, 158, 177, 179, 191, 199, 200, 244
Abstinenz 36
achala japas 103
adarsha (Konzentration auf den Gaumen) 66
Adept 13, 30, 59, 101, 108, 162, 182, 264
adhi atmic (abstrakter Aspekt von allem Existierenden) 87
adhi devaka (subtiler Aspekt von allem Existierenden) 87
adhistana bhutas (Yoga-Praktiken) 69
Adi Granth (Sikh-Bibel) 239, 241
Adhi Purush (Erstes Wesen) 130
aditya (lebenspendende Kraft der Sonne) 208, 209
Adonai (Herr) 87
Advaitisten 102
Agam (dritthöchste Region reinen Geistes) 130
aggya ajna (Stirnzentrum) 76, 77, 84
agni (Feuer) 22, 208, 209
agni kanal 57
agochari mudra (Geste) 53
agyan (Unwissenheit) 17
Aham Brahm Asmi 26, 102
ahamsa 102
ahankar (Der Ichsinn) 35, 142, 166
ahimsa 37

Ahura Mazda (Schöpfer bei Zoroaster) 130—134, 222
akash (Äther) 22
Akash-Bani (das Wort) 116, 160
akashi 49
akeen (grobes, physisches Ego) 131
aksha (schöpferisches Lebensprinzip) 107
Aksha Purush (Schöpfer) 107
Alakh (zweithöchste Region reinen Geistes) 130
alambush (nadi-Kanal) 77
Ali 195
Allah 223
Allesdurchdringende, der 131
Allwissenheit 35, 94
Amar-i-Rabbi (Licht Gottes) 140
ambhavi (Wasser) 49
ana (Nährstoff) 25, 28, 80
Anaam (das Wortlose) 162
anahata (Thymusdrüse) 77
Analhaq (heiliges Wort des Moslems) 163
ana-mai (innere Hülle) 25, 28, 84, 91
Anami (höchste Region reinen Geistes) 130, 157
anand (Glückseligkeit) 74, 91, 141
anand asana (Yogastellung) 44
anand mai (innere Hülle) 28, 84
anand Yoga (Yoga-Art) 30
And (Astralregion) 66
angoo (Beschränkung) 131
Anhad Bani (fünftöniges Wort) 107, 179, 248
Anhad Nad (das Wort) 236
Anhat (Tonprinzip) 62, 179

anhat chakra (Herzchakra) 68
anima (Kraft des Gemüts) 70
antahkaran (reflektierendes Gemüt) 34, 77, 142
antar kumbhak (siehe Pranayama) 58
anubhava (innere Verwirklichung) 89, 144, 153
apana vayu (Ausscheidungsernergie) 51, 55, 110
Apostelamt 188
aprigreha (keine Begehrlichkeit, keine Besitzgier) 38, 39
Arhats (buddhistische Eingeweihte) 216
arjava (stetiges Gemüt) 39
Arjuna (Kshatriya-Prinz) 119, 123, 129
armaiti (göttliche Liebe und Hingabe) 131
aroop (das Formlose) 82
Arterien 51
Arteriensystem 46
asana siddhi (Vollkommenheit in den asanas) 52
asha vahishta (höchstes Selbst) 131
ashramas (vier Entwicklungsstadien) 97
ashtang marg (achtfacher Pfad) 153
Aspirant 127, 153, 164, 170, 177
asteya (nicht stehlen) 38
Astralebenen, niedere 254
Astralform, strahlende 177
Astralkörper 27
Astrallicht 112
Astralstoff 56
asurya samadhi (siehe yamas) 58
asvadan 66
Atemkontrolle 51
Atheisten 141
atma (ana-mai Hülle) 30
atman (das ewige Selbst) 36, 114, 127, 177
atman und paramatman 55, 95
Atmung 57
Atmungssystem 55, 107

Atom 130
Auferstehung 229
Auflösung, große 107
Aufmerksamkeit 27, 34, 47, 51, 87, 101, 105, 127, 131, 173, 212, 221
Aufstieg, spiritueller 182
Aufteilung 107, 116
Auge, drittes 129 173, 181
—, inneres, geistiges 116
Aum (heiligste Silbe) 101, 116, 117, 159, 210, 217, 221
Aurobindo 249
Ausdauer 155
Auserwählte 172, 215, 217, 232
Ausgeglichenheit 47, 115, 120
Autorität 114
avaram (Unwissenheit) 30, 36
avidya (Nichtwissen) 34, 139
avyakt (spirituelle Ebene) 107
Awaz-i-Mustaqim (das Wort) 235
Ayam Atma Brahman 26, 87, 102

B

Baba Farid 13, 236
Baba Garib Das 107
Babylon 222
Baha'U'allah 160, 189, 199, 237
Bala (Kraft und Stärke) 71
Bandhas (festgelegte Haltungen im Yoga) 49, 51, 73, 104, 108
Bang-i-Ilahi (das Wort) 160, 235
Bang-i-Qadim (das Wort) 116, 145
Bani (andere Bezeichnung des Wortes) 248
baqa (unsterbliches Leben) 14
barq (Schlachtroß) 235
basti (Reinigungsübung) 80, 106
Befreiung 14, 35, 114, 124, 125, 134, 139, 152, 154, 196, 197, 220, 240
Begrenztheit 145
Beiwerk 33
Bennet, John 252
Berauschung 51
Berg Sinai 236
— der Verklärung 173

Bergson, Henri 89
Bernhard, heiliger 203
Berührung 181, 193, 205
Bescheidenheit 39
Beschwörungen, magische 253
Betrachtung 246
Bewußtheit, transzendente 216
Bewußtsein 87, 176
—, göttliches 191
—, höheres 13
—, kosmisches 16, 31, 73, 156, 157
—, physisches 47, 50, 238
—, überkosmisches 31, 73
Bewußtseinsbereich 167
Bewußtseinsstrom 140
bhagad (Ergebener) 17
Bhagavad Gita 39, 65, 107, 116—121, 126—129, 146, 201
bhagwant (die Gottheit) 17
Bhai Gurdas 190
Bhai Nand Lal 194
bhajan (inneres Hören) 174, 177
Bhanwar Gupha (spirituelle Ebene) 107
bhastrika (siehe Pranayama) 59
bhavaa (Reinheit) 40
bhavan (Sphären) 67
bhavna samadhi 88
bhochari mudra (siehe mudras) 51
bhujan asana (siehe Asanas) 45
bhujangini (siehe Mudras) 49
bhur (physischer Bereich) 159
bhuva (astraler Bereich) 159
Bikkhu Buddharakkita 40
Bikkhus [im Text irrtümlich Bhikkus] (erste Schüler Buddhas) 215
Bindeglied 199
Bindu (Einzelauge) 81, 82
Bindungen, weltliche 131
Blake, William 100
Blavatsky, Helena Petrowna 251
Boddhi Baum 214
Boddhisattvas (buddhistische Eingeweihte) 216
Botschaft 195, 235, 239, 241, 260, 264

brahm danda 76
brahm granthi (Band zweier Plexi) 79
brahm nadi (siehe Sukhman) 66, 67
Brahma (eine der drei Hauptgottheiten der Hindus) 28, 67, 117, 129, 189
brahmacharya (Reinheit in Gedanken, Worten und Taten) 38, 40, 60, 61, 97
Brahman (Grundlage von allem Existierenden) 14, 17, 23, 26, 32, 52, 99, 116, 125, 129, 130, 137, 145, 165, 210
Brahmand (Universales Gemüt) 35, 129, 130, 213
brahmanda (universale Sonne) 67
Brahmanen (höchste Hindukaste) 116, 215
Brahmanenorden 223
brahmarendra (Öffnung hinter den Augenbrauen) 67, 73, 76, 173
brahmsthiti (Festigung in Brahma) 125
Brennpunkt 173
Brot des Lebens 229
Buddha 13, 40, 41, 47, 119, 121, 123, 166, 214—217
buddhi (intelligenter Wille) 35, 77, 85, 116, 142, 146
bunk-naal (innerer Durchgang) 15

C
chachari mudra (siehe Mudras) 51
Chaitanya Mahaprabhu 117
chaitanya samadhi 50, 90
chakras (feinstoffliche Zentren) 56, 174
chala (japas) 98, 103
chandra bhedana (siehe Pranayama) 59
chandra-Kanal (Ida-nadi) 56
charvakas (Epikuräer) 93
chid-akash (Region zwischen den Augenbrauen) 113

chit (Gemüt, höchste Form der Materie) 14, 19, 27, 35, 45, 77, 85, 116, 141, 142
chit bhavna (mentale Reinheit) 40
chit-kala (Pfad des chit) 45
chit-nirodha (Unterdrückung der vritis) 14, 19, 46, 90
chit shudi (Beruhigung des Gemüts) 60
chit vritis (mentale Bewegungen) 86
Christus 13, 27, 29, 66, 123, 124, 136, 166, 175, 183, 223—232, 236

D
Dadu 201
Danielou, Alain 109
darshan (Anblick, Schau) 67
Darwin, Charles 250
Daswan Dwar (dritte Region) 107
daya (Barmherzigkeit) 39
Demut 59, 61, 199
Denkweise 96, 182
—, christliche 41
—, indische 41
—, jüdische 41
Dhanna 239
Dienst, selbstloser 118, 125, 132
Dualismus 95, 122, 124
Dualität 21, 47, 124

E
Ebene 100, 107, 117, 155, 157, 178, 184, 189, 191, 205, 245, 263
— von Karbla 104
Eddy Mary Baker (Begründerin der Christian Science) 252
Ego 35, 126, 131, 132, 146, 172, 200, 242
Eine, der Namenlose 189
—, der Wahre 130, 210
Einfachheit 48, 165, 170, 199, 220
Einheit 130, 132, 148, 194, 239, 241, 246, 250, 258
Einsicht 40, 116, 119, 216, 231
Einssein 15, 52, 87, 191, 241

Einswerdung 7, 97, 158, 241
Einzelauge 81, 173, 224
Eitelkeit 228
Ek-akshar (die eine Silbe) 116
ekagrata (Zielstrebigkeit) 60, 70, 116
Ekankar (waltende Gotteskraft) 145
eko-aham-Bahusiam 145
Elektrizität 55
Elemente 22, 28, 38, 113
Eliot, T. S. 154
Empfänglichkeit, passive 253
Energie 21, 55, 136
Engel 169
Entfaltung 39, 40, 42, 131
Enthaltsamkeit 36, 39, 41, 59, 61, 117
Entpersönlichung 114
Entpersonifizierung 33
Entsagung 41
Entschlossenheit 61
Erfahrung 118, 128, 143, 148, 163
—, innere (der Seele) 83, 172, 178, 194, 217
—, mystische 8
—, religiöse 41, 256
—, spirituelle 164, 178, 205, 238
Erfahrungsebene 162, 163
—, intuitive 83
Erkenntnis 15, 27, 31, 42, 109, 120, 135, 139, 141, 165
—, Licht der 15, 35
Erleuchtung 24, 112, 115, 160, 210, 216, 264
Erlösung 188, 190
Erscheinungswelt 214
Ersthand-Erfahrung 120, 144, 153, 173, 190, 206, 259
Essenz 107
Ethik 52, 165
Evangelium 223—232
Ewige, das 114
Ewigkeit 60, 115, 143
Existenz 21, 23, 25, 256
Experiment 114, 135

F

fana (Tod) 14
fana-fil-sheikh (Aufgehen im Meister) 201
faqr (Entsagung) 41
Fassungsvermögen, geistiges 119, 242
Fasten 39
Fortschritt 44, 45, 112, 155, 191, 203
Freiheit 42, 134, 155, 167, 176, 246
Freude, innere 46
Freundschaft 61
Frieden 44, 47, 120, 184, 198
Führer, spiritueller 164, 185
Führung 9, 13, 108, 175, 177, 187, 189, 192, 251
Furchtlosigkeit 40

G

Gabriel 160
gaggan (spiritueller Bereich) 190
gaj karam (Übung) 80
gaj karni (Reinigungsübung) 106
Galater 201
gandh (Wohlgeruch) 75
gandharbs (Geistwesen) 28
gandhari (nadi = Kanal) 77
Ganzheit 115, 117, 260
Gaoo = asana (Yogahaltung) 45
garima (durch Yogapraxis erlangte Fähigkeit) 71
garud asana (Yogahaltung) 45
Gatha Ahura Vaiti 131
Gatha Spenta Mainyu 132
Gatha Ushta Vaita 131, 134
Gathas 130, 221
Gaudapada 14, 95, 97, 137
Gayatri (heiligstes Mantra der Veden) 101, 210, 211
Gebote 41, 159, 164, 169, 199, 200, 220
Gedankengut, religiöses 106
Gedankenlesen 100
Gedankenübertragung 100
Geduld 39, 42, 59

Gegensätzlichkeit 47
Gehör, inneres 232
Geist 24, 29, 34, 35, 49, 52, 96, 116, 120, 123, 124, 126, 129, 130, 131, 142, 156, 161, 172, 174, 193, 229, 231
— Gottes 22, 209
—, heiliger 19, 27, 134, 145, 227
Geisteskraft 21, 23, 24, 133, 161
Geistesstrom 24, 158
Geistwesen, reines 216
Gelübde 41, 43
Gemüt 14, 15, 25, 28, 30, 34—36, 42, 44—48, 55, 57, 60, 61, 68, 70, 74, 220
—, Universales 35
Gemütsruhe 42
Gemütsstoff 25, 28, 45, 55, 57, 60, 74, 87
Gemütszustand 172
Genügsamkeit 167
Geschlecht 170
Gesetz 23, 41, 195, 223
—, karmisches 118
Gesten 49
Gesundheit 46
Gesundheitsstudium 252
Gewohnheit 46, 47, 57, 165
Glaube 39, 40, 104, 122
Gleichmut, heiliger 166
Glück 44
Götter 41, 244, 260
Göttliche, das 129, 244
Göttlichkeit 22
Gopis (Hirtenmädchen) 123
Gorakh Samhita 55
Gott 82, 83, 93, 95, 107, 112, 113, 120, 122, 123, 136, 145, 156, 166, 169, 172, 176, 179, 184, 187, 189, 201, 203, 207, 226, 231, 233, 245, 262
—, waltender 161
Gotterkenntnis, -verwirklichung 26, 27, 72, 73, 213, 255
Gottes Wille 240, 243
Gottesdienst 119

Gottesfurcht 42
Gotteskraft 82, 145, 190
Gottesliebe 226
Gottheit 28, 100, 101, 107, 124, 156, 208
Gottmensch 81, 82, 123, 190, 194, 199, 203, 248
granthi (Band zweier Plexi) 79
Gravitation 55
grehasti (Familienvater) 182
grehastya 97
guda chakra (unterster Plexus) 76, 84, 97
Güte 39
gunas (Eigenschaften der Natur) 35, 90
Gurbani 176, 186—188, 197
Gurmukh (Meister; Ergebener, Gefäß für das Wort) 190
Guru (Lehrer) 42, 59, 82, 102, 129, 203
Guru Amar Das 119, 203
Guru Arjan 175, 186, 239, 241
Guru Gobind Singh 240, 247
Guru Nanak 15, 42, 99, 123, 159, 167, 184, 189, 190, 191, 196, 239
Guru Nand Lal 247
Guru Ram Das 189, 190, 194, 227
guru shish oder -sikh (Verbindung zwischen Lehrer und Schüler) 175, 185, 189
gyan (Wissen; Erkenntnis) 16, 24, 92

H
Habgier 61
habs-i-dam (pranayama der Moslems) 103
Härten 42, 104, 117, 214
Häupter, große spirituelle 263
Hafiz 175, 181, 198, 136, 237
haj (Pilgerfahrt nach Mekka) 234
hal asana 45
Hansa 102
Haq (heilige Silbe bei den Moslems) 103

Harmonie 42, 165, 205, 256, 264
Hassan 104
hastijivha 77
Hatha Yoga Pradipka 57
Hazrat Abdul Qudar 236
Hazrat Bahu 13, 236—238
Hazrat Inayat Khan 236
Hazrat Mian Mir 236
Hazrat Nizam-ud-Din 236
Heilen 252, 255
Heilige 104, 107, 237, 243, 248
Heiligen-Terminologie 107
Herat, Ansari von 200
hijjabs (Schleier oder Hülle) 26
Himmel 160
Himmelreich 170, 231
Hindus 101
Hindu-Weise 111
Hingabe 40, 101, 103, 118, 120—122, 131, 157, 179, 190, 203
Hippokrates 57
Hiranyagarbha (Brahm) 32, 95, 137, 208
hirdya chakra (Herz-chakra) 84
hirdya guha (Quelle des Gemüts) 60
hiri (Gewissen) 41
Hören 120, 182, 196, 215, 224
Hoffnung 264
Hsunchiao 217
Hu (heilige Silbe der Moslems) 103
Hussain 104
Huxley, Julian 111

I
Ich 112, 220
Ichsinn 142
ida (nadi = Kanal) 56, 61, 76, 110
Idol 66
Illusion 29
Impuls 42
Indra (mächtigste Gottheit) 72, 165
indri chakra (Nabel-chakra) 84
indriyas (feinstoffliche Organe) 65, 68

Initiation 173, 180, 196
Inkarnation 123
insan (Mensch) 234
Intellekt 24, 115
Intuition 89, 143, 231
Isaak 232
ishitvar (Fähigkeit durch Yogapraxis) 71
ishtdev (göttlicher Guru) 17, 81, 82, 120, 122, 156, 158
ishvar 14, 34, 95, 140, 145
ishvar pramidhana (auf Gott abgestelltes Denken) 38
Islam 41
Ismail 232
Ism-i-Azam (abstrakter Ton — das Wort) 234

J

jagrat (Wachsein) 138, 211
Jain 41
Jakobus 230
jal (Wasser) 22
jalandhar (Yogapraktik) 49
jalandhara bandha 51
jala neti (Reinigungsübung) 105
Janaka 115
Japa (Wiederholung) 39, 101, 102, 122
Jap Ji 167, 176, 246
jar samadhi 50, 90
Jehovah 260
Jerusalem 234
Jesaja 231
Jesus 41, 168, 169, 196, 223, 229, 231, 257, 260
jiva (verkörperte Seele) 34, 82, 129, 137, 140, 146, 177, 190, 197
jiva atma (befreite Seele) 14, 90
jivan mukti (im Leben befreite Seelen) 28, 147, 176
jnana chakshu (direkte Erfahrung der Seele von der Wirklichkeit) 89, 172
jnani, (Yogi, der nach Erkenntnis strebt) 92, 122

jog maya oder jot maya (Tempel) 207
Johannesevangelium 116, 187—189, 191, 202, 212
—, Essener 168—170
Johannes vom Kreuz 166, 261
Jonson, Ben 15, 89
Judentum 229
jyotesvat (voll des Lichts) 210
Jyoti (das Wort) 129, 160
jyoti marg (Pfad des Lichts) 178

K

Kabir 17, 79, 84, 86, 88, 99, 123, 180, 183, 185, 190, 195, 200, 202, 239
Kabir Panthies 81
kaivalya pad (Zustand höchster Verwirklichung) 115
kaivalya samadhi 50, 90
kaki (Übung) 49
kakuta asana 45
Kal (Bereich des Zeitlichen; negative Kraft) 129, 155, 158, 179
Kalam-i-Qadim (das Wort) 235
Kalma (das Wort) 116, 145, 161, 205, 236
kama (Lust) 60
kanda (subtiles Zentrum) 56
kanth chakra (Kehlezentrum) 76, 80, 81, 84
kapal dhoti (Reinigungsübung) 107
karan (kausaler Körper) 85
Karm Khand (Bereich der Gnade) 245
karma (Frucht des Handelns) 70
karma bhoomi 118
karma kshetra 17, 118
karmas 17, 246
Kasteiung 48
Kausalität 138
Keu-feu-kun 236
Keuschheit 41, 42, 167
Khat Shastras (Schulen indischer Philosophie) 32
khechari 49 (s. mudras) 90 [hier irrtümlich ›kechari‹ mudra]

khud shanasi (Selbsterkenntnis) 26
khuda shanasi (Gotterkenntnis) 26
Khusro, Amir (Mystiker) 186, 238
Kitabis (Volk des Buches) 235
Kizr 198
Klarsicht 47
Körperbewußtsein 13, 14, 26, 31, 52, 83, 93, 112, 174
Koh-i-toor (Berg Sinai) 173, 236
Kompetenz 102
Kontemplation 82, 84, 90, 103, 112, 120, 157
Kontrolle 46, 95, 103, 108, 109, 113, 127, 181
Konzentration 34, 51, 60, 81, 90, 103, 112, 113, 116, 122, 153, 166, 173, 177, 224
Koran 233
Korinther 168
koshas (feinstoffliche Hüllen) 24, 26—28, 60, 155, 175
Kosmos 13, 32, 135
Kräfte 101, 152
— psychische 100, 104
—, übernatürliche 101
Kraft 57, 118, 151, 156
— Gottes 33, 102, 159, 191, 208
—, negative 22
—, positive 22
—, spirituelle 131
—, verborgene 102
Kreislauf 146
Kreislaufsystem 56
krikali 56
Krishna, Lord 115, 116, 118, 119, 127, 128, 201, 213
kriyaman (gegenwärtiges, unausgewirktes Karma) 88
kriyas (Übungen) 105
krodh (Zorn) 166
kshar (vergängliche Ebene) 107
Kshatriya-Prinz (Arjuna) 119
kshetra [im Text irrtümlich ›Khshetra‹] 132
kshipta (wanderndes Gemüt) 70
kuhu 77

kumbhak (Zurückhalten des Atems) 58, 60, 80
kundalini 60
kundalini shakti (Schlangenkraft) 59, 79, 113
kurma 55
kurma nadi (innerer Kanal) 68
Kutastha (spirituelle Ebene) 107
Kutastha nitya (das ewig Beständige) 117

L

Laghima (durch Yogapraxis erlangte Fähigkeit) 70
Lao Tse 217
latihan 252
lavanya (physische Anziehungskraft) 71
Leben 40
—, ewiges 229
— Gottes 240
—, reines 105
—, unsterbliches 14
Lebensenergien 46, 51, 54, 56, 57, 59, 60, 100, 109, 113, 114, 141
Lebensessenz 18
Lebenskraft 55
Lebensnahrung 57
Lebensodem 55
Lebensprinzip 18, 21, 33, 145
—, schöpferisches 102, 107, 114, 228, 236
Lebensschnur 197, 235
Lebensstrom 21
—, hörbarer 162, 175, 223
Lebensweise 33, 39, 52, 97, 171, 172, 179, 215, 220
—, wahre 42
Lehren 32, 228, 229
Lehrer 102, 129, 153, 164, 170, 171, 183, 189, 196, 203
Leidenschaften 48
Licht 19, 22, 29, 34, 55, 95, 113, 138, 145, 158, 161, 174, 177, 193, 196, 199, 212, 222, 224—232, 238, 262, 264

Liebe 42, 124, 131, 178, 188, 200, 201, 226, 245, 262
—, universale 16
Literatur, alte indische 209
lobh (Habgier) 61, 166
Logos (der Heilige Geist; das Wort) 145, 159, 207
lokas 67, 117
Loslösung 19, 34, 36, 71, 114, 121
Lotos 130, 184
Lotosfüße 185
Lust 61

M
madha (Stolz) 61
Mäßigkeit 36, 39, 41, 48, 52, 59, 108
Magnetismus 55
maha bandha (s. mudra) 49
maha kal (Bereich des Zeitlichen in allen höheren Ebenen) 155
maha mudra (große Geste) 49
maha vetha (Yogapraxis) 49
mahasattvas (buddhistische Eingeweihte) 216
maha-tala (niedere Welt)
Mahavira (Begründer des Jainismus) 13
mahesh (rein erkennendes Wesen) 28
mahima (Fähigkeit, erlangt durch Yogapraxis) 71
maitri (Freundlichkeit gegen alle) 40
majjhima patipada (Mittelweg zwischen Nachsicht gegen sich selbst und Selbstkasteiung) 40
makhluq (die geschaffene Welt) 234
mal (mentale Unsauberkeit) 30, 36, 122
manan (Denken) 120
manas (Gemütsstoff) 35, 61, 77, 80, 85, 91—93, 116, 142, 146
manas shrudhi (Beruhigung des Gemütsstoffes) 60

manas tatwa (Gemütsprinzip) 55
manduki (Element) 49
Manen (abgeschiedene Geister) 25
manipura chakra Nabelzentrum) 67
manipurak (Sonnengeflecht) 77
mano-mai-atman (prana) 62
mano-mai kosh (feinstoffliche Hülle) 24, 28, 63, 84
mansik (Selbstversenkung) 72
mantangi (s. mudra) 49
mantra (gesprochene, bestimmte Schwingungen erzeugende Formel) 100, 101, 211, 273
mantra siddhi (durch mantra erworbene Kräfte) 101, 117
mantrakaras (Adepten in der Phonetik) 101
manu (Weltlehrer) 39
maraqba (Meditation) 131
marfat (Wanderer auf dem Gebiet wahrer Weisheit) 236
markat asana (Yoga-Haltung) 45
Markus 83, 226
Masnavi (Schrift von Maulana Rumi) 261
Materie 21, 23—25, 31—35, 140, 243
Matthäus 41, 170, 175, 187, 188, 223, 224—227
mauna (Schweigegelübde) 104
maya (täuschende Materie der grobstofflichen und feinstofflichen Welt) 17, 20, 23, 29, 34, 129, 140, 242
mayur asana (Yoga-Haltung) 45
Medina 233
Meditation 43, 44, 57, 79, 81, 84, 87, 95, 101, 112, 127, 167, 224, 234, 244, 245
Medium 254
Meister 27, 30, 81, 116, 131, 136, 161, 171, 176—178, 184 189—191, 193, 198, 206, 238, 247, 251

—, lebender 66, 163, 185, 193, 222
—, Lehren der 14
Meister-Form, strahlende 174, 175, 213, 231, 243
— -Geist 187, 194
— -Heiliger 19, 81, 235
— -Kraft, wirkende 177
Mekka 233
Mensch 13, 35
Menschheitslehrer 123
meru (Wirbelsäule) 76
Metaphysik 229
Mildtätigkeit 39
Minochehr Hormusji Toot 130
Mißachtung 41
mitahara (allgemeine Mäßigkeit) 39
Mitte, goldene 48
Mittelweg 48
Mönche, christliche 103
moha (Verhaftetsein) 166
Mohammed 13, 160, 199, 232
mool mantra (heiligstes mantra der Hindus) 101
Moslem 103, 116, 233, 238
mudha (träges Gemüt) 70
mudras (Gesten; ineinandergreifende Haltungen) 49, 73, 90, 104, 108, 112
muharram (Gedenktage bei den Moslems) 104
mukti (vollkommene Befreiung) 114
mula-bandha 51
muladhara chakra (unterster Plexus) 56, 77
mulvanto (Yoga-Praxis) 49
Muqam-i-Haq (s. Sat Lok) 107
Murshid-i-Kamil (kompetenter lebender Meister) 185
Musik 174, 182, 207, 224, 236, 248
—, grenzenlose 241
—, himmlische 160
Muskelzusammenziehungen 49
Mystik 8
— des Tones 236, 247
Mystizismus 8, 250

N

Naam (die wirkende Gotteskraft; das Wort; Licht- und Tonprinzip) 19, 116, 145, 158, 160, 161, 190, 205, 243
nabhi chakra (Nabelzentrum) 80, 84
nabho mudra (s. mudra) 49
Nad (das ›Wort‹ der Upanishaden) 116 [hier irrtümlich ›Naad‹], 145, 160, 221
nadi (feinstoffliche Kanäle) 56, 60, 76
nadi-shudhi (pranayama) 60
Nächstenliebe 167
naga (prana-Art) 55
Nahrung 53, 55
namaz (Gebet der Moslems) 234
Name, großer 159
Namen Gottes 41, 122, 176
namittika (japas) 102
nam-rup-prapanch (Bereich von Zeit und Raum) 152
Naren (Vivekananda) 136
nares (Nasenkanäle) 60
Natur 15, 18, 20, 21, 23, 29, 48—50, 146, 260
—, eigene 31, 35, 38
—, wirkliche 185
Naturkräfte 55, 101, 113
Neh-Akshar (Region jenseits der Auflösung) 107
neh-chakra-para (über den chakras) 79
neh-karma (Untätigkeit in der Tätigkeit) 17, 118, 176
Neigung 42
Nektar 51
neoli (Übung) 80
Nervenstränge 57
neti (Reinigungsübung) 105, 106
Nida-i-Asmani (s. Ton, abstrakter) 160, 235
Nidhyasan (Übung) 121
nij manas (Universales Gemüt) 35
Nikodemus 229
nimrta (Demut) 61

Niniveh 222
niranjan (negatives Prinzip) 129
nirbij samadhi 115
nirgun upasaka (Yogi) 68
nirguna (Zustand der namenlosen Gottheit) 157
nirodha (beherrschtes Gemüt) 70
Nirvana (Buddhaland der Unbeweglichkeit) 94, 216
nirvikalpa (hoher samadhi-Zustand) 87, 147
nishkama (Loslösung vom Irdischen) 166
nitya japas (täglich zu übende japas) 102
niyoli karma (hatha-yog-Übung) 106
Notanker 177
nukta-i-sweda (drittes Auge) 173
Nur-i-Yazdani (das Wort) 160

O

Omar y Kayyam 123
Omkar (auf Krishna bezogen) 116
Om Mani Padme Hum (buddhistisches Mantra) 102
Ordnung, kosmische 50, 264
ottapa (Schamgefühl) 41

P

pada-hast asana (Yoga-Haltung) 45
padam asana (Lotossitz) 58, 106
padmas (subtile Zentren) 56
panch agni tapas (sitzen inmitten von fünf Feuern) 104
Panch Shabd (das fünftönige Wort) 241
panch shila (fünf Vorschriften oder Gebote für Buddhisten) 40, 41
Par Brahm (Region über Brahm Lok) 130
para atma (die Überseele oder das wahre Selbst) 14
para vidya (Wissenschaft des Jenseits; höchstes Wissen) 13
param atman (Überseele) 152
parshad
Patanjali 14, 19, 31, 32, 36, 37, 43, 52, 72, 95, 97, 98, 101, 112, 115, 117, 118, 137
Paulus 201, 229
Permanenz 21
Persönlichkeit 114
Pfad 8, 13, 14, 16, 30, 72, 107, 114, 118, 120, 129—132, 153, 162, 179, 190, 200, 213, 215, 223, 232, 234, 242
—, achtfältiger 40
— des Dienens 119
— der Rechtschaffenheit 103, 119
Pflichterfüllung 119
Pforte 227
Philosophen, hellenistische 208
—, neuplatonische 208
Pind (Sinnesplan) 66, 74, 113
pind dan saradhs (Sühneopfer der Hindus für abgeschiedene Seelen) 25
pingala (eine der drei bedeutendsten nadis) 56, 61, 62, 76, 110
Pir-e-Rah (kompetenter lebender Meister) 185
Plan, göttlicher 176
— Gottes 232
Plexus 56, 79
pradhan (aktives Lebensprinzip der Kausalwelt) 21, 23
pragna bhavna (intuitive Einsicht) 40
Prajapati (das Brahman) 112
prakamyam (Fähigkeit, erreicht durch Yoga-Praxis) 71
Prakash (das Wort) 160
prakashvat 210
prakriti (Materie; latente Energie; aktives Lebensprinzip in der feinstofflichen Welt) 20, 21, 23, 24, 28, 29, 61, 113, 129
prana (Gesamtheit aller Energien und Kräfte der Natur; Lebensenergien) 50, 51, 55, 56, 91, 92
pran-kala (Pfad des prana) 45

pran-mai (die feinstoffliche Hülle) 28
pran-mai kosh (die pranische Hülle) 25, 63
pran tatwa (Prinzip der Lebensenergie) 55
pran vayu (pranische Energie; Luft) 30, 110
pranva (das ewig Beständige) 117
prapti (Fähigkeit, erreicht durch Yogapraxis) 71
prasadhna (auf Gott abgestellte Gedanken) 38
prataksha (inneres Schauen) 89
pratibha (Intuition) 68
Praxis des Yoga 39, 60, 104, 121, 143, 171
prayashchitta (zur Buße geübte tapas) 102
prem (höchste, hingebungsvolle Liebe) 122
prem bhavna (liebevolle Einstellung) 123
Prinzip 20, 124, 125, 129, 141, 210, 217, 230
— der Liebe 226
—, kosmisches 21
—, schöpferisches 110
prithvi (Erde; auch Yoga-Übungen) 22, 49
purak (Einatmung) 58, 60, 80
puran guru (vollendeter Lehrer) 171
purush (Seele) 61, 113, 129
pushpa (nadi = feinstofflicher Kanal) 77
Pythagoras 207

Q
qiamat (Jüngstes Gericht) 234

R
Rad der Welt 115
— des Lebens 23
rah-i-mustaqim (der Pfad; feiner als Haar — Sufis)

Rajab 16
rajas (eine der drei gunas) 39, 117, 128, 211
rajogun (Ruhelosigkeit) 47
Ram (allesdurchdringende Kraft Gottes) 140
ramadan (Fastenmonat der Mohammedaner) 234
Ramakrishna 30, 88, 123, 124, 136, 157, 249, 258
Ramana Maharshi 249
Ramanuja (Mystiker des Mittelalters) 156, 263
ranga (Aussehen) 71, 74
ras 75
Rasul (Fürsprecher) 188
Raufe, Mohammed 252
Ravi Das 239
Realität 138, 139, 256
rechak (Ausatmung) 58, 60, 80
Rechtschaffenheit 36, 39, 40, 96, 103, 214
Reden 40
Redlichkeit 39, 41, 61
Region 107, 111, 112, 124, 155, 161, 175, 197, 210, 245, 263
Reich Gottes 195, 199, 223, 225 bis 231, 261
—, inneres 189
Reichtümer, spirituelle 242
Reinheit 39, 43, 103, 155, 165, 167, 170, 178, 199, 257
Reinigung 40, 41, 49, 196
Reintegration 109
Reise, spirituelle 14, 26, 203, 255
Religion 13, 15, 104, 229, 239, 247, 249, 256, 261
—, innere 52, 158, 162, 178, 180
Richterstuhl Gottes 188
riddhis (psychische auf dem Yoga-Wege erworbene Kräfte) 33, 71, 114
Rig Veda 210, 212
Rishi Angris 213
Rishis (altindische Weise) 153
Römer 168

rooh 140
roop (Form) 71, 158
roza (Fasten) 234
Rückwirkung 178
rudraksha 101
Ruhe 51
—, innere 116
Ruhepunkt 126, 165
Rumi, Jalalud-din (Maulana) 13, 82, 179, 184, 186, 200, 202, 203, 206

S/Sch/St
Sabbath 41
Sach Kand (höchste, rein spirituelle Ebene) 161, 246
sadachar (rechtschaffene Lebensweise) 39, 43, 165, 171, 178
sadhak (Übender) 47, 48, 52, 63, 103, 111, 153
sadhan (spirituelle Übung) 13, 19, 45, 47, 73, 74, 92, 121, 164, 171, 177, 178
sadhna 239
safra (Hitze) 62
sahaj marg (der leichte Weg) 181
sahaj samadhi 88
sahaj yoga (der mühelose Yoga) 19, 30, 80
Sahasdal Kamal (Region der Astralwelt) 91, 107, 174
Sahasrar (tausendblättriger Lotos) 50, 51, 59, 60, 67, 79, 81, 90, 91, 107, 112, 113, 130, 174, 181
Saint Germain 250
saivyas (Entsagung von der Arbeit) 125
sajadah (Gebetsteppich) 234
sakha (Freund, Kamerad) 123
sakhshi (der wahre Zeuge) 138, 139
salabh asana (Yoga-Haltung) 45
salokya (Stufe des bhakta-Weges) 124
samadhi (Zustand völliger Versunkenheit in Gott) 50, 65, 73, 84, 91, 101, 130, 147, 157, 182

samadhi yoga 86, 87, 91, 101, 116, 153
samana (prana-Art) 55
samana vayu (auf dem Yoga-Wege erworbene Fähigkeit) 69
samprya (Stufe des bhakta-Weges) 124
samyam (Vertiefung) 68
sanand samadhi (s. samadhi) 68
sanchit (aufgespeichertes Karma) 88
sanhanam (Festigkeit) 71
sanskaras (Gemütseindrücke) 69, 91
sanskrit-Alphabet 79
Sant (Heiliger oder spiritueller Meister höchster Ordnung) 8, 121
Sant Mat (Pfad der Sants) 8, 14
santosh (Genügsamkeit) 38, 61
sanyam (Mäßigkeit) 67, 108
sanyasa (Entsagung) 167
sanyasin (Entsagender) 31, 97, 211, 244
sarmkhand (Bereich der Verzükkung) 245
sarosha (das Wort) 19, 116, 160, 205, 221, 222
sarvang asana (Yoga-Haltung) 45
sarvikalpa samadhi (siehe samadhi) 87
Sat (Prinzip der Wahrheit) 129, 141
Sat Lok (erste große Aufteilung jenseits der Auflösung) 107, 161
Sat Shabd (Essenz des Wortes) 107
Satguru (Sant) 121, 162, 177, 184, 185, 194, 202
satogun (Friede und Ausgeglichenheit) 47
Satsang (Gemeinschaft mit dem Wahren) 171, 177, 198
satva (Prinzip des Reinen) 35, 69, 117, 128, 211
satya (Wahrhaftigkeit) 37, 38
saucha (Reinheit des Körpers und des Geistes) 38
sauda (gasförmige Vibrationen) 62

Saut — shubha

Saut (das Wort der Moslem-Sufis) 159, 160, 205
saut-i-sarmadi 235, 236
savitar (lebensspendende Kraft der Sonne) 209
sayuja (Stufe des bhakta-Weges) 124
Schicksal 40, 126, 146, 214
Schlangenkraft (s. kundalini) 59
Schöpfer 29, 140, 151, 237, 242
Schöpfung 21, 22, 23, 29, 33, 124, 129, 139, 152, 159, 197, 205, 236, 245
Schüler 48, 102, 171, 192, 196, 202, 203, 232
Schulung 52, 109, 115, 129, 153, 178, 182, 192, 195
—, spirituelle 103, 133, 168, 176, 206
Schweigen 174
Seele, 8, 13—15, 18—27, 31, 32, 34, 35, 42, 43, 112—116, 121, 173, 177, 193, 226
— des Universums 23
—, Erfahrung der 89
—, Sitz der 14
Seelenruhe 43
Seelenwanderung 187
Segnungen 172, 186, 232
Sehen 144
Selbst 13, 16, 31, 34, 36, 43, 109, 114, 115, 120, 125, 131, 177, 201
— achtung 41
— analyse 14, 26
— bemeisterung 16
— bewußtheit 91
— bewußtsein 92
— disziplin 165
— entwicklung 57
— erkenntnis (-verwirklichung) 26, 72, 73, 101, 122
— kasteiung 40, 214
— kritik 196
—verleugnung 225
— zucht 58
— zufriedenheit 53

Seligpreisungen 41
Shabd (Tonstrom) 13, 27, 66, 70, 75, 116, 117, 145, 160, 161, 184, 189, 207, 212, 221
Shabd-Brahm (das aus sich selbst leuchtende Licht) 29
Shabd Guru (Meister des Tonstromes) 190
Shabd yoga (Yoga des Tonstromes) 19
Shah Inayat 181, 236
shakti (negatives Prinzip im Brahmand) 129
shakti-shalana (Yoga-Praktik) 49
Shamas-i-Tabrez 13, 159, 194, 203, 236
Shankara 121, 134, 137, 138, 143, 147, 153, 263
Shankaracharya 14
shankhni (nadi = Kanal) 77
shank-pashal (Reinigungsübung) 108
shaq-ul-qamar (Zerbrechen des Mondes) 235
shariat (Beachten religiösen Brauchtums) 41, 236
shat karma (Reinigungsübung) 105, 108
shaucha (Reinheit von Körper und Geist) 39
shava asana (Yoga-Haltung) 45
sheersh asana (Yoga-Haltung) 45
Sheikh Mohammed Akram Sabei 235
Shelley, Percy B. 22
shila bavna (ethische Reinheit) 40
shishya (Schüler des Satguru) 202
shitali und shitkari (pranayama) 59
shiv netra (geistiges Auge) 173
Shiva (Hindugottheit) 117, 179, 189
shiva granthi (Band zweier Plexi) 79
shiva samhita 76
shivaitas 81
shubha (nadi = feinstofflicher Kanal) 77

Sichversenken 40
siddhas (höheres Wesen) 67
siddhis (auf dem Yoga-Wege erworbene Kräfte) 33, 71, 104, 112, 211
sidh asana (Yoga-Haltung) 44, 45, 63
Sieg 48
Sikh Gurus 42, 240—247
Sikhs 239, 247
simha asana (Yoga-Haltung) 45
simran (Wiederholen der hlg. Namen Gottes) 174, 176, 182
Sinne 75, 114, 116, 146
Sinnlichkeit 48
smriti (Erinnerung) 17, 27
Soamiji (Soami Shiv Dayal Singh) 13
Soham 102
Sohang 102
sola nadi (pingala-Kanal) 62, 63
Spannkraft, geistige 46
sparsh (physische Freude) 75
sphota vada (Philosophie des Wortes) 213
Spiritualität 9, 99, 171, 196, 243, 255, 274
sravana (Erfahrung der göttl. Töne) 66
sruti (geoffenbarte Schrift) 19, 144, 147, 213
sruti marg (Weg des Tons) 178
Stärke 46
Standhaftigkeit 46
Sterben 196, 197
Stille 174, 251
—, schöpferische 220
Stolz 51, 61
Strahlung, himmlische 172
Ströme, motorische 52
—, sensorische 52
Strom, spiritueller 164, 174, 180, 181, 205, 216
Subuh, Pak 252
Sucher 173, 176, 179, 181, 195, 199, 206, 213, 227

Sufi (persischer Mystiker) 159, 201, 235
sukh asana (Yoga-Haltung) 44, 45, 58
sukhmana (feinstofflicher Hauptkanal) 56, 61, 66, 113
sunyak (Atempause im pranayama) 58, 80
surangama sutra 215
surat (Bewußtsein) 13, 173, 189, 190
surya bhedana (pranayama) 59
sushmana (mittlerer feinstofflicher Kanal) 56, 58
sushupti (tiefer, traumloser Schlaf) 26, 74, 211
svadhaya (Studium der Schriften einschl. japa usw.) 38
svadhistan chakra (Zentrum des Lebensodems) 61
swadharm (Pfad des Dienens) 119, 126
swah (höhere Welt) 159
swahpan (Traum) 38, 211
swaroop (sichtbare Form) 82
swastika asana (Yoga-Haltung) 45
Sympathie 166

T

tabaqs (innere Bereiche) 236
Täuschung 61
Tajalli (das Wort) 160
takhat (erhöhter Sockel aus Ziegeln oder Holz) 48
tamas (eine der drei gunas) 117, 128, 211
tamogun (Trägheit) 47
Tao (Weg; Pfad; verbogenes Prinzip des Universums) 159, 160, 217—220
tapas (Härten, Bußen etc.) 38, 214
tariqat (Weg der Schriften) 236
tasbih (Rosenkranz der Moslems) 122
tatwa 80
tauba (Buße) 41

Taufe 27
tawakal 42
tawhad (Einigkeit) 42
tazkiya-i-nafs (Unterwerfung der Sinne) 41
Tazkra-i-gausia 238
til (geistiges Auge) 107
tisra til (Sitz der Seele) 14, 173, 181
Tod 154, 167, 169, 197
— im Leben 225
Töne 101
Ton 158, 159, 161, 174, 196, 211, 212, 216, 227, 230, 238
—, abstrakter 236
Tonprinzip 13, 107, 181, 247
Tonstrom 8, 13, 23, 27, 151, 158, 162, 179, 180, 185, 235, 238, 247, 255, 256
Totapuri 30, 156, 159
Trägheit 47, 48, 50, 53
Trance 50, 115
Transzendenz 7
tratak (Schulung der Schau) 62, 74, 75, 106
triambka (drittes Auge) 173
trikon asana (Yoga-Haltung) 45
Trikuti (zweite Region über der Astralwelt) 107, 130
trilochana (drittes Auge) 173
Triloki Nath (Herr der drei Welten) 85
Trinität 117
Tugend 39, 40, 42
Tulsi Sahib 13, 166, 190
Turiya (Astralregion) 115, 211
Tyaga (Entsagung von den Früchten des Handelns) 125

U
Überheblichkeit 61
Überlieferung, religiöse 205
Übermensch 143
Überseele 7, 14, 15, 20, 22, 24, 32, 107, 255
Überselbst 152, 156

Übersteigen des physischen Bewußtseins 180—182
Übung 13, 35, 39, 43, 47, 51, 60, 104, 106, 108, 111, 115, 117, 164, 171, 182
udana (Prana-Bewegung) 55
udana vayu (durch Yogapraxis erworbene Fähigkeit) 69
uddiyana bandha (Yoga-Übung) 52
Udgit (das Wort) 116, 145, 160
Unendlichkeit 191, 216
Universum 21—23, 55, 117, 130, 132, 135, 185, 195, 200, 217, 256
unmadi mudra 51
unmani avastha (Stetigkeit) 57, 115
Unsterblichkeit 132
Unterbewußtsein 35, 143
Unterscheidung 61, 87, 111, 138, 198
Unterweisungen 194, 251
Upanishaden 39, 40, 43, 57, 72, 93, 115, 116, 146, 147, 160, 208, 210, 212, 213, 240
Urgrund allen Seins 220
Urgyan (s. mudra) 49
Urquell 92
Ursache (und Wirkung) 214
Ursachenkörper 27, 85
Urvibration 117
usha (lebenspendende Kraft der Sonne) 209
ushtr asana (Yoga-Haltung) 45

V
vachak gianis (nach letzter Erkenntnis strebende Yogis) 92
Vahisht Ahura (Absolutes Wesen) 131
Vahishto Ishtish 133
vahya kumbhak (Atempause) 58
vaishnavites (religiöse Gemeinschaft in Indien) 81, 101
vaishvanavi (Feuer) 49
vajna 45
vajroli (Übung) 49, 80

Vak Devi (das Wort) 116, 211
vanprastha (Einsamkeit) 97
vashisth advaita (Indische Philosophie des Mittelalters) 156
vasitvam (Fähigkeit) 71
Vater des Lichts 230
Vaterschaft Gottes 230
vatyan asana (Yoga-Haltung) 45
vayavi (Yogapraxis) 49
vayu (Luft) 22
Vedanta-Methode 61
Vedantisten 102
vedehas 87
Veden 34, 101, 116, 117, 144, 208, 214
Veränderungen 36
Verbindung, lebendige 230
Verbrechen 41
Verderbtheit 61
Verehrung 122, 125, 215
Vereinigung 15, 16, 33, 129, 130, 131
Vergebung 277
Vergessen, freiwilliges 83
Verhaftetsein 172
Verhalten 40
Verkörperung 194
Verschmelzung 112, 113
Versenkung 84, 87, 112
Verstand 116, 119, 142, 146, 174, 200, 242
Verstehen 42, 47
Vertiefung 112
Vertrauen 199
Vervollkommnung 113, 127
Vervollkommnungsprozeß 171
Verwirklichung 98, 112, 115, 148, 158, 220, 225, 230, 243
Verzicht 96, 165, 182
Vibrationen 27, 28, 33, 101, 114, 116, 197, 216, 236
vidana (Erfahrung mit dem Göttlichen) 66
videh mukti (letzte Befreiung nach dem Tod) 130, 176
vidya (Wissen) 139

vigyan (Erleuchtung) 24, 30, 74, 80, 91, 92
vigyan-mai (feinstoffliche Hülle) 24, 28, 84
vikalp 17
vikshipta (zeitweise gesammeltes Gemüt) 33, 70
vikshop 30, 36
vipreh 17
viprit karna (Yogapraxis) 49
viraj (männlicher Samen) 62
Vishnu (eine der drei Hauptgottheiten der Hindus) 28, 117, 179, 189
vishnu granthi (Band von zwei Plexi) 79
vishuddha chakra (Schilddrüse) 67 [hier irrtümlich ›vishudhi‹], 77
vishva rup darshan yoga 129
Vishvamitra (Yogi) 72
Vitalität 46
vivek (Unterscheidungsvermögen) 128
Vivekananda 42, 136
viyog (Loslösen, Ausspannen) 32
Vollendete, der 198
vrisksh asana (Yoga-Haltung) 45
vritis (mentale Schwankungen) 14, 18, 19, 27, 45, 46, 60—62
vyapati (ätherisches Element) 56
vyasa 116

W
Wachzustand 27, 75
Wahrhaftigkeit 41, 59
Wahrheit 8, 40, 42, 53, 89, 96, 119, 131, 140, 144, 146, 165, 181, 197, 206, 214, 217, 230, 236
Wahrheitssucher 42
Wahrnehmung 135, 138, 143
—, innere 16, 174, 231
—, spirituelle 24, 35, 89
—, transzendente 162, 216
Wahrnehmungsvermögen 110
wajd (Zustand des Vergessens) 238
Wasser, lebendiges 229

Weg 42, 52, 53, 113, 183, 216, 217, 227
— des Lichts und Tones 178
Weisheit 83, 95, 114, 134, 140, 185, 236
Weltreligionen 215
Wesen, absolutes 131, 133
—, erstes 130, 175
Wesenheit(en) 21, 194, 216
Wesenskern 165
Wiederholung 102, 176
Wiederverkörperung (Wiedergeburt) 176, 177, 190
Wiedervervollkommnung 109
Willenskraft 46, 109, 254
Willensschulung 110
Wirklichkeit 16, 18, 20, 35, 36, 112—114, 119, 120, 124, 125, 132, 136, 138, 145, 199, 217, 230, 231, 236, 242, 256
Wirkung (Ursache und) 138
Wissen 27, 40, 48, 116, 119, 125, 131, 132, 141, 143, 201, 205, 244, 245
Wissenschaft 96, 129, 135—137, 159, 183, 195, 196, 249
Wonne 52
Wort, das 19, 27, 93, 107, 116, 119, 131, 145, 159, 161, 162, 176, 180, 182, 184, 188, 189, 197, 205, 207, 212, 213, 217, 221, 222, 232, 241, 248, 256
Wortloser 162
Wortstrom 162, 179
Wünsche 60, 167
Wundertaten 194
Wunschlosigkeit 38
Wurzelzentrum 60

Y

Yagyavalkya 14, 19, 32
yajna (Opfer) 118, 133
yakshas 28
Yama (Todesgott) 117
yamas und niyamas (Gebote und Verbote) 36, 37, 41, 52, 63, 64, 73, 98, 108
yashvini (wichtiger nadi = Kanal) 77
yazid 104
Yeats, W. B. 166
Yoga, spiritueller 11
—, volkstümlicher 118
— nidra (Yoga-Schlaf) 73, 90
— sutra 101, 119
— -atmung 106
— -kräfte 33
— -pfad 33, 117
— -schüler 64, 111
— -wissenschaft 64
Yogi 63, 107, 110, 112, 115, 126, 129, 130, 135, 180, 223
Yoginda, Shri 108
yog-maya (erschaffende, kontrollierende und erhaltende Kraft Gottes) 33
yog vidya 33, 102
yoni (Yogapraxis) 49

Z

Zacharias 227
Zeit 138, 151
Zeitalter 205
Zentrum, feinstoffliches 110
—, spirituelles 173
Zeugnis, falsches 41
Ziel, spirituelles 124, 263, 264
Zielstrebigkeit 178
Zikr 19, 42
Zoroaster 13, 116, 130, 133, 208, 221
Zurückziehen des Geistes 26
— der Geistesströme 14
Zustand, formloser 245

Weitere Werke vom selben Verfasser:

Mensch erkenne dich selbst
Das Gebet – sein Wesen und seine Methode
Was ist Spiritualität?
Leben und Lehren eines großen Heiligen – Baba Jaimal Singh
Das »Jap Ji« – Die Botschaft Guru Nanaks
Naam oder das Wort
Karma – Das Gesetz von Ursache und Wirkung
Gottmensch
Spirituelles Elixier
Das Mysterium des Todes
Morgengespräche